"É fragrante fojado
dôtor vossa excelência"

Carla Akotirene

"É fragrante fojado dôtor vossa excelência"

Audiências de custódia, africanidades e encarceramento em massa no Brasil

1ª edição

CIVILIZAÇÃO BRASILEIRA

Rio de Janeiro
2023

Copyright © Carla Akotirene, 2023

Projeto de capa: Maikon Nery
Foto da autora: Acervo pessoal de Carla Akotirene
Preparação de originais: Heleine Fernandes

Todos os direitos reservados. É proibido reproduzir, armazenar ou transmitir partes deste livro, através de quaisquer meios, sem prévia autorização por escrito.

Texto revisado segundo o novo Acordo Ortográfico da Língua Portuguesa de 1990.

Direitos desta edição adquiridos pela
EDITORA CIVILIZAÇÃO BRASILEIRA
Um selo da
EDITORA JOSÉ OLYMPIO LTDA.
Rua Argentina, 171 — Rio de Janeiro, RJ
20921-380 — Tel.: (21) 2585-2000.

Seja um leitor preferencial Record.
Cadastre-se no site www.record.com.br
e receba informações sobre nossos lançamentos e
nossas promoções.

Atendimento e venda direta ao leitor:
sac@record.com.br

CIP-BRASIL. CATALOGAÇÃO NA PUBLICAÇÃO
SINDICATO NACIONAL DOS EDITORES DE LIVROS, RJ

A27e
    Akotirene, Carla
      "É fragrante fojado dôtor vossa excelência" : audiências de custódia, africa-
nidades e encarceramento em massa no Brasil / Carla Akotirene ; [prefácio:
Rodney William ; orelha: Denise Carrascosa]. — 1. ed. — Rio de Janeiro :
Civilização Brasileira, 2023.

     ISBN 978-65-5802-114-8

     1. Negros - Brasil. 2. Interseccionalidade. 3. Mudanças sociais.
I. William, Rodney. II. Carrascosa, Denise. III. Título.

23-86747   CDD: 303.4
                                     CDU: 316.42

Gabriela Faray Ferreira Lopes – Bibliotecária – CRB-7/6643

Impresso no Brasil
2023

"Porque foi assim, eles tava um metro de distância de nós, aí nós avistou eles quando nós acendeu, nós avistou eles, aí nós só fez apagar o cigarro, aí eles veio conduzindo de frente a nós, se aproximando, aí eles pegou e enquadrou nós, aí foi nesse caso que ele já veio com a droga na mão e eu não sei."

Joaquim Barbosa, monitorado por tornozeleira eletrônica

Sumário

CARTA DE APRESENTAÇÃO 9
PREFÁCIO, POR RODNEY WILLIAM EUGÊNIO 11
INTRODUÇÃO 15

CAPÍTULO 1. FUNDAMENTO DE ABERTURA DO CAMINHO METODOLÓGICO 21

1.1. A encruzilhada do pensamento feminista
negro decolonial abolicionista penal 35
1.2. A cardiografia da pesquisa 63

CAPÍTULO 2. FONTES TEÓRICAS: ROMPER COM AS BASES EPISTÊMICAS DOS SISTEMAS EUROCÊNTRICOS 81

2.1. Do lugar das cenas e as cenas coloniais 130

CAPÍTULO 3. CENAS COLONIAIS 151

3.1. Interseccionalidade: a categoria mãe de família 168
3.2. O proibicionismo 170
3.3. A violência contra a mulher 175

CAPÍTULO 4. A MONITORAÇÃO ELETRÔNICA 185

CAPÍTULO 5. O JUIZ: PENSANDO COMO UM BRANCO   211

5.1. A fé pública policial   227

**CAPÍTULO 6. A SAÍDA DE ÌYÀWÓ OU
CONSIDERAÇÕES FINAIS   237**

AGRADECIMENTOS   241
NOTAS   245
REFERÊNCIAS OU PAÓ   257

Anexo A – Entrevista com o pesquisador Niyi Tokunbo   271

Anexo B –Entrevista com Ifáyómí Adèlóná Sàngówàlé Isólá
Egúngúnjobi Isénbáyé   279

Anexo C – Tabelas   285

Anexo D – Deferimento do Tribunal de Justiça
para Pesquisa de campo   321

Anexo E – Publicação no Diário Oficial   325

Anexo F – Roteiro semiestruturado das entrevistas
na metodologia afrodescendente de pesquisa   331

Carta de apresentação

São Paulo, 6 de novembro de 2023

Modupé leitor e leitora,

Eu, filha de dona Célia e de seu Carlos, intelectuais alfabetizados pelas pronúncias de seus nomes. Irmã de Carlexandro e Tairon, dois homens pretos confiantes em meu trajeto acadêmico de primeira da família Silva Santos a ingressar no ensino superior, venho de antemão agradecer em nome dos meus ancestrais pela conexão da sua divindade cabeça à minha cabeça, *orí*.

A partir de agora estamos no mesmo tempo teórico, assumindo o compromisso de remissão das penas impostas ao repertório jurídico afro-dispórico e africano, outrora sem chances acadêmicas de libertação das correntes teóricas da Europa.

No Brasil, esta é a primeira obra fruto de uma tese de doutorado voltada às audiências de custódia, porta de entrada do encarceramento em massa.

Desde a graduação, tenho contribuído na abertura de pesquisas engajadas nas Epistemologias Afrocêntricas. Em particular, sempre tive vontade de compreender melhor a razão do meu pai carregar o brutalismo de quem cumpriu cadeia, deu tiro e levou, tornou-se homem quando ainda era menino morando na rua, protegido por Ogum.

Meu pai sempre foi bom de bater, mas nunca quis vê-lo preso!

Durante a escrita da tese, é preciso dizer que fiquei um período estagnada, veio a pandemia... daí busquei orientação espiritual, equilíbrio da minha cabeça, e escutei de Xangô para honrar a linhagem do masculino: "Não sentencie os homens negros sem conhecer a história de seu pai."

Com maturidade discursiva, faço as pazes com a memória de infância e adolescência abusadas sexualmente pelo patriarcado comunitário da rede de familiares que não poderia cair na mão da polícia, aparato racista, mas caiu na mão do meu pai e das leis iorubás. Hoje entendo a importância de resgatarmos a Justiça Africana e restabelecermos uma ética comportamental de bem-viver.

@carlaakotirene

Prefácio

Tornar-se negro é o grande desafio desse Brasil que se pretende democrático, inclusivo e justo. Não se trata apenas de assumir a negritude. Isso ainda seria pouco diante das questões estruturais que negam acessos, geram invisibilidade e mantêm um silêncio conivente e cúmplice acerca da violência impetrada contra aqueles e aquelas que, desde a abolição oficial da escravidão, enfrentam um projeto de extermínio que passa pela perseguição e pelo encarceramento, pela falta de oportunidades na educação e no mercado de trabalho, pela marginalização de seus corpos e de sua cultura, pela dificuldade na aquisição de terras e moradia. Mesmo considerando os aspectos históricos, a síntese desse enredo desemboca em outra encruzilhada, na qual os efeitos da norma jurídica contrastam com a eficiência do sistema. Portanto, a interferência da cor (leia-se do racismo) na ação daqueles que julgam, decidem e condenam é um problema que deve ser compreendido pelo direito e pelas demais ciências sociais aplicadas.

Nas tradições de matriz africana, os caminhos se abrem para aqueles que despacham a rua. Suavizar a terra com a ingerência das águas é uma forma de assegurar o sucesso da trajetória sem entregar ao acaso, à sorte, às consequências de nossas escolhas e atitudes. Forjada na luta do povo preto, Carla Akotirene reúne as marcas de suas vivências a um percurso acadêmico de enfrentamento e coragem. A tese que resultou neste livro foi defendida na Universidade Federal da Bahia, com uma banca composta por professoras e professores negros e de terreiro, num auditório lotado e com outras inúmeras pessoas acompanhando a transmissão on-line. Um acontecimento emblemático para o padrão elitista e conservador do ensino superior, que expressava a presença definitiva de um movimento decolonial no método e no fazer científico, traduzindo em pesquisa as dores cotidianas das mães de família que veem seus sonhos reduzidos ou extintos pelos grilhões desses tempos.

"É fragrante fojado dôtor vossa excelência" faz das audiências de custódia seu cenário para escancarar as falhas do sistema jurídico e denunciar os efeitos da desigualdade em nossa organização social. Além de dissolver a separação entre as diversas áreas do conhecimento, num processo que já se poderia chamar de transdisciplinar, percebe-se que a aplicação das teorias do feminismo negro e da interseccionalidade tem promovido um avanço na metodologia e na interpretação dos estudos sobre raça, gênero e classe, dando a ênfase necessária no compromisso das pesquisadoras com a transformação e o combate às injustiças. Ao assumir a grandiosidade de seu *orí* e sua autoridade intelectual, Carla Akotirene não só indica que os saberes ancestrais devem estar inseridos na universidade como demonstra que as produções acadêmicas não podem continuar restritas e inacessíveis para a grande maioria da população.

Este livro é um convite à reflexão e à revolução exatamente por propor o entendimento do conceito de justiça a partir de outras bases. Ao evocar as epistemologias de resistência e posicionar-se de maneira crítica em relação ao eurocentrismo, revisita a filosofia egípcia, a mitologia nagô e a sabedoria de nossos mais velhos para deixar evidentes dois aspectos. O primeiro diz respeito à iminência de um colapso, uma vez que o encarceramento em massa, enquanto projeto de Estado, cedo ou tarde vai repercutir nos setores mais essenciais da economia. O segundo reflete sobre a inclusão da população negra para além do sistema carcerário, sobretudo com investimentos em reparações histó-

PREFÁCIO

ricas que garantam educação, saúde e emprego, e já tem se mostrado um caminho seguro.

A ideia latente de que um corpo negro representa um risco social é o cimento que estrutura a violência do racismo. Vigiar e punir ainda é a regra sempre que a presunção da culpa recai sobre o menino da comunidade. Apoiada na fé pública de quem executa, a sentença muitas vezes é a morte. Se for uma criança, é um a menos para se tornar uma ameaça. Se for uma mulher, é uma a menos para parir um marginal. Se for um adolescente, um a menos para operar no tráfico. Uns silenciam, outros se omitem e há os que aplaudem com entusiasmo. São todos parceiros nesse tribunal cujo juiz pensa e age como um senhor branco, concebendo a si mesmo como um homem perfeito e a justiça como a expressão de sua elevada consciência moral.

Para onde caminhamos? Talvez ainda se aspire a um país sem a presença negra, mas os territórios de resistência persistem e se expandem. Há esperança, pois a ancestralidade é um porvir, uma flecha apontando o futuro, um sinônimo de continuidade. É em nome daqueles e daquelas que nos antecederam na luta que seguimos com esse compromisso. Ainda que nos matem todos os dias, seguimos vivos. Seguem vivas as mães e companheiras, apesar das humilhações a cada audiência, a cada visitação no presídio, a cada reconhecimento no IML. Quem nasce negro não pode se acovardar. Essa condição reitera as sutilezas de nossas estratégias, das magias e dos encantamentos que fecham nossos corpos, da ginga e do jogo de cintura que nos ajudam a escapar das balas perdidas, das capas dos Exús catimbeiros que nos escondem da polícia, das milícias e dos intolerantes. Nossa cor retinta se confunde com as sombras da noite e converge na encruzilhada da aurora, na intersecção entre Orun e Aiyê. Se a circularidade nos define, não há fim que nos encontre.

Renascer é a condição para a imortalidade e toda iniciação é morte. O corpo da iaô está pintado. Rememora o mito de origem na figura

"É FRAGRANTE FOJADO DÔTOR VOSSA EXCELÊNCIA"

simbólica da galinha-d'angola, aquela mesma que afugentou Iku e se eternizou com o toque discreto de Oxum, impingindo beleza e mistério a sua existência. Reverencia a terra e os que pisaram esse chão antes dela. Dá seu paó, pede a bênção e abençoa. Protege-se refugiada no terreiro. Se esse mundo não nos quer, construiremos outro, a partir de nossas referências e de nossos valores. Pode parecer cedo para afirmar, mas há uma revolução em curso, um levante, um movimento. A iaô aprende a grandeza da humildade, porque uma pessoa verdadeiramente vitoriosa sabe ser generosa e justa, e reconhece que seu êxito é resultado de uma luta coletiva. A iaô se ampara em suas mais velhas e chega a seu momento sublime: a anunciação de seu nome, seu Orunkó. Ecoa no céu o brado que une as duas margens do Atlântico. Akotirene, a guerreira, vem dizer a verdade profunda de nossa reexistência.

Axé é devir, é o poder de realizar com a força dos orixás. Axé é o que desejo e emano para todas as pessoas que lerem este livro.

Rodney William Eugênio
Babalorixá e antropólogo
Mestre em gerontologia e doutor em ciências sociais
pela Pontifícia Universidade Católica de São Paulo

Introdução

Ao ingressar no Programa de Estudos Interdisciplinares sobre Gênero, Mulheres e Feminismo, pretendia comparar as opressões destinadas às adolescentes em cumprimento de medida socioeducativa e às mulheres encarceradas do Conjunto Penal Feminino de Salvador. Durante o tempo de estágio supervisionado curricular da graduação naquela instituição, constatei a significativa presença de mães egressas do sistema penitenciário lidando institucionalmente com os atos infracionais de filhos adolescentes. O acúmulo teórico da graduação e do mestrado, além da investigação sobre o racismo e o sexismo institucionais, incentivou-me a encarar o doutoramento.

Formei-me em serviço social. Coleciono, portanto, registros descritivos que a etnografia me proporcionou – técnica endossada pela ciência social aplicada. Foi ao longo da trajetória acadêmica que desenvolvi minhas habilidades como etnógrafa.

Do ponto de vista político, sou militante antirracista formada no campo da juventude. No movimento de juventude negra comecei a me posicionar como abolicionista penal. Nos anos 2000, logo após minha graduação no Instituto Cultural Steve Biko, fui submetida a uma formação ético-política rigorosa formalizada por mais velhas e mais velhos – Makota Valdina, por exemplo, foi quem me deu o nome "Akotirene". Desde então, assumi o compromisso de jamais negociar as pautas da comunidade negra. Com isso, tive a oportunidade de, ainda

"É FRAGRANTE FOJADO DÔTOR VOSSA EXCELÊNCIA"

na juventude, ser responsável pela coordenação da Campanha Nacional contra o Extermínio da Juventude Negra; debater acordos de cooperação entre o Brasil e os Estados Unidos referentes a encarceramento, além de compor conselhos deliberativos e consultivos de direitos humanos das pessoas negras conflitadas pelo Estado.

A graduação e o mestrado deram as condições epistêmicas para transformar o discurso aprendido nos movimentos sociais em militância acadêmica. E não poderia deixar de relatar que no doutorado lidei com as mudanças de fachada e com os gestores penitenciários na Bahia que trouxeram empecilhos à pesquisa e colaboraram para o enrijecimento da execução penal. Senti na pele a rigidez com a qual tratavam as pesquisadoras formadas pelas militâncias em direitos humanos e antirracismos.

Considero a autonomeação um quesito básico feminista. A partir dessa postura, cultivo as mudanças de paradigmas, apesar de minha formação marxista não permitir negar meu percurso como pesquisadora negra e assistente social. A autonomeação traz para a filosofia africana anseios mais desafiadores, pois revela o economicismo duelado com o nativismo do africano (analisados por Achille Mbembe), ou seja, as formas africanas de autoinscrição capazes de acolher a própria crítica epistêmica.

Por desacreditar em políticas de ressocialização, assumi o tópico de Justiça Africana. A inquietação espiritual da *epistemologia de Xangô*[1] no meu DNA ancestral levou-me a buscar rupturas ogúnicas para quaisquer predisposições nos Estudos Feministas de reiterar a validade ética das penas capitais, sanções impostas a pessoas africanas capturadas para aviltamentos coloniais. O Estado penal ainda valida o aprisionamento como a única alternativa da *ética moderna jurisprudente*.

Nas audiências de custódia, acredito. São meios para conseguirmos desencarcerar o povo negro, ainda que apenas uma parcela dele. A população racializada tem resistido à colonialidade manifestada em esvaziamentos de territórios, má-fé de policiais e falta de "letramento racial" – este,

INTRODUÇÃO

um termo cunhado pela etnógrafa feminista negra France Winddance Twine a partir da noção de que defensores de direitos, mesmo quando têm conhecimento, realizam o *discurso de guerra às drogas*, o que demonstra o fato de não haver nas instituições penais condições políticas para a benevolência.

A prisão é o próprio racismo e o racismo é colonial. Nesse sentido, aposto nas filosofias dos africanos, dos povos bantu e yorubá. Resisto, principalmente, através da pena na balança de Maat para encontrar a resolução dos conflitos trazidos por colonizadores e seus contra-axés, que atrapalham a vida dos negros da diáspora. Acredito no diálogo entre a *epistemologia feminista negra* e a *metodologia afrodescendente de pesquisa* para defender a tese de que as audiências de custódia são dispositivos jurídicos de desencarceramento do povo negro submetido aos enxertos coloniais da justiça moderna. Neste trabalho, investigo a interseccionalidade entre o racismo e o sexismo institucionais e as diretrizes neocolonialistas das audiências de custódia na comarca de Salvador. O local de investigação foi a Vara de Audiência de Custódia. E o objetivo foi compreender os fracassos retóricos da Defensoria Pública, do Ministério Público e do Tribunal de Justiça na tentativa de garantir os direitos humanos.

Para resumir a proposta deste debate, é importante compreendermos a filosofia de africanas e africanos divinizados, e suas cantigas decoloniais, fundamentada em uma abertura metodológica. Nas linhas a seguir, exponho a "cardiografia de pesquisa", cujas fontes teóricas são tentativas de romper com o conhecimento eurocentrista. As cenas e performances da liberdade da pessoa negra acontecem mediadas por policiais, em flagrantes forjados e na Vara de Audiência de Custódia. O território é comandado por atores jurídicos e as cenas são coloniais.

A encruzilhada de Exú condiz com a interseccionalidade das mães de família moradoras de espaços populares. Elas são lideranças comunitárias que lidam com o proibicionismo, uma violência estatal tão perversa quanto a violência contra a mulher, que, por sua vez, tem vigor punitivista menor, considerando em parte o racismo e o patriarcado institucionalizados nas leis.

É essencial refletirmos sobre o fato de que, na Justiça Processual, os crimes de racismo e homotransfobia são encarados como de menor potencial ofensivo, tanto que nem sequer acompanhei a ritualização de flagrantes capazes de minimizar a persecução penal. Na pesquisa de campo é visível a maneira com a qual jovens e adultos negros vivem marcados como pessoas violentas, cientes de que o crime de violência doméstica jamais estabelece, a rigor, a conversão do flagrante em prisão preventiva. É, sem dúvida, um tipo penal reiterado pela condição escravocrata de monitoração eletrônica imposta aos agressores de mulheres, no entanto, incapaz de marcar os racistas com as tornozeleiras eletrônicas.

Ao contrário das epistemologias de Xangô, o juiz da Vara de Audiência de Custódia tende a pensar como um branco alimentado pela fé pública de policiais.

"Não há nada mais correto para os povos africanos ou pessoas africanas no mundo do que a nossa própria experiência histórica. Se nós estamos engajados no processo de maturidade, então precisamos estudar a nossa própria cultura, a nossa filosofia, precisamos honrar nossos ancestrais, precisamos respeitar as tradições filosóficas que durante milhares de anos produzimos. Não podemos simplesmente jogar isso fora, mas a experiência da escravidão, escravatura do colonialismo, o idealismo nos colocaram longe de nós mesmos, ficamos desorientados e, consequentemente, nos tornamos imitações da Europa."

Molefi Kete Asante

CAPÍTULO 1.
FUNDAMENTO DE ABERTURA
DO CAMINHO METODOLÓGICO

Os pressupostos da *afrocentricidade*, conceito do dr. Molefi Kete Asante,[1] sugerem retirar a intelectualidade negra da *colonialidade do saber*,[2] bem como contestar a estrutura racista patriarcal capitalista que condiciona o fenômeno investigado em caráter dinâmico, ancestral e epistemológico. Aqui, busco examinar as palavras (estruturas econômicas e culturais, sobretudo), porque os poderes por detrás das narrativas e as projeções branco- -jurídicas são forças institucionais – digo, discursos de uma cena colonial.

Ora, quaisquer posições globais desenvolvimentistas apresentam condições raciais, engendradas por classe, o que pode ser percebido nas significativas alternâncias de poder no Brasil. Na primeira década dos anos 2000, os setores progressistas da sociedade política e da sociedade civil conseguiram dar os primeiros passos em direção ao Estado Democrático de Direito, através do deslanchar de um processo de reconfiguração demográfica das instituições brasileiras de ensino superior. Esta nova paisagem epistêmica promoveu uma disputa teórica de pensadoras negras que, antigamente, no afã de erguer as presenças subalternas nos espaços científicos, nem sequer reuniam as condições políticas de honrar o paradigma afrocêntrico do pensamento feminista negro.

Essa honraria não chega pela infrequente abordagem tradicional etnocêntrica, mesmo as pesquisas bem-intencionadas acabavam por obstaculizar o preparo de oferendas analíticas, aceitas pela orientação ancestral – ação do *orí* (cabeça) –, pensamento escrito contra a dominação epistêmica.

"É FRAGRANTE FOJADO DÔTOR VOSSA EXCELÊNCIA"

Do ponto de vista filosófico, tanto as tradições quanto as tecnologias dos povos africanos e da diáspora permanecem atravessadas pelo colonialismo, por divisões binárias, mais-valia, internacionalização jurídica e espoliações administradas pela modernidade que, com suas correntes teóricas, sufocam a escrita, amputam a autoria das falas segundo os moldes neocoloniais, em prejuízo da responsabilidade discursiva e da ética do cuidado com os sujeitos cognoscentes. Nós seguimos desempoderadas de histórias orais, biografias e pontos de vista próprios.

Logo, é imperativo rasurar o branco-colonizador-cristão-militar ocupante psíquico de si. Inadvertidamente, é preciso rasurar a autoridade intelectual, acadêmica ou não, e desobstruir elaborações criativas fora do espectro do Norte global, fortalecendo o campo teórico da poesia, cujo caráter revolucionário segue amordaçado pelos dispositivos de validação científica. Basta refletirmos sobre a receptividade literária das pensadoras Audre Lorde, Conceição Evaristo, Glória Anzaldúa, ou do coletivo Combahee River.

Não é preciso fazer ginástica argumentativa para validar a busca de reposicionamento da autoridade filosófica africana e dos africanos, especialmente por sua dimensão intrínseca ao conhecimento. Em outras palavras: a psiquê negra descolonizada pode e deve demarcar sua autoridade discursiva por meio da "interdependência linguística" da língua erudita do europeu, para assim instigar as intelectuais negras a usar a experiência vivida como status analítico. Ponto de partida teórico contrário ao androcentrismo cartesiano branco, assim como defende o dr. Sergio São Bernardo. Segundo o autor, é possível:

> Vislumbrar embriões epistemológicos de um novo campo de estudo jurídico e em políticas públicas, que confronta os pressupostos resultantes na aplicação e sentido do direito formal. O feminismo descolonial latino-americano, a filosofia africana feminista no continente africano e

FUNDAMENTO DE ABERTURA DO CAMINHO METODOLÓGICO

os novos debates sobre o direito de mulheres negras desenvolvidos no Brasil dão suportes iniciais para uma nova epistemologia que recria visões de mundo e instaura uma nova ética jurídica.[3]

Amiúde, as filosofias do Ocidente são adaptadas. Seria necessário, na verdade, que fossem rejeitadas pelas produções afrocêntricas, sem que se lançasse mão do eurocentrismo na tentativa de explicar a validade do conhecimento do Outro.

Reconheço-me *outsider within*,[4] como diria Patricia Hill Collins, destacada teórica afro-estadunidense e autora do clássico *O pensamento feminista negro*, publicado no Brasil vinte anos após a primeira edição. Estou condicionada à penúria acadêmica de atender à fonte de regras validadoras e constitutivas do conhecimento e, ao mesmo tempo, sou pesquisadora liberta dos preceitos científicos – das "imagens de controle" – criticados pelo pensamento feminista negro transnacional. Imagens da preta da casa obediente à política de citação das escritoras europeias, tentada em corresponder aos interesses incógnitos e liberais para conquistar a credencial acadêmica.

Sobre a obstrução do conhecimento, a intelectual Zelinda Barros menciona o fato de a própria Universidade Federal da Bahia congregar a territorialização de raça nas "faculdades de Medicina, de Engenharia e de Direito, já existentes, e [que] a recém-criada Faculdade de Filosofia, Ciências e Letras poderia ter viabilizado o ingresso de negros ao ensino superior, não fosse este um reduto das classes média e alta baianas, majoritariamente branca".[5]

Nessa direção, faço questão de lembrar da tese de doutoramento *Pele negra, máscaras brancas*,[6] do pensador martinicano Frantz Fanon. Após ter sido rejeitada pela banca, a obra foi consagrada pelos estudos pós-coloniais. Foram os códigos análogos à desautorização epistêmica que invalidaram as regras de avaliação da década de 1950, na França, inclusive, as críticas feitas pelo pensador sobre linguagem e enunciado negros.

"É FRAGRANTE FOJADO DÔTOR VOSSA EXCELÊNCIA"

Segundo o psiquiatra, falta interlocução paritária durante a fala do negro, pois reiteradas vezes o sujeito negro prefere usar palavras alheias à sua experiência cultural com a única finalidade de estabelecer contato. Assumir a civilização é, segundo o escritor, carregar o peso da cultura; é conter nas células memórias e programações de sofrimento psíquico.

Frantz Fanon me inspira. Temos renunciado ao conhecimento africano. O processo de abdicar da literatura africana para ganhar títulos acadêmicos é resultado da alienação colonial, que faz acreditar na igualdade perante o europeu e se baseia no desejo de sentir o espectro de humanidade. Nesse sentido, o doutor em antropologia babalorixá Rodney William pontua que o grupo excluído é "forçado a assimilar traços da cultura daqueles que o dominam", como técnica de sobrevivência.[7] A apropriação cultural, nas palavras do autor, deveria realizar exatamente o oposto, ou seja, estabelecer trocas culturais igualitárias e justas, pois quem leva algo deixa algo. Exu, deidade africana, não pode ser roubado no mercado.

Há necessidade epistêmica, segundo *ori*enta o babalorixá, de estabelecermos conexão entre o *orí* de quem escreve e o caminho ancestral – *Ofun Meji*.[8] Ele é portador do pensamento maduro de quem chega ritualisticamente, compreendendo na firmeza e paciência de todo o processo da escrita o fato de a cabeça, por si, traduzir-se em divindade elementar que busca sustento criativo e tempo de estabelecimento desta tese.

De posse dos registros ancestrais, nomeio *ebó de fundamento metodológico* esta abertura de minha escrita, que é feita conforme aquilombamentos gráficos, kimbundus, decoloniais, corporificados pela oralidade e por mandingas linguísticas apretuguesadas, feministas negras, no estilo ancestral do *oxunismo matripotente* da intelectual nigeriana Oyèrónké Oyěwùmí.[9] É inspiradora sua exímia acuidade teórica ao fazer a crítica às categorias *mulher*, *gênero* e *idade*, entre outros constructos ocidentais universalizados à revelia da realidade yorubá.

FUNDAMENTO DE ABERTURA DO CAMINHO METODOLÓGICO

De acordo com a pensadora oxunista, é comum a nós, pesquisadoras feministas diaspóricas, sermos colonizadas e imperialistas, assim como as feministas brancas costumam ser a-históricas e pouco analíticas quando o assunto é a categoria raça. Tanto é verdade que, conforme aponta Oyěwùmí, elas acreditam promover o reposicionamento civilizatório das mulheres a partir da África em resposta às críticas feministas de gênero. E pasmem: as feministas brancas argumentam que as sociedades africanas evoluíram sustentadas pela circulação livre de mulheres brancas e por laços de afetividade harmônicos em relações inter-raciais. No entanto, as mulheres brancas ignoram completamente o privilégio de raça que permite a elas viajar livremente para qualquer lugar do sistema-mundo, realizar pesquisas acadêmicas e circular as respectivas corporeidades engendradas até melhor do que homens africanos.

Não é de estranhar que, no Brasil, o tratamento penal dado ao crime de racismo pode ser diferente dos crimes contra as mulheres. Brancos, mulheres, homens, pessoas cisgênero ou não, trabalhadores, burgueses, sejam lá quais forem as identidades, todos podem cometer racismo e interagir com pessoas negras institucionalizadas pela farda, como é o caso dos policiais militares. Ora, raça não tira a desvantagem simbólica de como o gênero é vivido por homens negros fardados. Por isso, na avenida identitária, temos policiais negros e não negros (para nos referirmos ao alto escalão da polícia) gozando da passabilidade de gênero por serem homens cisgêneros, capazes de tornar as mulheres (todas elas, na diversidade de raça, gênero e orientação sexual) alvo do sexismo institucionalizado.

As mulheres negras tanto podem sofrer racismo de brancos, mulheres e homens, quanto podem morrer dentro de casa, caso policiais obstruam suas denúncias de violência doméstica, atendendo, assim, à lógica do descrédito de gênero vivido através da raça. Dessa mesma forma, juízes atuam em relação às medidas protetivas e promotores de justiça chamam os territórios de maioria pobre e negra de "pontos de tráfico de drogas".

"É FRAGRANTE FOJADO DÔTOR VOSSA EXCELÊNCIA"

Antes da invasão colonialista, havia jurisconsulto das cosmogonias africanas abarcadas pelo oceano Atlântico afora. Contudo, a escravização regimentada puniu africanas e africanos em virtude do "crime" de pertencerem espiritualmente a um sistema filosófico não europeu, violência que se desenvolveu através da racialização fundamentada pela ciência moderna. O regime bio-lógico consegue, portanto, justificar as prisões físicas, psíquicas, espirituais e geográficas dos povos melanodérmicos.

> A abolição do tráfico de escravos e descolonização não libertou completamente o povo africano em todas as partes onde eles são encontrados. Cadeias, prisões e projetos de alojamentos incrementados com grande rapidez são feitos não somente para controlar seus movimentos, mas para mantê-los fora das bibliotecas naturais, escolas e empregos. Tudo isso acontece no período que prepara para a entrada da zona criativa *lubata wa mvângila*, o período de aprendizagem. Agora armas de fogo e drogas estão sendo despejados em toda parte do continente para desestabilizar o processo de aprendizagem que deveria estar tomando lugar nas comunidades africanas. Conceitos de valor, sacralidade de vida e mundo estão se deteriorando.[10]

Então, o repertório textual se faz na preservação das cantigas literárias por libertação epistêmica, traduzindo nesse estilo de escrita o vínculo das Américas com o território africano ao mesmo tempo que traz o imperativo aprofundamento do pensamento feminista negro. Assumir um referencial diaspórico pluriétnico requer que evitemos uma avaliação tradicional africana dos referenciais diaspóricos negros, uma vez que o interesse está em análises dos desafios comuns vivenciados transnacionalmente.[11]

Os achados arqueológicos da Europa comprovam a origem africana das primeiras civilizações, seus monumentos arquitetônicos, saberes medicinais e filosóficos, elaborados antes dos expedientes da *colonialidade*

FUNDAMENTO DE ABERTURA DO CAMINHO METODOLÓGICO

da natureza, da colonialidade do saber, da *colonialidade do ser*, da *colonialidade do poder* e da *colonialidade do gênero* – conceitos formulados no bojo da geopolítica do conhecimento. Antes das hierarquias linguísticas e do controle do ser, das mulheres, do gênero e do saber. Fora do sistema--mundo comandado pelos Estados Unidos e pela Europa. O domínio do Norte global superestima a modernidade e, dessa forma, justifica as opressões advindas do racismo, as violências sexuais e militares, os desastres ambientais e terrorismos religiosos criados pelo arcabouço político euro-norte-americano dilatado sob a forma de matriz de poder colonial das Nações Unidas.

A meu ver, essa configuração política cria nos movimentos sociais variações de hegemonia e contra-hegemonia ocidentais que assumem no sistema-mundo a dianteira feminista, antirracista e dos direitos humanos, além de serem, diga-se de passagem, agenciamentos coloniais do centro para as margens. O esquema binário problema-sul/solução-norte determina quais chaves discursivas serão universalizadas por meio das geografias epistêmicas do feminismo global e do movimento antirracista monetizado, protagonistas destacados de projetos imperialistas audíveis nas Américas, incongruentes por não conversarem analiticamente entre si, como demonstrou a intelectual amefricana Lélia Gonzalez.

Pioneira em sua argumentação, Lélia Gonzalez afirmou que os estadunidenses não podem ser considerados americanos de primeira linha pois, a bem da verdade, todos e todas de ascendência africana nas Américas são americanos.[12] Os Estados Unidos, situados na América do Norte, assumiram o protagonismo de uma identidade continental de que participam latinos e caribenhos. Admitamos que os estudos pós-coloniais, noutra geopolítica quase idêntica, apresentam um caráter dominador do grupo teórico somados aos embaraços políticos descoloniais financiados pelas universidades norte-americanas que atendem aos interesses científicos de lá. Segundo a pensadora, pesquisadores que residem no território epistê-

"É FRAGRANTE FOJADO DÔTOR VOSSA EXCELÊNCIA"

mico da periferia obtêm vantagens teóricas para falar dos "outros" à custa do mutismo "amefricano", produzido pelo racismo brasileiro endereçado aos indígenas e aos africanos da diáspora.

É sabido que a posição de Outro do Ocidente está longe de ser *Abya Yala*[13] – território latino-americano. A África, menos ainda, porque é do Oriente, o Outro do Ocidente. Após regimes coloniais e neocolonialistas, os continentes africano e americano continuaram dependentes epistemologicamente da Europa, mantendo um desenho de colônia moderna. Essa derrota cultural está evidente no domínio branco linguístico e na religiosidade presente nas narrativas hegemônicas das ciências sociais, que validam a colonialidade das nações, assim como a xenofobia, o analfabetismo, a pobreza e a discriminação racial derivada do sequestro, da ocupação ilegal e do solene repartimento da África no fim do século XIX. Os africanos nem sequer estavam presentes quando a Conferência de Berlim reuniu quinze países da Europa para darem continuidade à espoliação do continente africano a partir da ocupação dos territórios, conforme proposta pelo chanceler alemão Otto von Bismarck, no fim do século XIX.

As correntes modernas surgem verticalizadas contra os povos diaspóricos que são racializados pela colonialidade, tornados prisioneiros de categorias ocidentais descritivas e analíticas que atendem ao receituário epistêmico das identidades e se apresentam como se fossem absolutas e cabais. Não tenho intenção de simplificar a teoria feminista e suas contribuições, mas a verdade demonstra que, após instalarmos as narrativas ocidentais da colonialidade moderna, a fêmea da espécie humana passou à condição universal de mulher, construída a partir do sexo biológico "gênero", que serviu para explicar as relações assimétricas entre homens e mulheres baseadas nas tecnologias do corpo sexuado. Apesar disso, o movimento feminista instrumentalizado marcou a categoria descritiva para categoria analítica, demonstrando lacunas no conhecimento a respeito da contribuição histórica das mulheres, além das falhas em formular e

FUNDAMENTO DE ABERTURA DO CAMINHO METODOLÓGICO

monitorar as políticas públicas contra o feminicídio, contra a criminalização do aborto e políticas em prol da equiparação salarial.

O Outro é, inadvertidamente, um ser ontológico visto, considerado e tratado de forma diferente a partir da normatização jurídica, da aparência, da cultura e da humanidade centradas no patriarcado heterossexual branco. A fé cristã assumiu o controle das instituições religiosas nacionalistas protegidas pelos Estados-nações. A Igreja Católica chegou mesmo a sofrer crítica dos filósofos marxistas do século XIX devido ao papel ideológico em dotar hegemonia, produzir distração política e desarticular o povo como classe, ausentar o Estado da laicidade e assentar a regulação das desigualdades sociais justificadas pelo determinismo divino.

A classe social possibilita uma leitura mais complexa da sociedade e, simultaneamente, unifica os explorados da sociedade capitalista. Os intelectuais orgânicos dessa sociedade têm a face branca, são ricos e dominantes. A "simbiose de raça e gênero"[14] praticamente resume as implicações identitárias do capitalismo na vida das mulheres da população negra e indígena. Esse fenômeno mobiliza igualmente as posições dos grupos dirigentes do Brasil, que excluem mulheres, negros e indígenas das "organizações neoidealistas partidárias".

O dr. Carlos Moore, na obra *O marxismo e a questão racial*,[15] considera a proposta intelectual da Europa marxista nada revolucionária. Metodologicamente inviável para os descendentes de africanos, teoricamente o marxismo é superestimado pelas branquitudes esquerdistas e pelas ciências sociais, sem que se mencione seu papel de credor do discurso escravocrata, que validou a escravidão como categoria econômica indispensável para a América do Norte. A genialidade de Marx e Engels foi incapaz de mencionar a Revolução do Haiti no século XIX, protagonizada por escravizados. As populações indígenas (ou povos originários) do México foram insultados pelos autores junto aos mouros, descritos como moralmente baixos, raça tímida, menos inferiores, porém, que os estagnados orientais.

"É FRAGRANTE FOJADO DÔTOR VOSSA EXCELÊNCIA"

Não obstante, o dr. Kevin B. Anderson, professor de sociologia, ciência política e estudos feministas na Universidade da Califórnia, ao escrever *Marx nas margens*,[16] trouxe caminhos argumentativos para dissociar as identidades de Marx e Engels. Isso nos leva a uma das explicações não globalizadas sobre acumulação primitiva, em resposta ao fato de o filósofo alemão, Marx, escolher exemplos europeus para suas análises da transição do feudalismo para o capitalismo. Porque, para Anderson, Marx evidentemente deu atenção ao colonialismo no fim da sétima seção de *O capital* (1867), quando discorre sobre a acumulação primitiva, a destruição ecológica e o sofrimento de trabalhadores servis transformados em trabalhadores assalariados, resultado do processo histórico de conquista através de violência e expropriação.

A questão de Marx era tratar da experiência dos camponeses ingleses que se tornaram escravizados assalariados. Contudo, antes de serem trabalhadores, eles são ingleses. Repito: ingleses. Os territórios racializados são citados no momento da conquista das Índias Orientais e do tráfico internacional de ópio na África, reservas comerciais inscritas pela produção capitalista e que Anderson tinha por intenção criticar junto às políticas de tradução, já que, na sua concepção, elas teriam diminuído a importância ideológica dada aos africanos e aos negros da diáspora por Marx.

Parece-me honesto questionar até que ponto as questões de raça, gênero e colonialismo foram despercebidas por Marx, já que tais palavras-chave aparecem a partir de 1879 nos escritos tardios, quando Marx analisa as sociedades não ocidentais, a propriedade privada, a família patriarcal e os efeitos de matrilinearidade.

Menciono também que há prejuízos trazidos pelas traduções, não duvidaria que Marx tenha sofrido, deveras, a simplificação de suas análises interseccionais, especialmente, na obra *O capital*. A contingência de falas, o tempo e a estrutura dialética, as perspectivas políticas em relação a Índia, China, Indonésia, Polônia, Argélia, América Latina e Irlanda

FUNDAMENTO DE ABERTURA DO CAMINHO METODOLÓGICO

estão comprovadas nos originais desconhecidos devido a uma tradução geopoliticamente enviesada, como pondera Kevin B. Anderson.

De todo modo, o apanhado histórico do supremacismo branco marxista feito por Carlos Moore reitera o vínculo de Marx com o compromisso epistêmico colonial e escravocrata, para a ascensão da classe assalariada branca que construiria o socialismo.[17] Nada diferente da reivindicação pré-capitalista greco-romana no que diz respeito ao padrão de desenvolvimento cultural, intelectual, econômico e técnico do mundo ocidental antes de 1492, tempo político e cronológico da administração colonial voltada contra nós, africanos e seus descendentes.

Enfim, metodologicamente, este trabalho opta por giros decoloniais. Pois, para o colonialismo, os apagamentos epistemológicos e os comércios de escravizados foram experiências progressistas. Ao contrário dos europeus, os africanos foram considerados atrasados e estagnados. Em algum momento, a proposta marxista se opôs às camadas populacionais brancas nas colônias da África do Sul; em outro, propôs ao proletariado a tomada do poder, a fim de que colônias negras e orientais na África, Ásia, Oceania e Américas fossem entregues à classe vitoriosa, chamada pelo dr. Carlos Moore de colonialismo prolet-ariano.[18]

Recordo e reitero o argumento do pensador pan-africano estadunidense Du Bois, de que a raça desestabiliza qualquer possibilidade de união da classe trabalhadora. A identidade branca, como portadora de vantagens ilusórias na política de afeto com identidades subalternas, tende a advogar baseada no salário psicológico de si mesma. Para além da explicação na obra *Black Reconstruction in America* [*A reconstrução negra*],[19] o autor demonstra as vantagens psíquicas de quem é portador de brancura na condição de classe explorada, sugerindo o lugar epistêmico associado ao europeu, à representação do eu superior, inteligente, belo e autorizado a liderar revoluções, embora nos trânsitos da identidade branca essa força de pertencimento perca efeitos na América Latina. Porque para o europeu, fora do seu território, não existe branco, e sim o Outro.

"É FRAGRANTE FOJADO DÔTOR VOSSA EXCELÊNCIA"

Ora, a escravização não diz respeito a um fenômeno aleatório da historiografia. O teor cronológico não daria conta de explicar uma categoria econômica racializada indispensável ao capitalismo patriarcal, porque a escravização perdura através de efeitos psíquicos que condicionam a materialidade subjetiva pela qual mulheres, negros e trabalhadores interiorizam a dimensão estrutural do escravismo, promovendo, assim, o desenvolvimento de identidades fronteiriças.

Grosso modo, o capitalismo reitera as atitudes sistemáticas produzidas por critérios raciais e de gênero, no intuito de explorar o Outro racializado, não masculino, fora do Ocidente, vendendo teorias eurocêntricas compatíveis com o problema arquitetado pela própria Europa, usando razões messiânicas elaboradas com contornos epistêmicos do Sul global.

O modelo de poder propõe que a teoria de classe explique a questão social criada pela acumulação capitalista. Pretende, assim, preservar a vantagem política do sistema financeiro mundial através da mínima intervenção dos Estados no mercado, espoliando a África e a América Latina. Ao mesmo tempo, recorrendo à sociologia, a colonialidade do saber tenta responder ao patriarcado racista capitalista fincado em dimensões biológicas como raça, gênero e sexualidade.

Certo privilégio analítico de classe aplica-se aos negros em desaprovação das explicações biologizantes sobre as questões sociais respaldadas por racismos e sexismos científicos possíveis graças aos marcadores de sexo, gênero e raça. A pobreza pode ser vivida tanto a partir de raça quanto a partir de gênero. A pobreza é feminizada. Doutora em Estudos Feministas, Marcia Macedo[20] tende a argumentar acerca dos perigos ideológicos do discurso, pois as mulheres vivem arranjos de estrutura social e familiar dos quais a raça participa, o que gera a pauperização das mulheres negras.

De todo modo, as dissidências da experiência identitária do Outro produzem excedentes humanos. São parcelas de homens brancos pobres e de mulheres brancas trabalhadoras, cujo lugar social atravessa e é atra-

FUNDAMENTO DE ABERTURA DO CAMINHO METODOLÓGICO

vessado pela experiência de classe.[21] Entretanto, os intelectuais orgânicos da teoria de classe são da esquerda branca que, como sabemos, controla as políticas de citação na academia, administra as instituições progressistas e faz circular a produção, a difusão e a validação do conhecimento a respeito de mulheres e trabalhadores, justificando, assim, a manutenção de capitais simbólicos[22] contrários à extrema direita mundial.

A categoria classe não se tornou central apenas para favorecer a auto-nomeação e autodefinição das experiências racializadas fora da *bio-lógica*. Classe é coparticipante da raça vivida, é um *éthos*, do ponto de vista epistêmico. Desde o lugar contracolonial, rejeito o marxismo devido à metodologia eurocentrada, contudo, isso não significa negação sociológica da categoria classe. O ponto de partida de classe surge junto com gênero e raça para justificar a mercantilização de africanos e o estupro de africanas, transformadas em produtoras de mercadorias humanas[23] por meio da interseccionalidade do racismo heteropatriarcal capitalista de modelo colonial, responsável pela estrutura e pela identidade do Outro.

A escolha analítica pela interseccionalidade se deve ao fato de a abordagem defender a igualdade política das categorias. Considero que a raça atravessa estruturalmente todas as categorias de análise, mas acaba sendo chamada de recorte diante da hegemonia marxista das abordagens de classe.

Dificilmente, as pesquisas acadêmicas escapam da filiação interseccional proposta por feministas negras. O início do novo milênio estabeleceu um marco importante para o alcance da interseccionalidade no contexto social transnacional, que circula e é usada como ferramenta analítica e política.[24] Foram as derrotas linguísticas e os epistemicídios responsáveis por subestimar a sofisticação do pensamento afrocêntrico, inclusive a estratégia de lançar mão da centralidade de classe, sem a qual não haveria condições políticas nem tempo hábil para propormos na academia uma espécie de marxismo negro.

"É FRAGRANTE FOJADO DÔTOR VOSSA EXCELÊNCIA"

A presunção eurocêntrica é grande a ponto de os usos da categoria classe feitos pelas feministas brancas terem convertido todas as feministas em marxistas. Todos os pensamentos afrocêntricos são, na verdade, marxistas, a exemplo dos intelectuais africanos que, ao preservar certa razoabilidade e sem serem míopes ao liberalismo, precisaram interagir com a categoria classe e, depois, converteram-se em pensadores negros marxistas. Isso nos leva a crer que, na verdade, batizaram os pretos e pretas de intelectuais específicos, afinal como distinguir se determinado pensamento é negro ou marxista? Não se diz marxista-feminista ou marxista-afrocêntrico, portanto, inexiste paridade analítica quando a perspectiva teórica de um grupo vira complemento nominal ou é adjetivada de maneira mais marcante pelo centro.

Dificilmente conseguimos observar a receptividade do pan-africanismo, do pensamento feminista negro, mulherismo africano e afrocentrismo pela academia e por movimentos partidários. Ao contrário, todos foram deslocados pela tradição moderna, não em virtude de oferecerem contribuições inferiores, mas, sim, por serem considerados pela academia menos sofisticados discursivamente, com menor capacidade de explicar estruturalmente a realidade material dos negros e das mulheres.

Tais arcabouços teóricos não oferecem risco científico ao *status quo*, pois não são manejados pelas branquitudes críticas[25] nem pelos pontos de vista epistemológicos ao enfrentarem a raiz colonial conservadora, por mais que procurem vir pela esquerda. Pouco se menciona o epistemicídio, conceito elaborado por Boaventura de Sousa Santos,[26] pensador português, e pela pensadora filósofa negra Sueli Carneiro. Ambos debatem a política objetiva de morte da ciência africana e da ciência negra, que se faz através do apagamento do patrimônio cultural da população negra.

A construção do outro como não ser como fundamento do ser,[27] tese de Sueli Carneiro, promove um diálogo foucaultiano com o biopoder colonial e demonstra como foi possível um ser – para ser visto, tratado e

FUNDAMENTO DE ABERTURA DO CAMINHO METODOLÓGICO

reconhecido como tal – necessitar que o outro não seja. Aquele é o ser cujo ego ajudará a cumprir o dispositivo do racismo, a estrangular institucionalmente as epistemologias negras quando a condição de ser do outro não seja a alteridade refletida no seu espelho.

A produção intelectual de Boaventura de Sousa Santos e de Sueli Carneiro confirma as explorações e as opressões associadas ao saqueamento espiritual do "ser" envolto nas engrenagens colonialistas raciais, geograficamente delimitadas pela escassez da periferia do mundo. A experiência de pertencer à classe trabalhadora não destina à pobreza imediata; do ponto de vista estrutural, a pobreza está vinculada ao racismo, que empobrece terminantemente os seres negros atribuindo-lhes a condição desumana, e mesmo assim recebe importância cultural menor da esquerda. Penso já termos justificativas suficientes para as pesquisadoras descolonizadas defenderem a identidade política amefricana, como definiu Lélia Gonzalez, no lugar de políticas identitárias baseadas na noção de diferença *versus* normatividade do ser.

1.1. A ENCRUZILHADA DO PENSAMENTO FEMINISTA NEGRO DECOLONIAL ABOLICIONISTA PENAL

Na avenida de raça, gênero e classe marcada pelo sistema-mundo, próxima do ponto de vista epistêmico de Walter Mignolo,[28] insisto na "desobediência epistêmica" por compreender a política de identidade praticada por movimentos sociais a partir da intenção política, suficiente e capaz de alçar o não ser à condição de ser. A filósofa Djamila Ribeiro,[29] intelectual negra brasileira, conseguiu subsidiar a realidade epistêmica quando sistematizou o conceito "lugar de fala", que reconhece a autoridade discursiva das mulheres negras engolidas pelas coordenadas racistas patriarcais. Nesse sentido, o pensamento da teórica pós-colonial de Grada Kilomba[30]

"É FRAGRANTE FOJADO DÔTOR VOSSA EXCELÊNCIA"

é indispensável por seus apontamentos sobre o "lugar de outro do outro do outro" das mulheres negras na sociedade.

Esvaziar a política de identidade, ilegitimamente, tende mais a deslocar a "mulher de cor" da condição de sujeito do pensamento feminista negro transnacional do que manter a luta particular e conjunta dos outros grupos identitários situados dentro de trânsitos coloniais.

É por essa razão que não concebemos as tentativas intelectuais de aproximar opressões emergentes como gordofobia, *bullying* e preconceitos étnicos ao grau ideológico do racismo. Porque, analiticamente, estão pregando a competição entre opressões e a descentralização da raça por meio de uma prática hegemônica. As identidades difusas competem às teorias modernas e pós-modernas tão criticadas nas obras do dr. Carlos Moore. Sem dúvida, isso reafirma a importância do autor, que explica que o racismo é a tecnologia desumana mais antiga do planeta, estando dele inseparado o sexismo na secularidade das Américas.

Podem até surgir tratados mundiais, conferências, agências internacionais, instâncias globais, em tese comprometidas com os direitos humanos, porém, em simultâneo, a essência moderna colonial alcança mais legitimidade, realiza as benesses raciais da diferenciação, teorizando ativismos e justificando a colonialidade por meio do terror e de técnicas de vigilância de corpos, mentes e espíritos, com vistas a executar as penas alternativas à prisão. As correntes de ferro são substituídas por tornozeleiras eletrônicas e são criados pactos entre e para as mulheres, estabelecidos a partir das hierarquias modernas, que se organizam no intervalo entre a oralidade dos flagranteados e a escrita dos autos policiais.

A partir da "necropolítica", conceito do filósofo camaronês Achille Mbembe,[31] atua o dispositivo de mortes controlado pela medicina e pelo direito, institucionalizados por racismos conduzidos pelos Estados-nações, aplicados em expedientes contra territórios negros, populações vulneráveis às perseguições e às violências neocoloniais respaldadas por regimes

FUNDAMENTO DE ABERTURA DO CAMINHO METODOLÓGICO

democráticos pretensamente humanistas. Para Mbembe, a liberdade dos brancos somente é viável se for acompanhada pela segregação dos negros e pelo isolamento dos brancos na companhia dos seus iguais. A democracia tem mostrado a incapacidade de resolver o problema racial, e a questão é perceber como poderá a América livrar-se dos negros.[32]

Erguendo o bastão dos direitos humanos, os repertórios políticos compensam traumas psíquicos e morais criados desde o colonialismo, conservados na colonialidade majorada pela intenção infantil de o tempo todo se desculpar por seus privilégios e atribuir culpa aos africanos, controlando nossa mente e nosso espírito corporificado.

Devido ao papel ideológico da religião, ao misto de proselitismos, vigilâncias, penitências e sentenças do Estado penal, encontramos o Estado e a Igreja no direito, realizando a moralização dos seus ofícios, a expiação dos pecados, colonizando o fogo e o ferro conforme quesitos ancestrais de imposição de castigos e incineração de corpos, à moda ibérica das Ordenações Afonsinas. Assim aconteceu em 1466, atravessou pelas Ordenações Manuelinas de 1521 e, em 1603, as Ordenações Filipinas, sendo a mais absurda compilação jurídica brasileira vigente por todo o período colonial, do período republicano até sua extinção, em 1916, com o advento do Código Civil brasileiro.

Os comportamentos culturais repreensíveis são tipificados para, em seguida, serem aprendidos e reproduzidos pelas interações entre as culturas dos povos racializados e as culturas dos invasores coloniais. Tanto é que hoje permanecem as ocupações militares, as violações dos ambientes naturais, domésticos, abusos de crianças, adolescentes, indígenas, estupros de mulheres e LGBTQfobias que lá atrás exigiam jurisprudências e missões humanistas da Europa.

A matriz de poder está interessada na criminalização das "aparências consideradas brutas" dos africanos, dos amefricanos e dos indígenas entre os grupos racializados. Os mexicanos, por sua vez, notadamente vivem

"É FRAGRANTE FOJADO DÔTOR VOSSA EXCELÊNCIA"

inseguros na convivência estreitada com o lado norte estadunidense, pois o racismo faz das aparências o marcador de criminalidade. O discurso de superioridade humana é feito em prol dos interesses europeus e estadunidenses, responsáveis pela difusão do "conhecimento leucodérmico" que promove a escassez de divulgação ampla dos sistemas filosóficos das civilizações à margem da brancura.[33]

Diante desse cenário, a fome espiritual africana busca por epistemes locais e tradicionais. Procura irmandades, santuários, terreiros de candomblé. Busca produções teóricas movidas pelo apetite ancestral de Exú, divindade da boca e dos caminhos intelectuais indispensáveis à validação das oferendas analíticas preparadas pelas intelectuais negras que viveram como estrangeiras na cozinha das academias brasileiras. Apesar disso, arranjaram caminhos para abrir cozinhas maiores com ingredientes descoloniais. E seguem alimentando a necessidade epistêmica dos intelectuais do lado de fora da academia, situados no trânsito, desde 1492.

"Nesse contexto, buscar interlocuções filosóficas com os candomblés, não os reduzindo a uma experiência religiosa, é uma das ferramentas de combate ao racismo, pois explicita a própria humanidade dos povos que vivenciam os candomblés."[34] A exigência feminista negra por "autodefinição e autonomeação" acontece pois abordamos as necessidades do espírito na teoria e na prática política progressista.[35] Patricia Hill Collins é quem acolhe a autodefinição como ruptura do estereótipo intelectual conferido às pensadoras negras, de que tão somente saberiam abordar a condição da mulher como vítima do racismo patriarcal.[36] A sugestão metodológica da pensadora recomenda evitarmos enveredar por atividades monotemáticas voltadas ideologicamente para a manutenção das mulheres negras na prisão das imagens de controle. Devemos reparar a imagem racializada da dama da assistência social, da mãe preta, da empregada, ainda que o pensamento feminista negro recomende empregarmos criativamente esse lugar sistemi-

FUNDAMENTO DE ABERTURA DO CAMINHO METODOLÓGICO

camente desfavorável. A cozinha intelectual pode ser fundamental na hora de desfazer os preparos hegemônicos da casa-grande.

Como dito antes, a teoria marxista não se restringe ao importante escopo ocidental elaborado pelo filósofo Karl Marx e seus seguidores. O marxismo obteve status teórico através da moderna política de citação aos cânones europeus. O argumento central marxista exige a rendição da classe trabalhadora às ideias dos seus intelectuais orgânicos pela promessa de melhores condições de vida, de coletividade, o que só ocorrerá caso seja tomada a consciência[37] daquilo que é primitivo, do ponto de vista cosmológico e que, por consequência, deve morrer. Se há procedência política em pautar a união da classe trabalhadora, prefiro apostas fundadas na união da raça colonizada a partir de suas filosofias periféricas africanas.

O Pensamento Feminista Negro aprimora a sua discursividade ao conversar com sistemas de pensamento e teorias críticas diversas, revelando as insuficiências dos escritos ocidentais e dos sistemas utópicos. É construído, a partir daí, como teoria social crítica e esteticamente multideterminada pela África e pelas Américas. Então, o empoderamento teórico das pesquisadoras negras quer menos a consubstancialidade[38] de raça, classe e gênero e mais a sistematização de condutas políticas, sociais e jurídicas não ocidentais, com vistas a tensionar a judicialização das relações que criam conflitos de ordem teórica, ao mesmo tempo que impedem a restauração dos códigos éticos disciplinares do ponto de vista do racializado.

A ferramenta feminista construída pelas "mulheres de cor", antes do direito moderno, chama-se interseccionalidade. Segundo as pensadoras Patricia Hill Collins e Sirma Bilge na obra *Interseccionalidade*, publicada em 2021, as pessoas usam esse conceito que dá nome ao livro como ferramenta analítica para a resolução de problemas. No entanto, as nações que desenvolveram meios para corrigir esses problemas não procuraram utilizá-los para enfrentar os males causados ao Sul global.

"É FRAGRANTE FOJADO DÔTOR VOSSA EXCELÊNCIA"

Posto na encruzilhada discursiva do racismo, do sexismo e do capitalismo, o emprego analítico da interseccionalidade é ancestral. Implica a identidade na relação com o poder. A interseccionalidade, sem dúvida, é uma categoria analítica provocativa, já que a experiência das mulheres negras e dos grupos racializados são constantemente obstruídas por hermenêuticas clássicas, como a de Hermes, e pela dificuldade de validar o trabalho intelectual feminista negro.

Em relação à crítica feminista negra ao conhecimento, reconhecemos que nenhum saber existe fora de seus valores culturais. O sistema filosófico europeu é baseado na perda da liberdade dos africanos em nome da carga hermenêutica do deus grego Hermes e de sua linguagem jurídica, que promove leis, valores e punições e valoriza mais a escrita que a palavra. Episteme que consagra Sócrates como pai da filosofia ocidental, sendo que Òrúnmìlà o antecede. Tanto um quanto o outro deixaram nada que fosse escrito na primeira pessoa. Por isso, Sophie Olúwolé, na obra *Sócrates e Òrúnmìlà*, traçou os retratos do europeu e do africano, mostrando que mesmo o segundo sendo rico não mereceu a mesma nota de importância literária, ainda que houvesse semelhanças entre eles. Segundo Olúwolé, a África ocidental precisa urgentemente recuperar essa herança filosófica. Ela demonstra que os conhecimentos da tradição yorubá poderiam ter colocado as Áfricas na vanguarda do desenvolvimento científico mundial se os sistemas filosóficos ocidentais não fossem, por exemplo, escritos em inglês.[39]

Por isso, insisto na metáfora da "encruzilhada", no espaço da rua onde são arriadas epistemologias africanas. A boca de Exú está aberta faz tempo e faz compreender que após extinta juridicamente a escravização, o Estado moderno passou ao status de epistemicida, promotor da discriminação racial motivada por gênero e da discriminação de gênero motivada por raça, além de seus operadores recusarem a mão de obra livre para o trabalho intelectual insurgente.

FUNDAMENTO DE ABERTURA DO CAMINHO METODOLÓGICO

Mulheres negras propuseram a interseccionalidade como instrumento de luta e organização política da experiência identitária dinâmica, diversa, repetidas vezes estruturada por relações escravocratas, por forças globais capitalistas, no âmbito moderno colonial das leis. As dificuldades dos tribunais em compreender a representação das mulheres negras e suas queixas ainda são as mesmas. Paradoxalmente, as mulheres negras não encontram espaços de escuta sensíveis sobre gênero devido à sistemática articulação patriarcal racista que engendra a identidade trabalhadora.

As companheiras feministas, ao lado dos companheiros antirracistas, disputam igualmente a necessidade de mulheres negras não estarem na luta antirracista com homens misóginos. Talvez a pensadora Luiza Bairros[40] tenha considerado isso ao recomendar às mulheres negras que se reunissem politicamente em separado. Entretanto, segundo outra pensadora negra, bell hooks, a pergunta que devemos nos fazer várias vezes é: como uma mulher racista pode chamar a si mesma de feminista? Para bell hooks, uma feminista quer para todas as pessoas, machos e fêmeas, a liberação dos padrões sexistas de dominação e opressão.

Quando reivindicadas as pautas identitárias e os letramentos jurídicos intercruzados, temos o conjunto da política para mulheres e para negros inclinado a ignorar a raça negra na presença de gênero das trabalhadoras racializadas. Frequentemente, as mulheres negras estão posicionadas simultaneamente tanto na avenida do racismo capitalista patriarcal quanto na dos ativismos em direção à escolha prioritária de posições.

É importante observar quanto temos de conflitos jurisprudentes, atribuídos aos segmentos humanos tachados de ladrões, criminosos ambientais, injustamente acusados, que ocorre quando suas condutas são judicializadas no interior das relações racistas capitalistas. Na prática, os direitos humanos são clivagens das opressões interseccionais, na medida em que deixam de considerar identidades imbricadas, ignoram a dificuldade

"É FRAGRANTE FOJADO DÔTOR VOSSA EXCELÊNCIA"

das mulheres negras de serem contempladas pelo status de humanidade e de cidadania moderna.

Barbara Christian,[41] militante teórica estadunidense, oferece um contraponto válido às alegações masculinas ou brancas modernas. Ela aposta nas forças epistêmicas que partem da experiência, bancando a "disputa da teoria", especialmente no campo feminista adorador das francesas. É de causar estranheza que o feminismo universal paute o empoderamento das mulheres no campo das conquistas jurídicas como se as mulheres racializadas fossem idênticas às brancas, desde a virada colonial submetidas ao patriarcado racista de maneira igual.

> A degradação ritualizada é um conjunto de atitudes degradantes que se normalizaram. Por exemplo, no século XVIII, os escravizados ficavam de pé enquanto o senhor estava sentado; os capatazes infligiam castigos e observavam as mulheres escravas como se fossem animais; era esperado que os escravos homens protegessem as mulheres brancas do sol com a sombrinha, correndo ao seu lado enquanto essas montavam a cavalo, entre outras situações.[42]

Ora, três décadas se passaram desde a proposta analítica da interseccionalidade no campo do direito. De acordo com os autores Richard Delgado e Jean Stefanic,[43] as origens da teoria crítica de raça remontam à década de 1970 e baseiam-se nas contribuições do feminismo na relação entre o poder e a construção de papéis sociais sustentados pela ordem patriarcal e pela dominação masculina.

Para Delgado e Stefanic, o racismo é a regra, isto é, a sociedade política e a sociedade civil operam contra as minorias raciais. Os estudos de branquitudes são incorporados a essa tradição para que sejam analisadas questões como discriminação, filosofia ocidental e orientações no campo do direito.

FUNDAMENTO DE ABERTURA DO CAMINHO METODOLÓGICO

> A teoria crítica de raça surgiu nos anos 70, quando uma série de advogados, ativistas e acadêmicos do Direito de todo o país percebeu, mais ou menos simultaneamente, que os avanços da época dos direitos civis na década de 1960 haviam estagnado e, sob muitos aspectos, passaram por um retrocesso. Perceberam que novas teorias e estratégias eram necessárias para combater formas mais sutis de racismo...[44]

Nas ciências sociais, a teoria crítica de raça propõe uma libertação epistemológica contra as escritas prescritivas, combatendo-as como requisito básico da humanidade negra. Nesse sentido, uma produção teórica negra carregada de jargões e com fundamento ocidental é absurda.

Penso estarmos, de fato, distanciadas das condições intelectuais hegemônicas oferecidas pela linguagem acadêmica dominante, da erudição dos formuladores de leis feministas, que se revelam ignorantes dos requisitos afrocêntricos das localizações psíquicas das mulheres negras. Para teorizar, mulheres negras empregam provérbios, adivinhações, *itans*, *orikis*, jogos de linguagem e "diários da favela", como fez Carolina Maria de Jesus, intelectual situada na favela epistêmica de raça-gênero e classe. Reconheço, contudo, a contradição interna deste texto acadêmico ao caminhar por conceitos e explicações próximas da linguagem dominante.

O cruzamento de classe-raça-território consente aos feminismos brancos transitarem internacionalmente pelas respectivas chaves argumentativas poliglotas de si, propondo espectros de intelectualidades interseccionais envernizadas. Tais conquistas podem ser obtidas exclusivamente por mulheres cujas sanções nunca foram internacionalmente delineadas pela marcação de raça, porque na diversidade feminista as pautas são endereçadas ao patriarcado. Os efeitos do poder estrutural partilham benefícios de raça e de classe encostados nos homens brancos – que determinam as punições, os juizados e as instâncias de controle.

"É FRAGRANTE FOJADO DÔTOR VOSSA EXCELÊNCIA"

Até honrarias são destinadas, pontualmente, a algumas mulheres no contexto da Europa e das branquitudes latinas. Citações intelectuais costumam ser interceptadas pelo Norte global. As publicações, quando circulam o mundo, levam a geografia estadunidense e chegam apagadas da identidade racial favelada, além de serem praticamente obrigadas a teorizar os cânones, nenhum deles advindo dos grupos oprimidos, por sinal. Contudo, quanto aos mecanismos de consciência da teoria social crítica, exige-se pouco do pensamento feminista negro, devido aos diferentes conflitos metodológicos com as vizinhanças epistêmicas ansiosas pela maneira de *Pensar nagô*, proposta do sociólogo Muniz Sodré, membro da Academia Baiana de Letras.

Admitamos ou não, temos encontrado empenhos negros feministas apontando para as dignidades platônicas nos modelos greco-romanos, quase nada temos publicado que estabeleça confronto que signifique ruptura com a racionalidade autoral, que apagou projetos negro-feministas de escrita, inclusive literária. Urge, segundo o conteúdo filosófico produzido pelas comunidades de terreiro de candomblé, assumir o modo nagô de pensar, demarcado pelo escritor Muniz Sodré, abrindo mão do caminho intelectual do universalismo cristão, da "Igreja da Ciência Cristã", que prega a crença na cientificidade do discurso da fé, o que faria de cada crente um "cientista cristão" vocacionado para a cura dos males do mundo.[45]

A discussão proposta garante uma filosofia cosmossentida, afinada com a pensadora negra poeta Audre Lorde,[46] quando diz o porquê de sentirmos nossa existência livre, tal qual a poesia, que propicia a liberdade das mulheres negras que voltam as costas para o colonizador que "pensa, logo existo". No pensar nagô, o uso dos jogos de linguagem aprimora os sentidos da civilização africana, seus significados, formas e locuções com a dimensão ancestral corporificada. É filosofia negra, sim, é inteligência africana cheia de vantagens cognitivas construídas internamente, resultantes dos diálogos profícuos entre visível e invisível.

FUNDAMENTO DE ABERTURA DO CAMINHO METODOLÓGICO

No odu *Ofun Meji*, tenho encontrado as ações individuais da relação corpo social e força vital (axé), recriada em linguagem sensorial através do saber da comunidade, transmitida em narrativas. Se pensarmos bem, podemos abandonar as dicotomias do antagônico europeu, afinal, nossos pensamentos são passíveis de serem questionados. Temos nossos próprios mitos, estamos assentados na perspectiva nagô, bantu, jeje, fon, sendo, por isso, importante reconhecer que não deveríamos estar desacostumados a afirmar nosso lugar epistêmico, pois nossa autoridade discursiva é inquestionável.

O costume africano de pensar a "filosofia dos atabaques" com certeza vislumbra tocar o espírito de quem desaprendeu a quebrar as correntes europeias. Explica-se no ato contínuo de um certo comportamento teórico, na desobediência de quem já viu os símbolos religiosos do colonizador pregados na psiquê negra. Reconhece-se, assim, por que os sentidos africanos estão tão esgotados, principalmente diante das vizinhanças intelectuais fiéis à catequização das Américas, à adoração cristã praticada, em parte, pelo ser africano e pelos povos colonizados.

A Bíblia é o livro mais editado do sistema-mundo moderno. Esse livro dá suporte ao projeto do Ocidente frente ao outro. O deus cristão tudo sabe, tudo pode e está em todos os lugares, vigiando o comportamento humano: dociliza, castiga os corpos, refazendo penitências na forma de penas privativas de liberdades ajuizadas pelo direito branco.

Na modernidade, Deus continua sendo o juiz de direito, como afirma o pensador Kwaizr Wiredu.[47] A religião fragiliza o pertencimento africano pós-colonização, tendo o *religare* prescrito a autoridade do religioso como alguém dotado de superioridade moral, ética, inteligência perante seus semelhantes.

No tocante às estruturas morfossintáticas das noções africanas de sagrado, a religião chegou depois. As espiritualidades africanas precedem

"E FRAGRANTE FOJADO DÔTOR VOSSA EXCELÊNCIA"

a chegada europeia e a diáspora – portanto, foram elas que preservaram segredos, saberes e condutas advindas de matrizes africanas.

A religião e a espiritualidade são inconfundíveis. A perspectiva africana yorubá alimenta a noção de personalidade humana, resultado da conexão entre *orí*, comportamento e família ancestral. Visão que enegrece completamente meu interesse acadêmico desde a graduação, quando me dediquei à linha de pesquisa feminismo *iyalòdé*, em diálogo com o sistema de justiça. A guerra frontal contra as narrativas eurocêntricas pode encontrar o estrondo do trovão. A figura heroica que aí se apresenta canta e celebra a vida com seu corpo dançarino, que, superpotente, assimila a força da "terrível criatura", recompondo-a na imagem de uma vitória feliz.[48]

Eu, pesquisadora negra, firmo minha ancestralidade apoiada nos *oborós* – pensadores masculinos: Henrique Freitas (na *Literatura de terreiro*[49]), Eduardo Oliveira (em *Filosofia e epistemologia da ancestralidade)*, Muniz Sodré (em *Pensar nagô*[50]) e Sergio São Bernardo (em *Kalunga e o Direito*[51]). A partir da construção cultural desse último pensador acerca das condutas antissociais em territórios colonizados, surgiu o enfoque ideológico deste trabalho. O autor discorre sobre o fato de o direito moderno negar o Cosmograma Bakongo e o sistema Ubuntu. Acredito que, caso fossem aceitas as perspectivas éticas negras diaspóricas, sanções duras aplicáveis às condutas antiéticas contra a ordem social teriam tipificações incomuns. "Antes de chegar ao juiz, medite com seu acusador": Sergio São Bernardo sugere a adoção do princípio do diálogo e da restauração da justiça, traz a capacidade de as partes envolvidas resolverem com base no modelo jurídico africano a restauração da justiça.[52]

A redistribuição das sanções modernas tende a aprimorar a vitória colonial. Revisitar a aparência de quem viola as condutas tende a provocar o aumento da dor, porque a presença racial inferiorizada é oblíqua nas idas e vindas de rituais de custódia com promotores de verdadeiros

FUNDAMENTO DE ABERTURA DO CAMINHO METODOLÓGICO

espetáculos, compostas por plateias convidadas, julgamentos rápidos e decisões não raramente severas. Quando não podem decidir pela concessão de cautelares, as burocracias infringem as liberdades provisórias.

À luz dos apontamentos ancestrais, afastada do marco civilizatório branco, creio que nenhuma balança ou espada do direito moderno podem atender às diretrizes morais dos bantu e yorubá. A *Literatura de terreiro*, recomendada pelo dr. Henrique Freitas, ensina a *bater paó* para o repertório linguístico africano, a conversar escapando de referências bibliográficas do sistema-mundo moderno, impostas em prejuízo negro e para a eficiência da colonialidade.

O *abèbè* é um desses referentes. Para a cultura yorubá, o símbolo espelhado ovular é ferramenta de poder das mães. O significado ancestral menciona a autoridade da fêmea no espaço público, enquanto a dicotomia precária do público-privado resguarda, em tese, a experiência da mulher branca que pode levantar hipóteses acerca da dominação patriarcal masculina burguesa. Ao contrário de África, os desdobramentos ocidentais têm aproximado Oxum a Vênus e a Afrodite, deusas da beleza e da fertilidade.

Édipo não apenas serviu psicossexualmente à explicação da rivalidade entre masculinidades hegemônicas de pai e filho. Emergiu do mito europeu para a ciência à revelia do pensamento de Lélia Gonzalez, discursivamente rico, ao destacar a configuração genocida das famílias sujeitas às políticas de segurança. É sabida a improbabilidade de crianças, adolescentes e jovens negros e negras terem tempo de vida para rivalizar com seus genitores. Mães e filhas, ocupadas no ambiente doméstico das mulheres brancas, se colocam em busca de atividades no espaço público.

Quer seja conceitualmente chamada de "necropolítica", quer não, há no limiar da morte a construção de um discurso pautado na destruição de tudo que não seja semelhante ao espelho branco narcísico em sua

"É FRAGRANTE FOJADO DÔTOR VOSSA EXCELÊNCIA"

experiência moderna. Por isso temos uma geração negra, desde a infância até a juventude, sujeitada à morte. O altericídio, segundo Mbembe,[53] corresponde às perseguições sociais construídas em cima das bio-lógicas ocidentais, nas quais massas perseguidas percebem a destruição dos povos colonizados pela diferença racial, entregues à letalidade negra, à violência linguística, às forças militares e paramilitares eliminadoras do excedente negro.

A respeito da escrita acadêmica, sei da cultura produtora da literatura e do privilégio de ler e escrever dentro das normas cultas. Entretanto, nós pesquisadoras negras somos parcialmente beneficiadas, jamais privilegiadas, já que, estruturalmente, somos moradoras de periferias sujeitas a tiros, ruídos e trânsitos bastante incômodos ao *orí* requisitado pela escrita. Ademais, no patriarcado, os homens sempre tiveram a liberdade de se isolar da família e da comunidade para exercer trabalho autônomo e reingressar no mundo relacional quando quisessem, independentemente do status de classe.

Com frequência, as pensadoras pluralizam a primeira pessoa da comunidade ancestral a participar da comunidade acadêmica. Querendo ou não, ajustam o projeto intelectual feminista negro em escrita comparável ao parto, na presença ancestral de Oxum, *iyá*, mãe que está ao lado na hora de dar à luz o texto para garantir as organizações psíquicas do que devemos botar no mundo sob a forma de discursividade negra, longe da rapina colonial. Para isso, fora do umbigo ocidental, os cortes epistemológicos são necessários.

Sendo assim, ficará para trás uma vaga lembrança do narcisismo de uma pesquisadora que jamais viu nenhum sintoma indeterminado das perspectivas norteadas sem os reflexos africanos. As fontes epistêmicas mudam, restituem as experiências matripotentes, uterinas, conforme o oxunismo defendido pela intelectual africana da Nigéria Oyèronké Oyèwúmi na autoridade teórica fêmea.

FUNDAMENTO DE ABERTURA DO CAMINHO METODOLÓGICO

Representante europeu, Narciso não vê conhecimento além de si, exalta a imagem branca e ignora a dos outros inventados na *Améfrica Ladina*. Desconhece as contribuições feministas negras de Lélia Gonzalez, voz de Oxum, desde seu ponto de vista *iyalodê* provocativo das ciências sociais, segundo o qual precisamos todas e todos escutar mais as intelectuais negras recebidas como o "lixo da sociedade" pelas academias.

Nas Américas, o "descobrimento" do homem branco patriarcal-cristão--militar-capitalista-europeu hierarquizou o mundo. Confirmamos através da decolonialidade um outro patamar discursivo de reconhecimento das múltiplas, heterogêneas e complexas diferenciações coloniais do esquema cognitivo espiritual acadêmico moderno, com vistas a dialogar no campo teórico dos colonizados. O colonialismo e o neocolonialismo de antes não conseguiram nos impedir de acessar as experiências culturais da fonte africana atravessadas nas Américas: Sul, Central, Norte e Insular.

Propuseram pela colonialidade moderna que os Estados Unidos publicassem os únicos escritores aceitáveis, os únicos americanos. Lélia Gonzalez os nomeou amefricanos, visando incitar nas ciências sociais, principalmente na ciência política, o abandono da percepção de que o Norte global é o ente autorizado a articular espiritualidade e intelecto, num jeito experimentado por Martin Luther King, Malcolm X e Sojourner Truth em seus escritos. O pensador Boaventura de Sousa Santos, por exemplo, tratou, com certeza, de fazer uso da amefricanidade proposta por Lélia Gonzalez. São intelectuais que se relacionam com os diálogos desenvolvidos no Sul global, por meio de metáforas reveladoras do sofrimento humano indígeno-africano.

Acredito haver vantagens georreferenciadas para os negros estadunidenses ao preferirem ressignificar a fé cristã, próxima do pertencimento imperialista do Norte global, aberto à máxima de "nós podemos". Diferente do Brasil, onde o culto de *orí* e das divindades africanas de cabeça nos aproxima do Oriente e das religiosidades negras.

"É FRAGRANTE FOJADO DÔTOR VOSSA EXCELÊNCIA"

O projeto decolonial quer retomar práticas políticas atreladas a heranças culturais e resgatar a oralidade juntamente com a produção teórico-política de grupos oprimidos, visto que nossas epistemes trouxeram melanina à escrita acadêmica. Desse modo, as intelectuais negras aprendem através do *abèbè* de Oxum a enxergar os próprios trajetos metodológicos, como fizeram as pesquisadoras negras Tatiana Nascimento e Hildália Fernandes, e a escorrer perto do pensamento feminista negro, embutido de distâncias regionais e falogocentrismos que impedem o Nordeste de apoiar maciça e largamente as publicações das intelectuais negras. Coincidentemente, essas desigualdades regionais impedem o Nordeste de acessar o patrimônio ancestral, ou seja, de encontrar nos terreiros de candomblé (majoritariamente concentrados em Salvador) uma intelectualidade negra autoclassificada.

Toda *iyalodê* aplica à língua fêmea a própria autoridade da boca de Exú, por isso não é raro abordarmos discursivamente a máscara, instrumento de ferro que foi usado na boca do colonizado para, segundo Grada Kilomba,[54] silenciar nosso ponto de vista negro, por meio de técnicas impeditivas contra o nosso pensar sobre racismo, colonialismo e violência. Em Exú, são essenciais as funções da boca, tanto nas ações de introjeção e restituição (daí as representações do dedo chupado, do cachimbo fumado, da flauta soprada etc.) quanto nas ações de comunicação.[55]

Segundo Kilomba, as bocas precisavam ser tapadas ou os colonialistas teriam de ouvir o repúdio aos abusos desumanos sofridos. Os colonialistas criaram para nós as projeções de ladrão, contador de mentiras, perigoso e fraco, originadas na mente deles, a fim de reposicionar, pelos mecanismos de defesa, traumas egocêntricos seus.

Em tempo, deveríamos evitar o esquecimento dos pontos de vista dos colonizados. Especialmente agora, quando aumenta o volume de produção e difusão do conhecimento capitaneado por editoras burguesas, paradoxais.

50

FUNDAMENTO DE ABERTURA DO CAMINHO METODOLÓGICO

Estas dificilmente serão capazes de ter a chance espiritual de sustentar cada território corpóreo e cognitivo de línguas detidas, atacadas desde o momento dos primeiros atravessamentos interseccionais da identidade africana e do colonialismo. Exú é a encruzilhada da interseccionalidade que precisamos sustentar intelectualmente através de oferendas analíticas preparadas pioneiramente por pensadoras negras.

A colonização, pondera a *mestiza* Glória Anzaldúa,[56] trouxe consigo a existência não branca, vista pela condição fronteiriça da identidade, que situa os racializados numa espécie de embrulho cultural posto na divisa humanista advinda dos Estados Unidos, onde as humanidades não brancas estão perto geograficamente do Norte global, mas pertencem ao México. Sendo amefricanas, as populações brasileiras vivem o lugar identitário de "forasteiras" em busca do ressarcimento após os epistemicídios a que africanos e povos originários foram submetidos.

Na condição de partículas das águas atlânticas, as intelectuais negras fazem falta no território dominado por colonialidade da natureza. Elas são aquelas águas ancestrais que remetem às intelectualidades dissonantes, ao diálogo feminista negro, a pensadoras como Houria Bouteldja.[57]

O aporte feminista negro, percebido grosseiramente como teoria das identidades, alerta para o fato de estarmos na encruzilhada discursiva. Nos apropriamos dos interesses acadêmicos globais, devorados pelas mesmas relações de saber impostas pelo sistema-mundo, do qual participamos na condição de humanidades desempoderadas da atuação acadêmica e política.

De fato, merece reflexão a atenção dada atualmente às carreiras acadêmicas e às promoções individuais de pesquisadoras e pesquisadores organizados no movimento da categoria analítica de raça. A encruzilhada discursiva interseccional serve às avenidas de identidades múltiplas, é fato. Contudo, as branquitudes acadêmicas induzem, quase sempre, à secundarização de raça, como se os colonizadores racistas, conforme pensa

"É FRAGRANTE FOJADO DÔTOR VOSSA EXCELÊNCIA"

a *indigène* Houria Bouteldja, não fossem identitários interseccionais no racismo capitalista patriarcal, que estrutura a modernidade colonialista.

Conforme menciona Bouteldja, a interseccionalidade tem vigor, colocada e reposicionada como um instrumento analítico influente. Sem a categoria raça, a interseccionalidade perde o objetivo de articular simultaneamente as categorias fundantes da estrutura racista capitalista patriarcal. Essas posicionalidades são fundamentais à consciência da luta teórico-metodológica desenvolvida pela tradição feminista negra e seu legado, presente nos escritos das antepassadas Lélia Gonzalez, Luiza Bairros, Beatriz Nascimento, Carolina Maria de Jesus. Estas são algumas das intelectuais compelidas pelo racismo patriarcal a serem militantes intelectuais, condenadas à identidade política de "outra dos outros", ao desagravo, ainda, das memórias, que caso fossem apagadas dos respectivos escritos dificilmente teríamos consciência dos ataques epistêmicos sofridos na contemporaneidade.

As punições e os crimes modernizaram as lógicas coloniais. A *hermenêutica jurídica interseccional* de Kimberlé Crenshaw[58] assumiu o corpo político aplicável às pesquisas feministas, a fim de que os grupos socialmente excluídos tivessem um léxico capaz de apoiar uma representação legal e política perante o Estado nos casos de racismo patriarcal capitalista geralmente desapreciados pelas Cortes.

A epistemologia feminista negra acontece em sociedade. Todas as sociedades podem passar por processos de aculturação e alterar, de alguma maneira, sua cultura.[59] Todavia, a resistência afrocêntrica frente à colonialidade reajusta o pensamento feminista negro, chamando-o para o escopo do decolonial, sem que seja necessário citar o tempo inteiro seus pensadores mais representativos, a maioria homens brancos do Sul global.

Aníbal Quijano, sociólogo peruano e branco, explicou em parte a colonialidade em que vivemos após ser convencido pela relevância argumentativa de María Lugones, quando trata da "colonialidade de gênero". A filósofa

FUNDAMENTO DE ABERTURA DO CAMINHO METODOLÓGICO

e feminista argentina, dentro do grupo Modernidade/Colonialidade, procurou desfazer a explicação masculinista de Quijano, flagrado numa visão abreviada sobre gênero e sexualidade. Por certo, o poder moderno tende a receber uma atenção maior, apesar das feministas negras argumentarem que a derrota civilizacional imposta pelo homem europeu só foi possível mediante o estupro colonial das mulheres africanas e indígenas. Por isso, o Norte global fala tanto do empoderamento das mulheres.

O repertório feminista negro conta com a contribuição de Frantz Fanon em 1950, de Lélia Gonzalez em 1980, de Audre Lorde, Angela Davis, bell hooks e Patricia Hill Collins, contemporaneamente. Estas autorias convivem em perfeita harmonia com a decolonialidade projetada em *Abya Yala* e o conhecimento afro-indígena intelectualizado pela academia a partir dos anos 1990, movimentos que trouxeram força epistêmica para o grupo Modernidade/Colonialidade.[60]

Isso nos faz crer na importância da experiência intelectual de resistirmos à colonialidade, que mina as tradições periféricas e cria grandes desafios políticos dentro das teorias antirracistas e feministas negras.

É preciso reiterar o pioneirismo de bell hooks, Angela Davis e Patricia Hill Collins como implacáveis intelectuais da teoria feminista. Todas, absolutamente, desenvolvem conceituações centradas nas experiências das "mulheres de cor", uma vez que estamos falando do lugar negro situado como uma sabedoria ancestral transmitida, encorpada e ajustada às ciências, aos interesses disciplinares da crítica literária e às teorias raciais críticas com suas repercussões geopolíticas.

De acordo com as críticas de Angela Davis, o teor antirracista da abordagem feminista no campo jurídico emprega a interseccionalidade para favorecer deslocamentos anticoloniais do lugar epistêmico analítico. Filósofa negra estadunidense, Davis acredita que apesar dos usos interseccionais mostrarem quanto o machismo racista das leis é desfavorável às mulheres, ainda assim a interseccionalidade na crítica feminista de raça

"É FRAGRANTE FOJADO DÔTOR VOSSA EXCELÊNCIA"

legitima o Estado penal. A filósofa Sueli Carneiro, por sua vez, acredita que a suficiência do feminismo negro e a contribuição irrevogável de Lélia Gonzalez provam a elementar inseparabilidade estrutural do racismo capitalista patriarcal. A perspectiva interseccional de Lélia Gonzalez é estudada por Alex Ratts e Flavia Rios, que demonstram a antecipação conceitual da pensadora: "militante acadêmica, articulava o racismo, o sexismo e a exploração capitalista".[61]

Existem tensões teóricas no feminismo negro e na interseccionalidade, e acredito que elas sejam fundamentais para enfrentarmos os regimes modernos coloniais. É necessário reconhecermos a existência de lados políticos diametralmente opostos, como aponta Angela Davis quando chama de feministas carcerárias as intelectuais (de todas as raças e classes) que apoiam prisões inadvertidas. Inclusive, Davis sugere que sejam feitos maiores investimentos em leitura e na atenção às identidades prejudicadas pelo serviço mal feito de ressocialização. Segundo adverte, as feministas carcerárias seriam neocolonialistas, pois não existe racismo que não se valha de controle populacional através das prisões.

Nesse sentido, a interseccionalidade demonstra o teor racista das leis e demanda mudanças. Ao mesmo tempo, não percebe a inimputabilidade dos homens brancos agressores de mulheres; não percebe os arranjos raciais com juízes, promotores, policiais e delegados, por exemplo.

Nos embates feministas, o abolicionismo penal e a teoria crítica feminista de raça são apresentados como alternativas jurídicas às punições aplicadas com base em racismo, sexismo e violências correlatas dentro das democracias liberais e que, no limite político, partem do sistema de punição cabível para os crimes de racismo, violência contra as mulheres e letalidade dos LGBTQIA+ (Lésbicas, Gays, Bissexuais, Trans, Travestis, *Queer*, Intersexo e Assexuais). A prisão é a própria engrenagem racista na colonialidade, de modo que aprisiona as mesmas populações racialmente subordinadas durante a colonização. Contudo, para realizar o Estado penal é necessário validar o Estado Democrático de Direito.

FUNDAMENTO DE ABERTURA DO CAMINHO METODOLÓGICO

Embora os abolicionistas prisionais tenham apontado corretamente que os estupradores e assassinos em série correspondem a uma pequena percentagem da população prisional, a pergunta sobre a maneira de tratar casos de assédio sexual, de importunação e de violência familiar ainda não pôde ser respondida.

Angela Davis, em seu caminho discursivo antiprisional, afirma a necessidade de que para fazer valer o Estado penal são utilizadas prerrogativas dos direitos humanos inscritas no Estado democrático. Havemos de notar quão paradoxais são as reivindicações anticoloniais, no mínimo contingenciadas pelas teorias dos conflitos legais com uma modernidade polida e primitiva, ausente e categórica, que fazem a defesa dos direitos humanos em espaços de privação de liberdade em que grupos racializados protegem os direitos fundamentais de outros grupos racializados hegemonicamente. Grande parte das vítimas da branquitude é descendente de africanos alvos de acusações vindas de uma humanidade branca rica, ladra, corrupta, culpada e responsável por hoje existirem ocupações ilegais, invasões e danos patrimoniais. A régua e o compasso dessa branquitude sobre si mesma dão fôlego às promessas cristãs de restabelecimento dos direitos humanos da população negra pauperizada e da população indígena encarcerada em território administrado pelo homem branco.

A crítica feminista à ciência considera que o saber é situado. Quem fala o faz de algum lugar, sendo preservado o direito à liberdade de expressar o ponto de vista intelectual e garantida a possibilidade de contradição, desde que o argumento seja notável e sirva para exemplificar o lugar de fala, como o da filósofa Angela Davis, na defesa política do abolicionismo penal. A autora é bastante conhecida por ter sido presa na década de 1970, acusada de conspirar, matar, sequestrar e fugir das punições cabíveis aos crimes a ela imputados. Vejamos que a modernidade da cosmovisão racista é de longa data; nela, o discurso sobre aparência perigosa da raça negra produz a perseguição escravista imanente aos regimes democráticos.

"É FRAGRANTE FOJADO DÔTOR VOSSA EXCELÊNCIA"

Aconteceu durante a colonização e persiste na colonialidade pela reprodução de falsos valores sobre nós. No caso de Angela Davis, comunista vinculada aos Panteras Negras, movimento antirracista no qual teve breve passagem, houve o agravante de a pensadora atuar expressivamente na articulação política entre classe, gênero e raça.

As instituições modernas estão contra a raça negra, contra a militância negra, investindo o tempo todo na criminalização da raça. A militância inevitavelmente cometerá subversões contra o sistema e contra o Estado, portanto, será sobre ela que recairá o caráter seletivo e punitivista das políticas de segurança pública nacional. Em seus argumentos, Davis sugere que os navios negreiros se traduzem hoje em dia nos cárceres, onde os internos e internas são transportados como se fossem animais separados por níveis de periculosidade.

Nesse sentido, é absolutamente questionável o apoio intelectual e jurídico dado por nós, descendentes de africanos, ao cis-tema colonial, pois devido a ele nossos ancestrais tiveram os laços de afeto com seus iguais destruídos. As prisões, consequentemente, se mostram ultrapassadas em conteúdo e forma, na medida em que seus artefatos fazem com os negros o mesmo que os colonizadores fizeram anteriormente com seus antepassados africanos. Dessa forma, é perpetuada a crueldade contra pessoas negras, a quem os direitos humanos são recusados. Segundo Angela Davis, o cis-tema não ofende apenas os direitos individuais de irmãs e irmãos que desejam viver perto do amor, da linguagem e das partilhas dos seus semelhantes, mas também ofende os ancestrais ligados aos seres humanos privados de liberdade.

Nós, feministas negras adeptas da criminologia crítica, repetimos os efeitos da colonização escravocrata quando concordamos em nos ausentar do debate qualificado sobre liberdade dos agressores de mulheres, ignorando o fato de eles serem também vítimas de aprendizados brancos e, possivelmente, de estarem conosco reiterando o neocolonialismo através

FUNDAMENTO DE ABERTURA DO CAMINHO METODOLÓGICO

de rupturas éticas ancestrais com as famílias africanas. Os fugitivos das senzalas foram caçados por causa da aparência e, presentemente, estamos perpetuando o mesmo cenário que, na década de 1970, fez o rosto de Angela Davis ser perseguido por seguranças e policiais.

No estado da Bahia existe o Baralho do Crime, catálogo com o rosto de foragidos, organizado por nome, apelido e territórios raciais de onde parte a sociabilidade delituosa de cada um. Contraditoriamente, depondo de costas para a eficácia das esquerdas e dos feminismos brancos institucionalizados, seria ingênuo acreditar na abolição da prisão, quando é sabido que a Lei Antiterrorismo foi aprovada e sancionada no início de 2016, em pleno exercício do governo da presidenta Dilma Rousseff. Para além disso, a lei criminaliza a atuação política militante com o argumento de que é supostamente terrorista, remetendo à violência racial praticada contra Angela Davis no século passado, no contexto estadunidense.

E já estando refeita dos significados terceiro-mundistas racializados, práticas como essa visam a limpar as ruas do país da dependência química e da mendicância, nas quais as pessoas inutilizadas pela exploração da força de trabalho liberalista são imediatamente encarceradas (quando não mortas) nas instituições totais, segundo o conceito de Erving Goffman.[62] Na pior das hipóteses, são aplicadas as sanções para quem porta uma garrafa de Pinho Sol, como naquele episódio histórico brasileiro que envolveu o jovem negro, morador de rua, Rafael Braga,[63] qualificado e condenado dentro da prerrogativa idêntica ao lugar social de inúmeros jovens negros condicionados ao status de integrantes de organização criminosa.

A vigilância ininterrupta sofrida pela filósofa estadunidense Angela Davis demora nos efeitos raciais contra grupos não alfabetizados, sem formação filosófica, na condição intelectual de quem cometeu o delito de existir na sistemática punitivista. Contexto que insistirá na perseguição racista até criminalizar e encarcerar quaisquer ativismos antirracistas.

Em suas obras, Angela Davis revisita os anacronismos e as universalidades ativistas, sugerindo a provisoriedade do conhecimento das escritoras,

"É FRAGRANTE FOJADO DÔTOR VOSSA EXCELÊNCIA"

obrigando-as a tomar notas dos princípios da epistemologia feminista negra, a prestar contas às circunstâncias políticas capazes de aplicar uma defesa anticolonialista. Principalmente as que não estão na direção ideológica da jurista Kimberlé Crenshaw,[64] intelectual negra sobrevivente às críticas feministas ao termo interseccionalidade e aos seus maus usos geopolíticos, ou as que, em menor grau, estão fazendo oposição intelectual aos ativismos acadêmicos contra a proponente que desenvolveu insumos da teoria crítica feminista de raça em prol da criminalização do racismo, da LGBTfobia, do sexismo, das violências de gênero, forçando o Estado a adotar providências penais contra as pessoas flagradas cometendo crimes. Vale a pena verificar a interseccionalidade quando é empregada a raça para criminalizar e judicializar as relações da sociedade civil, além de instrumentalizar a plataforma de governos reguladores das iniquidades sociais vindas de regimes fascistas ou democráticos.[65]

Verdade seja dita, o punitivismo resulta de uma contraposição à filosofia *ubuntu*, fundamentada na ética de cada negro ser um ente coletivo. Na modernidade, apenas o branco é um ente coletivo. O negro não detém os meios e modos de produção da ordem capitalista, por isso, tende a vender sua força de trabalho como única mercadoria que possui e da qual precisa para discriminar seus iguais, usando o racismo institucional, uma vez que o recrutamento da classe trabalhadora organiza sua subjetividade para tal objetivo.

Negros são flagrados, punidos, individualizados, ainda que fardados. Em suma, ao reproduzirem a discriminação institucional, temos prova de que a sistemática provoca demissões compulsórias e processos justificados pelas manobras de poder das instituições coloniais que se disfarçam de democracias, negando as diretrizes funcionais e a razão discriminatória dos serviços prestados. Quando ocorre o racismo colateral, praticado pelo branco contra o negro, individual ou coletivamente, a absolvição é imediatamente chamada pelo direito, logo são encontradas brechas e,

FUNDAMENTO DE ABERTURA DO CAMINHO METODOLÓGICO

novamente, as engrenagens de tipificação dolosa deixam para a intepretação jurídica o benefício racial de ser branco, porque o sistema também é.

Quem compreende a defesa inconteste da filósofa Angela Davis, tende a levar a cabo a sua proposta abolicionista do direito penal, que propõe a despenalização, a descriminalização, a extinção dos sistemas modernos de nomeação de condutas delituosas. O sistema jurídico está longe de disfarçar o racismo das instituições punitivas. Seria adequado abrir mão do perfume ideológico que torna sedutora a colonialidade escravocrata, capaz de plantar flores em frente aos complexos penitenciários. Se as alternativas à prisão não combatem o racismo, se a dominação masculina, a homofobia e o preconceito de classe não estão promovendo o desencarceramento, não é possível fazer cumprir a verdadeira abolição.[66]

Estamos lidando com castigos escravocratas. Trata-se de jurisdições tão duras quanto antigas e espetaculosas, tão modernas quanto o trânsito negreiro de chibatadas, de pelourinhos e de esquecimentos nos calabouços mundo afora. As prisões equivalem ao acompanhamento das sentenças, até o momento do apoteótico julgamento na mídia, seguido pela negligência da sociedade civil e política que finge desconhecer os castigos aplicados no interior das instituições.

Quem estuda as prisões sabe que as colônias de hoje em dia são os territórios racializados dos selvagens habitantes subversivos e depositários de uma inadequação à liberdade, que só pode ser conquistada no espaço público.

A guerra às drogas é a maior justificativa da "necropolítica" para a regulação moderna dos Estados-nações e a distribuição da pobreza. Justificativa empregada para o controle populacional, tanto pela violência letal quanto pelo encarceramento. Nesse panorama, a situação sociojurídica do negro, retirado do espaço público onde esteve impedido racialmente de vender a força de trabalho, para ser convertido adiante à condição de produtor de lucros para as empresas instaladas nas prisões, pois a diminuição da pena vincula o negro à capacidade produtiva de remir.

O Pacto de San José da Costa Rica, de 1969, ratificado no Brasil em 1992, trouxe à jurisdição da Corte Interamericana de Direitos Humanos, coordenada pela Organização dos Estados Americanos (OEA), a necessidade de cooperação e solidariedade regional nesses assuntos prisionais. Dela participou a União Europeia como observadora permanente. O artigo 44 da organização reconhece o direito de indivíduos, coletividades e organizações não governamentais apresentarem denúncias de violação dos direitos humanos praticada por qualquer Estado parte, embora a prisão em si, uma violação ligada direta e essencialmente à escravização, não seja denunciável.

No tocante às reivindicações feministas em defesa da punição aos crimes praticados contra as mulheres, é necessário reconhecer as dificuldades de pessoas antirracistas e de esquerda em entender que raça, mesmo liberada da colonialidade moderna, garante as predisposições masculinas criminosas instrumentalizadas pelas subjetividades em constante interação com o patriarcado capitalista. Essas ações violentas perpassam todas as raças e classes sustentadas pela subordinação das mulheres. As opressões são interseccionais, movem as vulnerabilidades de pessoas sujeitas às condutas fortemente marcadas pelas vantagens patriarcais.

O morador de rua não é alguém que, necessariamente, tenha em sua força de trabalho a única mercadoria no momento de exercer, através do gênero, a masculinidade lucrativa, como, por exemplo, em situações de estupro de mulheres brancas ou negras. O morador de rua pode sofrer violência de classe, caso alguma mulher, branca ou negra, decida tocar fogo em mendicantes abrigados à porta do condomínio. A partir disso, é possível argumentar que discriminações carregam vantagens transitórias de raça, sexualidade, classe e gênero.

No cenário internacional, as denúncias de racismo quase sempre passam por superinclusões[67] e nem sequer recebem apoio de feministas, já que as mulheres brancas estão centradas na categoria gênero. No feminismo, falta apoio ao movimento antirracista, tendo em vista que a militância de raça cria obstáculo às alianças capazes de dar forças para as mulheres negras. As

FUNDAMENTO DE ABERTURA DO CAMINHO METODOLÓGICO

interações de gênero e raça na experiência de mulheres dizem como suas demandas serão recepcionadas pelas instâncias políticas, e isso acontece toda vez que a interseccionalidade é ignorada por organizações feministas e antirracistas que deixam de articular o patriarcado racista, bem como ficam mais centrados em universalidades discursivas da categoria gênero, raça ou mulher.

Os posicionamentos costumam ser simplificados por interesses identitários que circulam as petições. Nas organizações antirracistas acontece a centralidade do enfoque no masculino nas chacinas contra negros, por exemplo, sem qualquer menção à mulher negra, a maioria mães de família que se colocam no *front* dos conflitos.

Os direitos sexuais e reprodutivos negados às negras passam longe das pautas antirracistas. Estou dizendo que a heterossexualidade masculina faz um filho não compreender as condições de raça das mulheres negras que alimentam as filas de abortos clandestinos e são criminalizadas por isso. Na melhor das hipóteses, o movimento antirracista reconhece o perfil majoritário de mulheres negras entre as que morrem, a cada dois dias, após abortos inseguros e malsucedidos nas rotas de cobertura do Sistema Único de Saúde (SUS). Isso acontece com todas as mulheres cisgênero, porém, as mulheres brancas têm os direitos humanos representados por interesses esquerdistas.

As feministas brancas vão um pouco mais longe quando retiram a raça e o gênero do debate enveredado pelo "garantismo penal". Legitimam a retribuição do Estado penal em defesa das vítimas de relações de gênero violentas. Ao mesmo tempo, o grupo preocupado em melhorar prisões superlotadas, tergiversa quando o assunto é a categoria homem negro como criminoso, estereótipo produzido nas circunstâncias atávicas do capitalismo patriarcal.

Negros e mulheres precisam das leis, mas para as mulheres negras essa necessidade é mais intensa, pois elas são vítimas dos crimes de racismo e dos crimes de feminicídio. Apenas uma dessas identidades colocará homens negros na estrutura racista da prisão.

Com efeito, o já mencionado Pacto de San José da Costa Rica dispõe que toda pessoa detida deve ser conduzida imediatamente à presença

"É FRAGRANTE FOJADO DÔTOR VOSSA EXCELÊNCIA"

de um juiz, atendendo à conformidade do Supremo Tribunal Federal. Em sequência, serão realizadas as audiências de custódia e as condutas processuais obrigatórias. Na comarca de Salvador, esses procedimentos foram adotados oficialmente a partir de 2015, antes do encarceramento em massa limitar o trâmite e as burocracias apreciadas por juizados.

Antes, predominavam as rotinas do racismo: publicavam, entravam com recurso, pediam vistas, passavam por despachos, arrumavam testemunhas e linguagens de controle populacional até legalmente a pessoa ser presa e esperar o encerramento do processo. Agora, cada juizado faz a consagração da justiça cabível. A pessoa pode ficar livre e ter chances reais de demonstrar inocência, inclusive no dia da condenação. Finalmente oxigenamos as cadeias, modeladas pelo dispositivo de gênero de masculinidades negras, frágeis face à ação policial.

Cresce mundialmente o volume dos homens negros expostos ao perigo de circulação no espaço público. Isso é o que demonstra o Relatório da Defensoria Pública da Bahia, comarca de Salvador, maior contingente populacional negro fora de África, com 1.033 flagranteados no período de três anos, entre 2016 e 2019. Desse contingente, apenas 56 mulheres foram custodiadas. A meu ver, essa é a prova irrevogável da perseguição realizada pelas polícias.

A mesma sociedade brasileira que desconfia da polícia tem parcelas adeptas do populismo penal, elegendo militares em todas as esferas de poder representativo. A comunidade acadêmica está mobilizada pelos estudos policiais desde a década de 1970, segundo o dr. Felipe Freitas.[68] Especialmente entre 1980 e 2010, foram amplificadas as vozes insurgentes de militantes acadêmicos com abordagens e perspectivas afinadas com os movimentos sociais, tomando como objeto de estudo as práticas policiais, a seletividade e o etiquetamento penal. Em suma, Freitas elenca três grandes períodos de inserção da temática e aponta o investimento de movimentos sociais e organismos internacionais após a Constituinte.

FUNDAMENTO DE ABERTURA DO CAMINHO METODOLÓGICO

Houve período em que a sociedade deu atenção ao papel do Estado no compromisso de realizar a democracia, prestando atenção aos modelos de política de segurança pública. Na metade da década de 2000, chegou a vez de as próprias universidades criarem programas de pós-graduação, núcleos de pesquisa e grupos de estudos sobre violência letal, encarceramento em massa e genocídio da população negra. Durante a década de 1970, o Movimento Negro Unificado (MNU) recomendava intelectuais feministas e negros como Lélia Gonzalez, Luiza Bairros, Abdias Nascimento, Luiz Alberto, que, progressistas, assumiram cargos de confiança em governos.

Para compreender esse cenário, destaco a sistematização dos dados coletados pela Defensoria Pública da Bahia através do Relatório das Audiências de Custódia em Salvador.[79] Esses dados correspondem ao período da pesquisa de campo realizada para a qualificação da minha tese de doutorado e apresentação pública do Relatório das Audiências de Custódia para a sociedade baiana. Preservando o compromisso autoral da Defensoria com a pesquisa, optei por escapar analiticamente das conclusões do órgão, pelo fato de a maioria dos flagranteados pertencer à população jovem, negra, masculina, pauperizada, de baixa escolaridade, vítima de racismo nas decisões judiciais, de tortura policial, de auto de flagrantes forjados. E ainda pelo fato de as audiências de custódia serem, sim, essenciais para o desencarceramento.

1.2. A CARDIOGRAFIA DA PESQUISA

Ao buscar caminhos filosóficos de se pensar sentindo, alimento-me metodologicamente do esforço filosófico do dr. Renato Noguera[69] ao resgatar a filosofia africana antiga recorrendo à genialidade de Amenemope, do coração de quem pesquisa, da filosofia de vida na "cardiografia do pensamento".

Afirmo mais uma vez que a interseccionalidade pertence a Exú. Isso sugere que estamos na mesma condição social dos Outros vulnerabilizados

"É FRAGRANTE FOJADO DÔTOR VOSSA EXCELÊNCIA"

em todas as gerações, condicionados à insegurança de viver uma identidade estruturada pela colonialidade moderna. Do ponto de vista ancestral, é Exú quem amola a ferramenta de luta política, um instrumento acadêmico capaz de visibilizar os enredos da raça engendrada, a fim de que mulheres negras não sejam mais interrompidas, anuladas discursivamente, apagadas pela política, pelo Estado, pelas leis e por nossas próprias identidades interseccionais reveladas na avenida da morte.

Encruzilhada, para nós, é lugar de decisão. Exú sabe auxiliar as populações intelectuais famintas por equidade teórica durante suas escolhas analíticas que dialogam com as perspectivas africanas e negras diaspóricas.

Na encruzilhada discursiva, apoiada pela tradição das mulheres negras espalhadas pelo mundo, a interseccionalidade permitiu às intelectuais negras validar suas produções teóricas anticolonialistas no universo acadêmico, bem como produzir pesquisas baseadas na inseparabilidade estrutural do racismo, do capitalismo e do heteropatriarcado, na contramão dos empreendimentos intelectuais hegemônicos que apontam a utilidade do direito moderno como matriz da opressão, com juízes competentes a conceder liberdades provisórias e relaxamentos da prisão para seus semelhantes brancos.

O direito moderno significa encarceramento para descendentes de africanos e representa o fervor do homem branco juridicamente engajado na proteção das garantias fundamentais de todos os brancos, entre elas, a liberdade. Muitos dos ancestrais dos mais ardentes liberais de hoje não seriam capazes de conceber a vida sem escravização, sem o linchamento ou sem a segregação.[70]

O esforço do pensamento feminista negro é de harmonizar a emoção filosófica, que valida argumentos teóricos e demarca o diálogo entre pensadoras que sentem a realidade de maneira divergente umas das outras, e provocam, no estilo decolonial, a inclusão tanto das ideias de autoras acadêmicas quanto de mães de família cujos filhos são vulneráveis à justiça

FUNDAMENTO DE ABERTURA DO CAMINHO METODOLÓGICO

penal. Trata-se de intelectuais negras submetidas às inúmeras políticas racistas patriarcais do Estado, "biopolíticas", abordadas pela feminista Angela Davis, que defende a descriminalização das drogas como imperativo metodológico, entendendo que a mãe de família de hoje é semelhante à mãe preta. Por isso, a mãe de família deve ser vista como categoria política que busca romper com a "imagem de controle" presente nos sistemas jurídicos, de que famílias chefiadas por mães solo geram filhos errantes.

Se durante a escravização foi negado o direito das mães pretas de maternarem seus filhos, pois deveriam cuidar dos filhos das mulheres brancas, na modernidade colonial as mulheres negras continuam expropriadas da condição de proprietárias das vidas produzidas por elas e violentadas pelo Estado Democrático de Direito.

As mulheres negras usaram a força de trabalho do corpo produtor de mercadorias, com idade e gerações desprotegidas pelos estatutos. Hoje em dia, a mulher idosa protegida por estatuto é a branca; a criança protegida pelo estatuto também é a branca; a juventude, futuro do país, da mesma forma, é branca. Basta vasculharmos o direito, as demandas militantes e a atuação feminista para observarmos que, historicamente, foi impossível para mulheres brancas seguirem ao lado das negras e trabalhadoras, como aconteceu durante a primeira onda do feminismo, a fase das sufragistas, movimento composto principalmente por mulheres brancas de classe média.

A partir dos anos 1990, o empoderamento se tornou algo oposto ao princípio assinalado na epistemologia feminista negra, ou seja, tal empoderamento passou a ser sinônimo de sucesso financeiro de mulheres brancas. Estas deixariam uma negra tomando conta dos seus filhos, mas não considerariam humanos os filhos delas, trabalhadoras domésticas, babás e ajudantes do lar.

Talvez pensadoras como Françoise Vergès (2019) estejam corretas ao afirmar que mulheres negras, latinas, asiáticas, do Oriente Médio e indígenas são a vanguarda. Não sei até que ponto podemos falar em quarta

"É FRAGRANTE FOJADO DÔTOR VOSSA EXCELÊNCIA"

onda do movimento feminista... Contudo, neste trabalho, proponho para o pensamento feminista negro a autonomeação da categoria mãe de família. Busco me afinar com a socióloga Patricia Hill Collins no seu alicerce da teoria social crítica especializada, na forma de pensar de maneira situada e na periferia da ciência antes apagada pelo racismo epistêmico.

Desse modo, é importante conversar com as avenidas discursivas do pensamento feminista negro, chão epistemológico acolhedor de pluralidades teóricas, assim como ancorar-se na metodologia afrodescendente de pesquisa criada pelo dr. Henrique Cunha Junior,[71] um aliado teórico do pensamento feminista negro. O proponente da metodologia valida os trabalhos acadêmicos de pesquisadores negros movidos por uma vontade de readequação da ciência social, e nesse sentido desenvolve uma metodologia que permite pesquisadoras como eu usarem métodos interpretativos, observação e pesquisa participantes, abordagens de pesquisa sócio-históricas que abrem mão da linearidade, da objetividade e do brancocentrismo da ciência moderna.

A própria crítica feminista da ciência preconiza o que podemos chamar de posicionamento metodológico e não metodologia feminista, pois aquela proporciona a chance intelectual de dispormos de autoridade discursiva correspondente à boa ciência, à parcialidade e à objetivação que têm a ver com princípios feministas, não necessariamente com a nomeação científica. Em meus estudos anteriores, procurei analisar o funcionamento do racismo e do sexismo institucionais endereçados às mulheres privadas de liberdade e que depunham a respeito do fracasso da prisão em ressocializar populações.

Pesquisadora eclética buscando lapidar sua formação política e teórica, quase não me dava conta do erro acadêmico de empregar a dialética estreitamente ligada às opressões que desejava combater. Hoje, partindo de um outro lugar, sigo o pensamento feminista negro na realização de uma escrita dialógica, com vistas a mudar as técnicas discursivas, procurando

FUNDAMENTO DE ABERTURA DO CAMINHO METODOLÓGICO

por ações e tomadas de consciência heurísticas, cada vez mais convencida de que o encarceramento que antecede a prisão preventiva constitui a principal porta de entrada do flagranteado na audiência de custódia ou audiência de apresentação.

Hoje, com embasamento na pesquisa de campo, reconheço a importância das audiências de custódia para corrigir as infrações do Estado, antes da prisão e de sua aplicação jurisprudente no curso processual, disposta pelo Supremo Tribunal Federal. Ideologicamente, a audiência de custódia diz respeito à presunção de inocência, ao reconhecimento da má-fé dos policiais, espetáculo psíquico legalmente autorizado. A repetição das cenas coloniais tem a ver com o exercício da benevolência dos magistrados que se colocam acima de quaisquer alegações anticoloniais.

A audiência de custódia preserva a fala do sujeito, oferece a chance de ele se defender como cidadão que é, garante uma entrevista reservada, atenua a decisão de prisão quando está enfermo e apoia o flagranteado quando ele é vítima de tortura policial. As audiências de custódia sofrem críticas feitas por cidadãos ignorantes. Logo depois da implementação do ordenamento, a seletividade e o etiquetamento penais tão característicos da justiça tornaram-se ilegais e os agentes ficaram impedidos de fazer coro ao encarceramento. A audiência de custódia reafirma o sistema moderno como melhor negociador dos avanços humanistas. O defensor público baiano e professor de direito penal Daniel Nicory, autor de *A prática da audiência de custódia*, entende a regulação da seguinte maneira:

> É o procedimento mais adequado para a tutela do direito individual à liberdade, na perspectiva de não intervenção indevida do Estado, porque a apresentação do preso ao juiz permite um controle efetivo das circunstâncias da prisão, pelo magistrado, do que mera comunicação escrita da prisão pela autoridade policial, tanto porque o flagrado será entrevistado pelo juiz, porque estará na presença do seu defensor.[72]

67

"É FRAGRANTE FOJADO DÔTOR VOSSA EXCELÊNCIA"

Diante do juiz, a pessoa apresentará sua versão dos fatos, podendo o magistrado verificar ilegalidades da prisão e evitar que o flagranteado responda ao processo atrás das grades. Sabemos que a audiência de custódia passou a ser a porta do desencarceramento em massa, ou, na linguagem preservacionista colonial, se torna um modo de defender a ordem social. Os indivíduos precisam ser protegidos de medidas que, segundo Adilson José Moreira,[73] podem causar grandes perturbações na vida social e política.

No trabalho de campo iniciado em agosto de 2019, assisti às audiências de custódia, observando preliminarmente o tratamento das decisões do juiz. Procurei entender a coerência da conduta do magistrado na apreciação das decisões em andamento. À medida que se deu a minha incorporação às rotinas do Núcleo de Prisão em Flagrante, situado no Iguatemi, participei da criação da Vara de Audiência de Custódia, equipamento posterior à competência ritualística do Núcleo.

Acompanhei, em específico, o funcionamento da vara parametrizada de acordo com as diretrizes da Resolução 203 do Conselho Nacional de Justiça, que determina medidas de funcionamento dos locais onde acontecem as audiências e como devem agir os atores durante as audiências de custódia. Tais recomendações possibilitam a realização legal da justiça na avaliação da necessidade de prisão em um país que ocupa a quarta posição no ranking mundial de encarceramento, com 683 mil presos. A Resolução 203 recomenda tomar posse das circunstâncias, obrigar o juiz a escutar e gravar a fala dos flagranteados ao denunciarem as violências durante a prisão, bem como informar quem foram os agentes da tortura. Durante as audiências, as pessoas flagranteadas respondem sobre a vida pregressa, os atos infracionais da adolescência e a maioridade adquirida durante os processos respondidos.

O juiz é quem avalia as condições sociais da pessoa naquele momento. É da competência dele substituir a prisão preventiva por medidas cautelares ou converter o flagrante em preventiva, mesmo que sob os pedidos

FUNDAMENTO DE ABERTURA DO CAMINHO METODOLOGICO

quase espontâneos dos promotores para lavrar a legalidade da prisão, depositando a absoluta fé pública nos policiais. Observei a conformidade do juiz na realização das perguntas que lhes respaldaram as próprias decisões, após o pronunciamento do Ministério Público, isso porque a defesa constituída acontece logo em seguida, com performances homogêneas da cena colonial que trata de assuntos esdrúxulos como a fala da viagem do filho à Disney, ou de repente falar do valor da internação do cachorro, da qualidade da piscina...

Acompanhei a atuação do Programa Corra pro Abraço,[74] visitei instalações, atendimentos e reuniões técnicas. Pude desfazer as desconfianças a respeito do meu papel de pesquisadora naquele espaço, refazer o roteiro psicológico de aguardar a reação das pessoas oportunizadas pelo juiz, perceber o tratamento dado ao tema de álcool e drogas por indivíduos que problematizam a prisão em flagrante e que pediram ajuda para se livrar das drogas.

Consegui, aos poucos, sentir as falhas de humanidade no semblante de quem se apresenta equilibrado emocionalmente na encruzilhada do conhecimento, com a possibilidade de escapar da opressão do cárcere. Caso use da inteligência da boca, se valha de Exú, da verdade de si, de não ter estado no lugar que o relatório de monitoramento prova que o custodiado esteve. "Exú faz o certo virar errado e o errado virar certo", explica o *oriki* yorubá, base da epistemologia baseada nas peripécias da boca, incapaz de prejulgamentos.

Dos documentos internos do Programa Corra pro Abraço e da Central de Apoio e Acompanhamento às Penas e Medidas Alternativas (Ceapa), ambas políticas públicas firmadas de maneira colateral, tive acesso aos relatórios da equipe de serviço social e pude reparar na resistência inicial ao meu trabalho de campo, nos medos institucionais em relação às atribuições e competências das/dos assistentes sociais e psicólogas. Na verdade, as instituições receiam ser expostas pelas pesquisas qualitativas.

"É FRAGRANTE FOJADO DÔTOR VOSSA EXCELÊNCIA"

Para a pesquisa interessava-me conhecer como se desenvolvia a assistência psicossocial às famílias durante as audiências. Na verdade, eu queria saber se eles poderiam intervir no sentido de atenuar a decisão do juiz, de tocar na realidade prática do sujeito que mora, vive ou está em situação de rua. Argumentar, talvez, sobre o exposto, sobre as consequências dos cometimentos, dos delitos e das reincidências associadas ao problema da saúde pública com a droga.

O amparo social das famílias é analisado por mim, com especial atenção à categoria analítica mãe de família. As mães ficam praticamente reclusas com os respectivos familiares por pelo menos 48 horas até a audiência de custódia, apostando geralmente na celeridade do juiz para cumprir as pautas, exceto nos fins de semana sobrecarregados.

Estranhamente, vi delegacias aplicarem os próprios mecanismos de custódia. De todo modo, é importante destacar o prejuízo para as famílias que aguardam a comunicação oficial do flagrante, porque isso compromete a liberdade da pessoa por um tempo maior do que o recomendado pelo instrumento normativo.

Como pesquisadora, visitei as celas da vara. Encontrei nelas um misto de austeridade, sujeira, incluindo fezes, e recomendações afixadas nas paredes pela equipe dirigente do serviço. Em separado, pude realizar entrevistas com duas pessoas presas que receberam o monitoramento eletrônico, mas, infelizmente, não puderam se manter nessa condição devido à pobreza e, por isso, precisaram ficar mais tempo sob custódia. O problema é que o monitoramento requer que a família seja capaz de bancar o aparelho celular, e, quando não é possível, isso implica a prisão sob custódia. Constatei que se o juiz natural da vara não decidir sobre casos desse tipo, a tendência é que os indivíduos fiquem presos por quase trinta dias.

O prejuízo maior recai sobre a vida da família que desconhece o paradeiro de seus familiares. Além disso, a custódia não pode transformar-se

FUNDAMENTO DE ABERTURA DO CAMINHO METODOLÓGICO

em encarceramento, pois o espaço é transitório e sempre pior do que a prisão, onde há, ao menos, um banho de sol. No cárcere da custódia há insalubridade e falta ventilação.

Extrapolando o roteiro de pesquisa, tentei localizar familiares pelas redes sociais. Realizei entrevistas. Fui apresentada pelos custodiados ao contexto das doenças infectocontagiosas do trato respiratório. Estive presente quando, às pressas, foram conduzidos e atendidos pela Unidade de Pronto Atendimento (UPA), sem que os remédios receitados fossem fornecidos.

A cosmovisão é o único sentido do Ocidente, dos olhos criadores e diferenciadores da condição penal que rebaixa a cidadania das mulheres fora da Vara de Audiência de Custódia. Observei a falta de acolhimento de mães de família que, desinformadas, se tornavam presas fáceis de advogados retóricos, indicados por policiais. A história seria diferente se passassem pela instrução multiprofissional da vara. Esses esquemas de indicação mais contribuem para confundir sobre as chances reais de relaxamento da prisão ou condenação. Os familiares não precisariam providenciar mais de dois salários para pagar a um advogado que vai entrar na sala de audiência desatualizado para performar e seguir com o *parquet*. O preso desconhece a linguagem jurídica do defensor em acordo com o Ministério Público, que deseja manter o vínculo com a clientela sem necessariamente defendê-la.

A aparência elegante dos advogados impressiona menos que a cor branca. A desconfiança nutrida pelo pobre em relação aos serviços públicos é grande. Apesar disso, descobri, durante a pesquisa, o vínculo comunitário dos negros recém-formados com as juventudes flagranteadas.

As mães de família vivem um duelo de liberdades entre a identidade do filho e as delas próprias, pois enquanto as mães estão do lado de fora, os filhos ou os maridos estão presos esperando pelas suas visitas. Porque, diferentemente deles, as mães de família não podem contar com o boi,

"É FRAGRANTE FOJADO DÔTOR VOSSA EXCELÊNCIA"

buraco no chão para as necessidades fisiológicas, o que gera problemas nas visitas. Paralelo às cenas, temos alguns escritos sobre o terror de estar atrás das grades, gravados nas paredes já há bastante tempo. Os familiares não podem usar o banheiro. Às vezes, a natureza chove, às vezes queima de sol. Compete às mulheres em liberdade, especialmente as mães de família, o status de legítima companheira, sem falar, como acontece muitas vezes, na rixa da namorada do flagranteado e a mãe de família, não podendo ficar sozinhas na esperança de liberdade de quem não abandonam. As mulheres permanecem presas à cena, aguardam seus homens atravessarem a cancela, saem de onde estiveram impedidas de usar o banheiro.

Apoiadas por dois técnicos, designados pelo juiz competente, coordenador do Núcleo de Prisão em Flagrante, as interlocuções com juiz, promotores, defensores públicos e policiais aconteceram ao longo de trânsitos pela monitoração, instalação e uso de tornozeleira eletrônica, que acusa evasão quando o monitorado não está em conformidade, o que gera a prisão. Se a família tem celular e a luz elétrica está em dia, o monitoramento atende ao quesito de liberdade provisória.

O caráter qualitativo da pesquisa cumpriu o objetivo proposto e foi publicada a "Comunicação Interna – Tribunal de Justiça – COI-2019/02499" em 23 de março de 2019. Pude então realizar entrevistas com a finalidade de estruturar melhor a abordagem etnográfica, com dados do relatório da Defensoria Pública, seção Bahia, referente à audiência de custódia, divulgado em setembro de 2019.

Os documentos acessados atenderam à coleta de dados correspondente aos quatro anos da implantação do ordenamento jurídico. Entrevistei a técnica responsável pelo relatório, a servidora Isadora Cardim, e procurei compreender o tratamento dos dados. Posteriormente, recebi do órgão planilhas com os dados quantitativos. As variáveis eram gênero, idade, raça, tipo penal, decisão do juiz e território. O período foi, a pedido

FUNDAMENTO DE ABERTURA DO CAMINHO METODOLÓGICO

meu, o do carnaval soteropolitano, sendo fundamental a confrontação do sistema alimentado diariamente pela Defensoria Pública e pelo Sistema de Audiência de Custódia (SISTAC), lançado em 2015.

Quando o flagranteado passa pela entrevista com o defensor, o sistema é alimentado pelo setor administrativo. A coordenação do cartório da vara de audiências cumpre inúmeros operativos, a função administrativa supõe condição polivalente dos trabalhadores negros para assumir cargos e tarefas complementares, se bem que o engajamento de quem está quer agilizar não somente o trabalho particular, mas a condição legal de seus semelhantes também.

Como pesquisadora, me baseei na antropologia feminista nos termos da dra. Alinne Bonetti,[75] que valoriza a criatividade na produção etnográfica como item a mais para a compreensão de contextos, situações e produção de sentidos diante das alteridades constituídas por distintos marcadores sociais interacionais: o gênero, a colonização e a subalternidade. Não sendo antropóloga, atendi ao desafio intelectual de aceitar o caráter político do conhecimento, as correlações de forças, sabotagens ao campo, falas depreciativas contornadas com jogo de cintura "para segurar as pontas". As feministas são, como é sabido, alvo de desconfiança ideológica por parte da academia e das instituições totais, pois todo conhecimento engajado e disposto maneja as ferramentas de descolonização epistêmica, empregadas sem neutralidade para marcar uma preocupação ativista teórica no campo de estudos feministas.

Outra razão do meu ativismo em favor da audiência de custódia é por ser possível identificar através dela o microcosmo das estruturas de dominação masculina, racismo e sexismo, na mão única de uma cultura de violência contra a juventude negra usuária de maconha. É a partir dos expedientes proibicionistas e das performances masculinas viris, desencadeados por policiais que reproduzem o patriarcado racista ao perseguir os usuários, que as relações produtivas do capitalismo global e seus exércitos industriais de prisão são controlados. Eles, quando querem, realizam flagrantes de violência doméstica. Não foram poucos os casos observados: a maioria deles às segundas-feiras, supostamente por haver justificativas para a violência cometida aos sábados e domingos. Recreação com bebidas alcoólicas, drogas lícitas, com certeza favorece os pedidos de punição através do "feminismo carcerário", expressão usada por Angela Davis para criticar feministas apoiadoras do sistema penal.

O dr. Hélio Silva[76] recomenda a nós, pesquisadoras, a vivência etnográfica desligada daquelas atividades sincrônicas: andar, ver e escrever. O percurso no campo, a observação e a descrição do contexto percorrido e observado são três fluxos que se misturam em reciprocidade, interdependência e influências; são tensionados pelas contradições e heterogeneidade das disposições e habilidades disputadas. Tudo isso compõe a complexa ambiência do contexto, do qual deriva o estatuto da observadora e as características da sociedade punitivista como ambiente cultural.

Delimitei as entrevistas feitas e me permiti flexibilidade para questionar, investigar contradições e preencher as lacunas da observação participante. As entrevistas foram semiestruturadas, porque as atrizes e os bastidores têm seus sentidos e significados imersos nas relações de poder, que modelam as respectivas representações de si ao negociar os direitos, a permanência em cargos e o status de humanidade. Como pesquisadora feminista, vez ou outra me vi embaraçada, fora do contexto de pesquisa, pois o campo envolveu diversas violências contra minha identidade racializada e minhas condições intelectuais, alvos de desconfiança.

Minha pele escura encontra a pele escura da maioria das pessoas sentadas e algemadas. Estive, em muitos momentos, meio constrangida sem que as pessoas soubessem o porquê de eu estar ali, já que não era defensora nem promotora ou juíza. Algumas vezes cheguei a ser confundida com uma estagiária, despretensiosamente sentada para assistir a uma audiência de custódia.

FUNDAMENTO DE ABERTURA DO CAMINHO METODOLÓGICO

Tais ocorrências me fizeram crer que além da agressão androcêntrica do Estado, por meio da prisão em flagrante, há vozes silenciadas que buscam autoridade para falar o que o diário de campo pode escrever. Por exemplo, é possível não gravar a audiência, se o rito propuser o entendimento entre juiz e defensor, para chegar ao consenso do caso como "paredão". Acontece, então, de não ter nota de culpa para o custodiado, não ter legalidade na prisão, ele ser réu primário, sem antecedentes, e apenas ser encontrado no lugar errado.

Os protocolos de deferência e performances chegam racialmente delimitados. "Essa tatuagem é de facção?", "Hoje vou acreditar em você, vou lhe dar essa chance, mas agora você tem um processo para responder, se a polícia te pegar, sabe que agora tem passagem". Na cena, estão sentados, a meu lado, advogados negros em formação, vez ou outra cientes da permanente perseguição policial aos bairros periféricos. Eles cartografam rotas de futuros clientes e, às vezes, são arguidos pelo juiz, no ensejo da identificação visual de quem está sentado racialmente em lugares opostos, sendo imprescindível sentir a lógica de objeto de apreciação. Do lado de fora, outros advogados entregam o cartão de visita, ampliando a oferta de defesa para a clientela negra, pobre e semialfabetizada.

A observação participante das mães acontece com frequência, são mulheres estudantes cursando direito. Estão ali para defender os membros da comunidade, algumas poucas conseguem escapar dos olhares intrigados, até mesmo o meu. Presa às imagens de controle, talvez eu estranhe mulheres negras ali, esteticamente informais, reafirmadas pelo lenço na cabeça. Acredito que, sendo preconceituosa, caí na cosmovisão de quem pode mirar os torsos encorpados e, de repente, nas agendas e nos modos de sentar iguais aos meus. E como aconselha Patricia Hill Collins, nós precisamos evitar o referencial diaspórico para avaliar a autenticidade intelectual negra. Além disso, a inspiração para este trabalho está fora do continente europeu. Não que seja possível ignorar as contribuições do francês Lévi-Strauss, acolhidas pelo Ocidente com repercussão menor do que a do antropólogo estadunidense Clifford Geertz, que confere significação prática à "etnografia por fomentar genealogias, autorias", amplificando o conhecimento através da diversidade.

As audiências de custódia têm como lócus a Vara de Audiência de Custódia. Este estudo aproxima-se da etnografia do campo do direito, desenvolvida pelo professor da Universidade Estadual da Bahia Ricardo Cappi, que cita a análise na criminologia crítica e na teoria crítica de raça. Dialogo com a Teorização Fundamentada nos Dados (TFD), método criado na década de 1960 e readequado pelos sociólogos Anselm Leonard Strauss e Glaser Barney por precisarem de enxertos mais teoricamente engajados.

Como disse anteriormente, apostei na instrumentalidade do método qualitativo conectada à pluralidade metodológica do feminismo negro. Os princípios da epistemologia feminista negra são: emoções podem ser garantidas pela ética do cuidado; o diálogo é usado para emersão do conhecimento; a escrita é na primeira pessoa e demonstra autoridade discursiva, responsabilidade pessoal e adequação afrocêntrica, o que torna o trabalho crível e defensável para pessoas da academia que desconhecem o assunto. Assim, ao pesquisar as audiências de custódia, também valorizei as pesquisas que, de maneira geral, pautam as relações entre as faces "cis" e "trans", o lado de cá e o lado de lá do poder, comumente associadas às características raciais, de gênero, ou ainda à interseccionalidade desses vetores de opressão, dominação e discriminação.[77]

A antropologia ocidental tem provado seu etnocentrismo quando, de modo inclusivo, apresenta ao conhecimento a estética normativa contrária à promoção dos sujeitos racializados. Na medida em que a antropologia é conhecimento situado na estrutura psíquica de quem está no campo estruturado pelo colonialismo, dificilmente a subjetividade do pesquisador irá sobrepujar o enunciado hegemônico.

FUNDAMENTO DE ABERTURA DO CAMINHO METODOLÓGICO

Por estar ciente das parcialidades, procurei primeiro planejar a duração da atividade de campo, iniciada no mês de agosto, a princípio diariamente, das 8h às 15h. Também adotei nomes fictícios para as pessoas entrevistadas e para os atores jurídicos. No entanto, o viável foi ir a campo três vezes por semana, nunca aos sábados. No mês de novembro de 2019, descontinuei a atividade para me dedicar à escrita do trabalho e aos ajustes metodológicos relativos aos atores da Vara de Audiência de Custódia.

Minha frequência jamais foi esporádica, mesmo quando houve meses em que foi necessário diminuir o tempo em campo. Quando a localização científica engajada passou a aumentar, os olhares sobre as finalidades da pesquisa se tornaram mais frequentes, uma vez que a dra. Denise Carrascosa, co-orientadora, realizou falas de grande alcance em relação às temáticas do racismo e da punição.

Em nenhum momento consegui esquecer o lugar de "forasteira de dentro", descrito por Patricia Hill Collins. Assim, me baseei nos apontamentos do intelectual Maxwell Owusu[78] no que diz respeito ao diálogo intelectual previamente mediado por dimensões linguísticas do território onde me encontro. Temos flagranteados, familiares, advogados e seus entornos institucionais marcados deliberadamente pela simetria dos expedientes institucionais.

Procurei, no campo de pesquisa, estar atenta à minha própria etnografia dita afrocentrada, pois localizada na identidade afrocêntrica, chamando a atenção para os limites identificados em trabalhos relevantes para os estudos de raça-gênero, como a etnografia colonial de Margaret Mead e do ilustre Malinowski.

Intelectual de Gana, Owusu chama atenção para não nos deixarmos enganar facilmente por pesquisas antropológicas porque estamos diante de intelectuais como nós, que podem se recusar a responder a perguntas ou querer fornecer informações supérfluas de maneira deliberada. Dessa maneira,

"É FRAGRANTE FOJADO DÔTOR VOSSA EXCELÊNCIA"

nossos trabalhos podem se tornar passíveis de fraudes sistemáticas. Até as feministas mais audaciosas se perderam em percepções errôneas. Quando não tinham domínio adequado dos idiomas, recomendavam tais habilidades, mas estavam poupadas de tempos ancestrais suficientes para aprender.

Percebi, durante a pesquisa, as inadequações em campo. Como o europeu não tem domínio de vernáculos africanos, ele acaba cometendo equívocos no limite da boa intenção científica. No pensamento feminista negro, tão importante quanto as palavras é o ritmo da fala, que empresta força e intensidade aos significados. O blues dos Estados Unidos, o rap brasileiro e o afrobeat alimentaram treinos mágicos do saber pronunciado espiritualmente, que liga quem está falando e quem está escutando. Em minha experiência etnográfica durante o mestrado, reconheci as mulheres internas como sujeito da pesquisa com quem eu precisava negociar a qualidade da verdade criada, com o objetivo de estar racialmente perto de uma semelhante, cumprindo o papel de falar ainda que com a distância existente entre uma mulher presa e uma acadêmica.

Por considerar indispensável a contribuição de um assistente de pesquisa, recorri a um bacharel do Serviço Social para me auxiliar na realização das entrevistas com as mães. Eu acreditava que as respostas seriam encurtadas pela falta de espaço adequado, pelo constrangimento diante de algumas questões e por emoções difíceis de serem acolhidas pela pesquisa. Foram cinquenta entrevistas gravadas com duração igual ou inferior a cinquenta e cinco minutos.

Elegi dois casos de flagranteadas dependentes de substâncias, que foram entrevistadas no momento em que suas sentenças foram convertidas em preventivas. Ambas eram usuárias acompanhadas pelo Programa Corra pro Abraço, política de saúde dedicada a atender a população no limiar da criminalização. Desse modo, considerei pertinente visitá-las no Conjunto Penal Feminino de Salvador. Realizei as entrevistas sem o gravador, e precisei contornar a recusa institucional que restringiu o tempo dos diálogos, que

FUNDAMENTO DE ABERTURA DO CAMINHO METODOLÓGICO

duraram 23 e 25 minutos, respectivamente. Alguns agentes penitenciários indagaram repetidas vezes se eu era a mesma pesquisadora que realizava entrevistas sobre o sistema. Desconfiaram que sim, ao mesmo tempo em que consideraram que não seria a mesma pesquisadora com nome diferente.

Na atividade de campo, foram entrevistados quatro custodiados que não conseguiram pagar a fiança de dez salários mínimos após a decisão do juiz de decretar o uso de tornozeleira eletrônica. Esses indivíduos estavam nas proximidades do mercado Todo Dia, alvo de saqueamento divulgado nas mídias e favorecido pela intercorrência do dissenso entre setores da polícia a respeito da paralisação da categoria, incentivada pela motivação política de um membro parlamentar da corporação. Três dessas entrevistas foram descartadas, pois não estavam audíveis e utilizáveis do ponto de vista ético, e me envolvi emocionalmente com a história dos jovens. O mais emotivo, de 18 anos, relatou que estava com medo da polícia, aguardou a abordagem dos trinta presos, enquanto se divertia escondido da mãe. Debaixo do carro, assistiu às pessoas entrando coagidas no mercado e sabia de algumas que estavam ali assumidamente para roubar. Viu mães de amigos de camisola à procura dos respectivos filhos, porque a polícia estava na rua. Oito delas, de passagem, acabaram detidas. O mototáxi curioso embarcou junto, só porque estava perto da localidade.

O jovem assistiu à cena até que a polícia o incluiu no montante das trinta e uma pessoas levadas para a audiência de custódia. Durante a entrevista, o jovem estava acuado, com as mãos para trás como se estivesse algemado. O olhar constantemente baixo me incomodou, pois bastaram vinte dias preso para que o corpo negro ficasse disciplinado. Segundo relata, a exigência da docilização do corpo partiu dos internos mais velhos. Quase infantil, o entrevistado de 18 anos achou muito divertido jogar bola e compor músicas com o ídolo da internet preso por associação ao tráfico de drogas. Outros dois internos, de candomblé, agradeceram à homossexualidade pelo fato de terem ficado celas especiais. Um culpava o orixá

"É FRAGRANTE FOJADO DÔTOR VOSSA EXCELÊNCIA"

Oxóssi por supostamente tê-lo abandonado, o outro chorava apelando a Oxum, como aconteceu no dia da prisão. Relatou a fé na orixá assim que recebeu a farda número 5, com a certeza da presença da ancestral dos cinco sentidos. Iniciado aos 6 anos, havia saído de uma cerimônia, a pedido do babalorixá, para procurar o irmão menor de idade.

De todo modo, a mãe Oxum encontrou um jeito de o pai biológico assumir o filho quando soube do ocorrido. Oxum deu um jeito de a mãe evangélica colocar os pés no terreiro onde o jovem morava. Oxum deu um jeito de a mãe biológica aparecer com a ancestralidade de quem vai para o terreiro entregar um amalá, comida preferida de Xangô, guardião espiritual da justiça e da casa.

O entrevistado estava feliz, em razão de o pai biológico ir visitá-lo na prisão. Foi o pai quem contratou o advogado. Oxum é o rio que encontra um meio de assegurar o amor e foi através da experiência desastrosa do filho que novos laços afetivos surgiram, distantes do antigo ódio homossexual do pai que o expulsou de casa.

A entrevista aconteceu numa terça-feira: "Ogum não quer que eu perca meu emprego, é um sinal!", exclamou o jovem. Ele me concedeu uma entrevista de meia hora no fórum criminal, onde adquiriu a tornozeleira eletrônica com o pagamento da fiança. Três dias após a "limpeza espiritual de corpo" feita pelo seu sacerdote, seu segundo pai, consegui que o entrevistado se dispusesse a mais uma entrevista, agora no terreiro.

Foram, no total, vinte e quatro entrevistas com atores e atrizes jurídicas do Ministério Público, da Promotoria de Justiça, da Defensoria Pública, incluído o juiz da vara, internas, flagranteados e uma assistida, usuária de tornozeleira eletrônica. Em média, a duração de cada uma das entrevistas foi de quarenta e sete minutos, sendo que uma das entrevistadas do cenário jurídico recuou. Segundo ela, a função exercida de consultora contratada temporariamente poderia sofrer impactos substanciais, sobretudo pelo conteúdo da gravação ser posteriormente analisado e exposto.

CAPÍTULO 2.
FONTES TEÓRICAS: ROMPER COM AS BASES EPISTÊMICAS DOS SISTEMAS EUROCÊNTRICOS

Antes de alguém entrar na floresta deve preparar-se ritualmente, porque ir para dentro da floresta é entrar numa das mais ricas e bem documentadas bibliotecas vivas na Terra. Em seu leito e abaixo vivem centenas e centenas de criaturas, grandes e pequenas, visíveis e invisíveis, fracas e poderosas, amigáveis e hostis, conhecidas e desconhecidas. Em seu interior correm, serpenteando, rios dentro dos quais nadam multidões de peixes.

Kimbwandende Kia Bunseki Fu-Kiau[1]

Possibilitar a abertura de novos caminhos epistêmicos enraíza o ponto de vista ancestral do historiador rastafári Walter Rodney.[2] Segundo ele, é preciso romper com o engodo narrativo do Ocidente a partir da "ruptura com a literatura moderna", que diz que a colonização tão somente se resumiu a uma empreitada econômica militarizada. Não, "a Europa subdesenvolveu a África". Dispostas a não arcar com a reparação cabível após a escravização e a administração neocolonialista, branquitudes da historiografia europeia passaram então a propagar literaturas hegemônicas, cujo papel foi creditar a responsabilidade pelo sequestro de africanos, pelos valores éticos alinhados entre colonos e africanos e por todas as consequências do subdesenvolvimento continental ao imperialismo, imputando ao africano a selvageria, o canibalismo e o atraso cultural de uma civilização cruel, inescrupulosa e gananciosa, "a ponto de vender os próprios irmãos", nas palavras de Rodney.

Pedindo *Agô* (ou, como querem os ocidentais, "licença") e lançando mão do pensamento aquilombado, dialogo com o autor: o conceito judaico-cristão de "irmão" é um engodo, uma armadilha na contemporaneidade. As relações produzidas ao longo da história pela branquitude afastaram os povos oprimidos do sentimento solidário que vem da luta libertária, tornando uns mais irmãos que outros e quebrando a relação com a ancestralidade, uma vez que, iludidos pela ideia de um "reino de Deus" a ser alcançado no mundo espiritual, ratificam a divisão entre as nações, o que favorece o genocídio de seus iguais. As diferenças etnorraciais, culturais e das demais diversidades são ignoradas pela ideia de que, como irmãos, são todos a mesma coisa diante do "Senhor" hegemônico.

Aliado a isso, não podemos deixar de notar o espalhamento do sistema cristão europeu no continente africano, que leva a identidade a reconhecer como irmãos apenas os fiéis da igreja. Africanos ou não africanos, negros ou não negros, não importa a origem, a noção de irmandade bio*lógica* (como querem os europeus), ou socio*lógica* (como querem os africanos na diáspora), se restringe a quem está convertido a "irmão ou irmã da igreja". Faço a ressalva de que nem estou me aprofundando na perspectiva teológica da prosperidade, na qual a abundância, o desenvolvimento e o bem-estar comunitário estão restritos à estrutura paroquial do Ocidente.

Nessa direção historiográfica, e crítica do pensamento africano, a dra. Sylviane Diouf advoga em prol de rupturas terminológicas como a dos termos "tráfico transatlântico de escravizados", "comércio negreiro" e "tráfico de escravizados". Alega serem essas as estratégias modernas de validação do saber anticapitalista fomentadas pela categoria de classe e por suas teorias válidas, porém incompletas, caso compreendamos o colonialismo, o neocolonialismo e o racismo contemporâneo na diáspora africana como artefatos maiores do que a venda de pessoas pretas. Estamos falando em *maafa*, mortes, desautorização, violência sistêmica e desumanização.

FONTES TEÓRICAS

Somente quem passou pela tragédia desumana que foi a *maafa*, consequência do colonialismo e do neocolonialismo, consegue entender tal nomeação da antropóloga africana Marimba Ani, em *Yurugu*, onde analisa o sistema colonial europeu por uma perspectiva africana. Porque nós existimos deslocadas e deslocados da ancestralidade e dos antepassados, estamos tentando *orí*-entações quando nos afinamos com as razões pelas quais pan-africanistas escolhem nomear como *maafa* o holocausto africano.

Maafa é todo o conteúdo da experiência de ser o Outro do homem branco-burguês-cristão-militar-cis-heterossexual, perdido nas Américas, com a sua filosofia africana insultada.

O pensador Wanderson Flor do Nascimento critica currículos dos cursos de filosofia, que trazem poucas contribuições fora do eixo Europa--Estados Unidos. Ele vê com descrédito o lado norte americano, que é parte das Américas e possui uma filosofia colonizada, que universaliza o mundo a partir da Europa.

> Muitas vezes, as filosofias "africanas", "asiáticas", "latino-americanas" aparecem como tópicos complementares, de importância menor, quando não exotizadas, apresentando uma forma metafilosófica da diferença colonial, mostrando que essas filosofias precisam ainda ser desenvolvidas para alcançarem o status do pensamento euro-norte-americano.[3]

Seguindo com a disputa léxica fora do Norte global, não temos condições acadêmicas nem políticas de citação, empenhadas em competir com a atrocidade da colonização africana *versus* aquela experiência submetida aos judeus, no século XX, por intermédio de milhões de assassinatos durante a Segunda Guerra Mundial, fato nomeado como Holocausto. No caso do holocausto africano, a impressão sempre é a mesma, de que o sentido negro-indígena da terminologia *maafa* alcança legitimidade tardia.

"É FRAGRANTE FOJADO DÔTOR VOSSA EXCELÊNCIA"

Maafa é o surgimento da diáspora negra em consequência da colonização. Trata-se do genocídio histórico provocado pelo sistema-mundo moderno global contra a saúde física, mental, espiritual, contra a inteligência, as heranças, a cultura, o amor, a identidade, a nobreza, a abundância e a ética dos africanos deslocados por meio da saída forçada de África, território ancestral. Dessa forma, os africanos permanecem sofrendo psiquicamente o trauma histórico da desumanização e reproduzem violências, contribuindo para o genocídio e, muitas vezes, facilitando-o.[4]

A pergunta a ser feita para quem vive em *maafa* é: até quando deixaremos a Europa e seus descendentes, inclusive negros, deslegitimarem o pensamento de África e dos africanos traduzido em termos como filosofia africana, marxismo negro, feminismo negro, holocausto negro? Estejamos cientes de que o apagamento epistêmico que estrutura a diáspora tem impedido que nós desenvolvamos a autodefinição e a autonomeação, sobretudo em virtude de a colonialidade manter os efeitos de outrora na presença dos interditos modernos, cujas repercussões são chamadas de colonialidade do ser, colonialidade do poder, colonialidade do saber, colonialidade da natureza, colonialidade de gênero.

Com efeito, nem sequer houve condições objetivas, a partir dos próprios troncos linguísticos africanos, de estabelecer as guerras entre diferentes posições teóricas. Ao contrário, ficamos o tempo todo reféns da literatura moderna colonial, aliás, condicionados ao complemento nominal do pensamento branco. *Maafa* persiste estampada na continuidade do sequestro e do apagamento humano dos pretos e das pretas, da negritude descrita por pensadores como Aimé Césaire e Guerreiro Ramos, pois a violência e a crueldade da Europa sustentam o capitalismo, a depredação da natureza, o "negro tema", a ruptura de território, bem como o pedantismo cristão anti-África, sob a forma de trauma.

Entretanto, a "culpa branca" é a patologia social dos brancos brasileiros, definida por Guerreiro Ramos como perturbação psicológica em autoavaliação estética, que acontece quando "a inferioridade é sentida com superio-

FONTES TEÓRICAS

ridade delirante". A academia, segundo argumenta, fomenta "negrólogos": o negro é apenas tema, objeto de estudo garantidor da manutenção do poder de brancura, pois a população de pele clara se sente europeia, distribui valores da ciência moderna e validade das abordagens euro-americanas sobre "aculturação" e "estrutura social", reafirmando o racismo institucionalizado. Graças à "brancura", os pobres têm mínimas garantias individuais de transitarem por poderes simbólicos, de viverem a identidade autorizada e de enxergarem quem é negro, já que se identificam como brasileiros.

É aquela ladainha de ter uma avó africana, dos argumentos: "mas eu tenho orixá", "minha boca e meu nariz são de negros", "não tomo sol", "estou sendo acusado injustamente de fraudar as ações afirmativas". Entretanto, de volta às contribuições teóricas de Marx, ao fato de, inegavelmente, darem força ao escopo conceitual antirracista e anticapitalista do pensamento de Du Bois, Frantz Fanon, Angela Davis, Cheikh Anta Diop, Amílcar Cabral, Kwame Nkrumah, além de inúmeros africanos e intelectuais negros que, honestos, dificilmente falariam de capitalismo apagando o quadro teórico do filósofo alemão. Como já nos disse Malcolm X, o racismo é capitalista. A meu ver, escapamos da reflexão crítica sobre a grande violência epistêmica da colonialidade do saber, que nos obriga a deslocamentos conceituais para usos estratégicos das teorias ocidentais, para adiante termos nossa existência intelectual simplificada, reduzida a filhos e filhas do generoso pai Marx. Enorme inobservância das filiações às mães intelectuais africanas.

A categoria classe não se tornou central em virtude apenas de favorecer a autonomeação e a autodefinição das experiências racializadas. Classe é coparticipante de raça, é *éthos* do ponto de vista epistêmico. Ao apostar na amefricanidade de Lélia Gonzalez e na decolonialidade ao denegar o marxismo, estou longe de recusar a sociologia de classe, uma vez que o ponto de partida da categoria classe está nos marcadores gênero e raça bio-lógicos.

É adequado tratar as categorias raça, gênero e classe no mesmo patamar de igualdade, diferente das abordagens que tendem a ora privilegiar gênero do

"É FRAGRANTE FOJADO DÔTOR VOSSA EXCELÊNCIA"

ponto de vista analítico (beneficiando a discursividade das mulheres brancas), ora privilegiar raça, ora privilegiar classe (em comunhão com trabalhadores anticapitalistas). Portanto, as mulheres negras criaram a interseccionalidade do ponto de vista analítico. Elas atravessaram a colonialidade, simultaneamente racializadas, trabalhadoras, engendradas e proponentes de projetos revolucionários. Dificilmente as boas pesquisas acadêmicas escaparão da abordagem dos entrelaces de raça, classe e gênero. Por conseguinte, foram as derrotas linguísticas somadas aos epistemicídios os responsáveis por subestimar a sofisticação do pensamento afrocêntrico das feministas negras. Sendo bastante táticas, lançamos mão da teoria de classes quando não havia qualquer condição de afirmação política na academia, nem tempo hábil fora dela, para propormos um marxismo negro feminista que explicasse ao Ocidente a inseparabilidade de raça, gênero e classe. A presunção eurocêntrica, porém, é tão grande, que chega a ponto de os usos da categoria sociopolítica de classe por feministas tornarem-nas feministas marxistas. Os pensadores afrocêntricos que articulam classe seriam, para a academia europeia, pensadores negros marxistas e, infelizmente, as mulheres e os negros dão a impressão de serem, sem exceção, intelectuais específicos (intelectuais "identitários"). Não se diz marxista feminista ou marxista afrocêntrico.

Segundo Lélia Gonzalez, nós, pessoas africanas na diáspora, reconhecemos por conta própria os processos de organização revolucionária, porque nossos ancestrais africanos criaram, na serra da Barriga, o primeiro Estado livre das Américas, o Quilombo dos Palmares. Lá, não havia exploração de classe, subordinação de gênero nem opressão de raça. Contudo, os escritores europeus jamais dariam os créditos a esse pioneirismo. O que estamos dizendo é que o europeu e a branquitude acrítica creem que só a Europa foi capaz de produzir conhecimento sofisticado. Ao mesmo tempo, esquecem que, seguramente, pensadores tão brilhantes quanto Marx deixaram de ser lidos pela academia por serem vítimas do apagamento linguístico, metodológico, filosófico, por ausência de produção escrita na

FONTES TEÓRICAS

língua da escravização e não por incapacidade de escrever. Essa língua permite "à academia questionar sistematicamente a nossa escrita seja quando puxamos o kimbundu, o yorubá ou legitimamos o português de Carolina Maria de Jesus, uma das escritoras mais traduzidas no mundo, no Brasil, alvo de críticas". Nesse sentido, *O quilombismo*, de Abdias Nascimento, dirá:

> No Brasil, a minoria branca dominante jamais hesitou em demonstrar e praticar de forma ativa a sua leal solidariedade à Europa. Sua origem étnica, cultural e política e militar, seus laços com Portugal depois da independência do país, tendo graves implicações com o sangrento regime colonialista de Salazar, testificam enfaticamente a permanência desse conluio que tem mais de subserviência e colonização mental do que propriamente de honesta e digna lealdade.[5]

Até mulheristas africanas discutem gênero na perspectiva de dentro, embora reconheçam a *colonialidade do gênero*, discutida por María Lugones, pensadora decolonial. Nenhuma delas é acusada por pan-africanistas ou marxistas menos maduros de serem vendidas intelectualmente ao feminismo branco e, muito menos, de usarem a carga analítica proveniente de contexto histórico das mulheres brancas da Segunda Onda Feminista.

É improvável discutirem mutilação, estupro corretivo, branqueamento estético das africanas em oposição ao conceito de gênero. Gênero perfaz as relações de poder baseadas nos discursos sobre diferenças anatômicas, morfológicas e fisiológicas que fazem homens e mulheres desiguais. Atualmente, branquitudes e negritudes modernas, ausentes da ética africana, procuram combater o feminismo negro, poupando o homem branco moderno, conforme explicam o pensador Frantz Fanon[6] e a pensadora e romancista Toni Morrison.[7]

Haveremos de nos sentir melhores depois de limpar a sujeira que o racismo patriarcal fez na psiquê da mulher negra, após traumas e a sensação

"É FRAGRANTE FOJADO DÔTOR VOSSA EXCELÊNCIA"

de inferioridade diante do homem branco. Nas palavras de Aimé Césaire,[8] quaisquer nações colonizadoras carregarão a moralidade à altura do seu Hitler, ou seja, entre negritudes e branquitudes, teremos um quinhão de covardes.

Com efeito, coube à Europa, por meio da credibilidade da historiografia, tornar as populações diaspóricas cúmplices das derrotas civilizacionais destinadas aos africanos. A Europa transferiu para os próprios africanos, vítimas do colonialismo, as notas de culpa, mais precisamente aos chefes e comerciantes africanos: a corrupção da Ética.

Ao contrário do que pensa a filósofa Linda Alcoff, ambos, representantes de branquitudes acadêmicas e grupos colonizados detentores do conhecimento hegemônico da historiografia, desconsideram a analética – projeto epistemológico em direção ao Sul, à periferia do mundo, a partir do ponto de vista moral e ético-político das margens. O empreendimento adjacente é mais encorpado que a dialética e a realidade do trabalho morto promotor das subordinações, explorações e opressões humanas. Decolonial, o projeto seguiu o estilo de Paulo Freire, concebeu a pedagogia do oprimido reposicionada por Dussel em sua crítica hegeliana. Produziu rupturas com dependências filosóficas que aprisionam, afinal, as contribuições de Marx jamais forneceram instrumentos apropriados para dar continuidade, criar ou sustentar revoluções (democráticas) na teoria social crítica. O europeu não ofereceu uma crítica radical do processo de legitimação do conhecimento.

Por sua vez, contrariando a Ética da Libertação das teorias ocidentais no limite do lugar decolonial, o pensador argentino Dussel aperfeiçoa as perspectivas filosóficas do território norteador da ética mundial, que empobreceu as mulheres, os negros, os indígenas e os africanos. A inquietante vontade dele de saber quem somos culturalmente parece frágil ao chamar atenção para a crescente miséria do continente latino-americano, manifestada pelo desejo de crítica central ao capitalismo, tendo em vista que Marx, ao gosto de Dussel, estaria no Norte desejando pensar o Sul. Quem leu *O capital* nas quatro edições logo reconheceria, segundo Dussel, o Marx antropológico e ético, o Marx que produz "uma ontologia

FONTES TEÓRICAS

do capital através da metafísica da vida, da sensibilidade humana como necessidade, da pessoa do trabalhador como exterioridade".[9]

Percebamos, logo, certo masculinismo branco na América Latina, que se afirma especialmente através da escrita que faz menções à Europa, a localização teórica do patriarcado, à luz da historiografia hegemônica. Os territórios latino-americanos conduzidos por homens brancos são, *a priori*, parte da Europa que usa sutilezas das políticas de afeto como tônus identitário, apoiado por identidade de território apontado para o Norte global. Havemos de considerar a ocorrência de, na América Latina, a produção teórica conceber a raça como analiticamente inferior aos olhos da intelectualidade da Europa. Afinal, a Europa crê apenas nos brancos europeus.

Na diáspora africana, os pesquisadores brancos ignoram solenemente as comunidades originárias preexistentes à penetração colonial. Sucumbem aos investimentos de canonização dos seus "gênios", como se os territórios africanos fossem incapazes de funcionar a partir de estruturas de poder e acumulação próprios. Brancos intelectuais da América Latina invalidam a filosofia de si e da amefricanidade de Lélia Gonzalez.

A bem da verdade, dialogo melhor com o suporte de Walter Rodney,[10] uma vez que a historiografia pretende retirar as evidências de que África, até 1880, tinha território administrado por altivos reis, rainhas, nobres, filósofos, clãs diversos, em mais de 80% do território que se viu colonizado, dividido e administrado pela Europa até 1915. Para isso, a Europa, através da administração colonial de África, realizou seus feitos políticos, psicológicos e epistemológicos graças às reestruturações de desenvolvimento político e militar de Estados africanos como Oyó, território da Ética de Xangô, entre 1500 e 1885.

Além disso, segundo o pensador Niyi Tokunbo Mon'a-Nzambi, professor de kimbundu do grupo *Yorubantu – Epistemologias Yorùbá e Bantu* nos estudos literários, linguísticos e culturais no Instituto de Letras da Universidade Federal da Bahia (ILUFBA), devemos observar

"É FRAGRANTE FOJADO DÔTOR VOSSA EXCELÊNCIA"

que o significado dos nomes do *nkisi* e do *vodun* nas línguas kikongo/kimbundu e fon são equivalentes. Da mesma forma, a ética Zazi no candomblé de Angola equivale à de Xangô no candomblé Ketu. Quanto à ética de Hevioso, do candomblé Jeje, esta pune injustos, mentirosos e ladrões, segundo explica Niyi Tokunbo Mon'a-Nzambi ao demonstrar a preservação "da ética comportamental africana na diáspora" aos atos inadequados, dignos da intervenção corretiva de um raio.

Nesse fundamento ético, segundo o pesquisador, um é *nkisi*, o outro é orixá e *vodun* se inter-relacionando a partir de sua característica de raio. Há um temor natural entre nós, povo africano, de relâmpago e trovão. Associamos ser atingidos por um raio com o destino de quem merece ser castigado. Ora, segundo Mon'a-Nzambi, o orixá Xangô está associado à justiça e a uma ética comportamental africana que não se perdeu na diáspora, uma vez que as pessoas recitam essas características e esperam que haja uma resposta à altura da potência de um raio para nossos atos (ver Anexo A).

As defasagens econômicas e tecnológicas foram transmutadas em ocupação regional, cultural e do continente como um todo, apesar de os europeus estarem longe de sustentar o monopólio do algodão, o manejo do ferro no Reino do Congo e o da madeira em Madagascar, menos ainda de roubar o protagonismo da medicina e da agricultura iorubás.[11] De forma análoga, Pachamama, reconhecida na Constituição da Bolívia, viu os indígenas serem sabotados por missionários espanhóis através de repertório jurídico, filosófico e ancestral que se voltou contra a Madre Tierra. Em concordância com os modelos decoloniais de Ética, baseados em instrumentos jurídicos pensados com, para e a partir dos povos colonizados nas Américas:

> o Constitucionalismo boliviano reconhece a identidade de diversas nações originárias convivendo sob o mesmo Estado comunitário, ao mesmo tempo que busca a construção de uma identidade única compartilhada

FONTES TEÓRICAS

entre as várias nações existentes, necessária à consolidação de um Estado Plurinacional, baseada nos princípios do respeito à Pachamama e do Buen Vivir. Dentre os "novos" direitos constitucionais, percebe-se a resistência aos valores do capitalismo e colonialismo, idealizando um outro modelo de desenvolvimento econômico – que não ocidental –, a fim de preservar os modos tradicionais de produção, como, por exemplo, a prática da agricultura, pesca, produções de artesanato, entre outros, que correspondem ao uso sustentável dos recursos naturais.[12]

A propósito, segundo H. Odera Oruka, a filosofia europeia, na verdade, quer dizer "lógica aristotélica". E mais: Aristóteles formulou originalmente a lógica grega, incognoscível para a cultura africana que, segundo argumenta Oruka, possui quatro tendências filosóficas: 1) a etnofilosofia; 2) a filosofia da sagacidade; 3) a filosofia nacionalista-ideológica; 4) a filosofia profissional. Ora, a filosofia emprega metodologias analíticas, reflexivas e racionais, não sendo, portanto, monopólio da Europa ou de qualquer raça, se tal atividade é meio pelo qual toda raça exercita a própria potencialidade individual ou coletiva, atribuindo sentidos à razão.

A filosofia da sagacidade tem no pensamento crítico reflexivo das pessoas sábias o fundamento intelectual, considerando a genialidade de pensadoras e pensadores nativos, o mais importante alicerce em direção à materialidade dos valores comunitários. Estamos validando o ponto de vista epistêmico de espíritos velhos, sábios iniciados no conhecimento especializado de quem dispensa credencial acadêmica. Estamos citando autoridades intelectuais mais importantes do que as reconhecidas pela educação moderna. Desse modo, o parâmetro da sabedoria falará de pensadoras críticas, orientadores dos pensamentos e de juízes pelo poder da razão, da percepção inata e, obviamente, da autoridade do consenso.[13]

A etnofilosofia é comunitária, elege sábios pela capacidade dialética. Tem capacidade emocional de explicar o pensamento através do

"É FRAGRANTE FOJADO DÔTOR VOSSA EXCELÊNCIA"

sentimento do africano. Vemos que, diferentemente da anterior, a filosofia sagaz é conhecimento equipado pela oratória de quem filosofa, transposto em argumento descompactado, tangível e mágico. A esse respeito, podemos tecer considerações sobre o *ofó*,[14] tecnologia de encantamento presente na filosofia dos terreiros de candomblé no Brasil, em que, através da força dos sentidos, manifestam-se pensamentos próximos ao que o europeu chama de erudição.

Foi a Europa, em sua branquitude, que nomeou retórica o dom africano transformador de verbos e caminhos. Todavia, Abdias Nascimento pegou mel, cachaça, farofa, chegou na encruzilhada do pensamento moderno e assentou o poema "Ebó de palavras".[15] A filosofia nacionalista ideológica é prática e reconhece os efeitos do colonialismo nos princípios de comunalidade. O indivíduo e a sociedade têm obrigações mútuas; a sociedade não ignora a estagnação dos seus membros. E a filosofia profissional é atividade significada a partir da investigação crítica, reflexiva e lógica.

Contrariando o exposto, na modernidade fomos apresentados a Têmis,[16] símbolo grego da justiça. Ela tem os olhos vendados, uma deidade pretensamente imparcial, representante do direito nobre conduzido de forma que os patriarcas jamais fariam, considerando que a deusa não olha marcações sociais de raça, classe, religião, gênero ou de território. Themis jamais iria em direção a quem buscasse por julgamentos parciais. A divindade segura a balança para representar o equilíbrio entre defesa e acusação, embora na vida das populações negras ela funcione de maneira oposta aos princípios maternados devido à tendência da justiça e seus valores filosóficos.

Conforme dissemos, apesar de a Europa, pelos achados arqueológicos e a partir das narrativas sobre África, ignorar os africanos como berço da civilização, usando para isso os anacronismos, deslocamentos linguísticos, inações cosmológicas e da cronologia de Cronos. Segue empenhada em esquecer, quando não a tornar lendária a experiência jurídica do Antigo Egito. Até onde sabemos, é do africano a mais longa e documentada cultura: a civilização faraônica.

FONTES TEÓRICAS

Os africanos nem sequer são lembrados de seus sistemas filosóficos jurídicos, especificamente a filosofia de Maat, de Kemet, o Antigo Egito. Nós, africanas e africanos vivendo em diáspora, até agora não conseguimos nos apropriar de como nossos ancestrais e antepassados ajuizaram as condutas hoje consideradas graves, individualizadas em penas pelos pressupostos eurocêntricos de vingança convertida em discurso sobre direito branco de fazer justiça.

A partir da leitura do dr. Renato Noguera,[17] que celebra a literatura africana e faz contribuições pedagógicas para a implementação da Lei nº 10.639, percebo a necessidade epistêmica antirracista do conhecimento racional em deslocar a mente ocidentalizada, reposicionando o coração na filosofia africana para justificar a cardiografia como projeto filosófico ontológico egípcio.

O coração é uma tecnologia que tem sua inteligência, é um artefato de coragem silenciosa proposta por Amenemope, alto funcionário do Antigo Egito (Kemet), filho de proeminente escriba chamado Kanakht. Amenemope acreditava que pensar e desejar/sentir nascem juntos, mas podem entrar em conflito diante das tempestades, das palavras inflamadas e dos obstáculos advindos do desejo de sobrepor-se aos outros. Um dos ensinamentos de Amenemope, explicados por Noguera, se posiciona contra o culto à arrogância. O coração precisa derrotar a si mesmo em nome da vida serena. No contexto da tradição egípcia, Amenemope se baseia na concepção do coração como sede do pensamento, das ações e do caráter.

Acredito que a Bíblia, no livro de Mateus, beba dos princípios da filosofia africana egípcia ao dizer "Da boca sai o que o coração está cheio". Segundo Noguera, urge tomarmos a cardiografia: medir, mensurar, pesquisar as palavras e reescrever o cerne do coração em função da verdade. Com essa unidade, aquilo que for dito pela língua estará em acordo com a verdade do coração.

Na iconografia, segundo explica a pesquisadora Giselle Marques Camara[18] na dissertação de mestrado defendida em 2011, o sistema de

"É FRAGRANTE FOJADO DÔTOR VOSSA EXCELÊNCIA"

Maat aponta para algo maior que a tentativa epistemicida de confundir o aspecto político governamental com a dimensão religiosa, como o Estado moderno faz, contrariando o princípio de laicidade ao usar tanto penitências cristãs justificáveis quanto penitenciárias úteis à expiação dos pecados. A governabilidade do monarca não acontece sem a sustentação filosófica de leis, princípios, condutas, regulação moral e coletiva de Maat. A monarquia do faraó realiza a política, a administração, os preceitos jurídicos, as filosofias inscritas no código de Maat.

Maat é filha de Rá, o deus do Sol. É a deusa kemética representante da justiça amorosa. Maat é a ética equilibrando as relações humanas. Do mesmo modo, os iorubás sabem lidar com a ética do respeito às *iyás*; daí então, na ausência matripotente do rio, nenhum Obá pode ser consagrado. Observemos, por exemplo, no filme *Pantera Negra*, dirigido por Ryan Coogler, o super-herói T'challa, que na consagração e na derrota teve o rio como testemunha. Há no filme a preocupação anticolonial de pesquisa, realizada com interesse de se preservarem as fontes africanas.

Operando a descontinuidade dos significados da balança em Maat, a pena resguarda o mais forte dos seus símbolos éticos; do outro lado da balança, está o coração. A filosofia de Maat basicamente fala do processo de julgar até no momento da morte, o que não condiz com a avaliação punitivista da circunstância isolada que flagrou o crime, um fato social. Durkheim[19] fez certo ao expor para o conjunto da sociedade as marcações sociais impeditivas ao reconhecimento e à identificação dos crimes legalizados.

Estamos, por um lado, falando de uma solidariedade social, compartilhada dentro da estrutura branca que jamais vai se autoincriminar. Por outro, fará deduções em relação aos outros grupos que também cometem crimes. Diametralmente oposta à Maat africana, que garante o direito do incriminado a contestar o Estado, a Têmis europeia tende a não enxergar as condutas brancas burguesas patrimonialistas. Notem, "não produzir provas contra si mesmo" e "*habeas corpus* preventivo" são recursos para

FONTES TEÓRICAS

criminosos. Eles foram usados, por exemplo, durante a CPI da Covid-19,[20] em contexto pandêmico, quando até outubro de 2021 mais de 600 mil pessoas, na maioria negras, perderam a vida. Segundo o então presidente da República, identificado pela ciência política como de extrema direita, essas pessoas são "CPFs cancelados".[21]

Enfim, nós, pesquisadoras contracoloniais, quase nada temos para acessar de material sobre regimes jurídicos, devido à ligação com a filosofia ser incipiente a tudo o que significava os conhecimentos vividos nas casas da vida, nas pirâmides, nos templos. Na verdade, reduzem erroneamente essas escolas de saber a espaços de cunho religioso e costumam propagar essa ideia no senso comum, para apagar a filosofia do Antigo Egito. Há sempre uma tentativa que usa a ferramenta da religião ocidental para desclassificar aquela civilização negra de consistente produção científica em diversos campos. Foi criada, inclusive, a suposta malignidade do faraó no episódio do êxodo do povo hebreu, quando foi exaltada a pessoa bíblica de Moisés como suposto libertador da civilização ocidental.

A pena pesada contra o coração humano é a sentença. O ideal ético seria a vida alinhada com as ações verbais, mentais e físicas, já que as ações não se pretendiam somente físicas. A simbologia da pena pesada *versus* o coração humano é para significar que o coração deve estar mais leve que a pena. Se o coração assim não estivesse, não se acenderia, não se iluminaria, não viveria em unidade com todas as outras unidades que, assim como Maat, vão significar sempre princípios e elementos constitutivos da vida em espiral, da vida cósmica e da vida na Terra, da vida que compõe o sistema que nos rodeia na condição de seres humanos.

Maat é o princípio fundador do Estado, da sua legalidade e da ordem social kemética, da terra negra assentada das civilizações africanas ao redor do rio Nilo. No sistema filosófico de Maat, encontramos o equilíbrio e a harmonia do caminho de quem praticou ações boas ou más. Isso nos leva a pensar, falar e agir em alinhamento com a melhor intenção, com os melhores sentimentos e emoções edificados conscientemente. O coração precisa estar mais leve do que a pena, simbolizando que nossos pensamentos, palavras e ações não foram corrompidos.

Maat é um sistema filosófico e, ao mesmo tempo, o Estado ampliado, para usarmos o conceito de Gramsci sobre sociedade política e sociedade civil encarnadas. Maat é uma ética "individual comunitária", a conduta espiritual de Kemet, a terra dos vivos. Maat é mais antiga que o cristianismo e os dez mandamentos da Bíblia, deixados por Moisés. A mumificação preserva a cultura e o conhecimento de nossos ancestrais sobre a morte e sobre a vida além-túmulo.

As inscrições éticas do Ocidente perseguem as religiões de matriz africana, os povos tradicionais de terreiro,[22] tomando como referência o mandamento cristão da tábua de Moisés, do livro do Êxodo: "jamais cultuar outros deuses". Orixás, por exemplo, são outros deuses, assim como nós somos Outros em relação ao ser normativo. No Brasil, ao longo de algumas décadas, cresceu um movimento supostamente religioso autodenominado neopentecostal, produzido no bojo da "teologia da prosperidade", chamada por alguns de "igrejas-empresas" ou "igrejas de mercado". Hoje, há uma infinidade de pequenas unidades dessas igrejas espalhadas nas periferias e em todos os bairros de Salvador, mas também em todo o estado da Bahia, assim como em todos os estados do país. Sendo a maior delas autoproclamada Universal, do autoproclamado bispo Edir Macedo. Há outras cujo enorme patrimônio do líder aproxima-se do deste.

As igrejas neopentecostais são donas de rede de televisão e rádios e tornaram-se uma preocupante máquina de difamação e demonização dos povos de terreiro, assim como de tudo que se expressa como cultura de ascendência africana. Seus seguidores têm protagonizado, em todo o país, cenas que vão da intolerância ao ódio religioso, com incontáveis atos de terrorismo que envolvem apedrejamento, incêndios de terreiros, pregações e abordagens desrespeitosas nas ruas, em ônibus e metrôs a transeuntes que carregam nas vestes indícios de pertencimento ao candomblé ou à

FONTES TEÓRICAS

umbanda. No Rio de Janeiro, mas não só, configurou-se uma perigosa e paradoxal aliança dessas igrejas com o narcotráfico, o "bonde do Senhor". Pastores abençoam armas, além de ordenarem e/ou financiarem a expulsão de centenas de sacerdotes e sacerdotisas de matriz africana do território que lideram e são proprietários. Geralmente isso acontece após o quebra-quebra de objetos sagrados contidos na casa. Não é possível deixar de mencionar que esses segmentos, sobretudo da Igreja Universal, são eleitores e apoiadores do ex-presidente da República Jair Bolsonaro.

Maat nem cogitaria tamanha soberba, pois seus princípios recomendam respeitar os altares alheios. Maat respeita a natureza humana presente na água, estabelece o dever de mantermos a água limpa. Contudo, o mar, território das grandes mães iorubás, sofre com o padrão moderno colonial que o transformou em depósito de vidas sacrificadas. Até os rios recebem os detritos do capital, que se transformam em comunidades aquáticas.

Segundo Arturo Escobar,[23] partindo da lógica moderna, que separa o mundo biofísico, o humano e o supranatural, entende-se comumente que os modelos locais, em muitos contextos não ocidentais, são sustentados sobre vínculos de continuidade entre as esferas políticas. Walter Mignolo[24] acredita que a "colonialidade da natureza" significa fazer da terra o feminino subjugado, vítima de abusos e explorações dos "recursos naturais". Este é o sistema do patriarca.

O sistema-mundo moderno colonial opera saqueando o ser do vínculo ancestral com a própria natureza. A administração do eixo Estados Unidos-Europa controla a vida dos latino-americanos e africanos.

Faço aqui uma tentativa decolonial de enxergar a colonialidade da natureza. Se a matriz de poder ocidental solapa os recursos naturais, ela o faz com a justificativa da modernização, que é feita em nome de uma administração de territórios em benefício do "ser branco burguês". A Região Norte do Brasil abriga uma população do "Sul do mundo", uma periferia humana.

"É FRAGRANTE FOJADO DÔTOR VOSSA EXCELÊNCIA"

Ademais, é preciso atenção às clivagens entre raça e regionalidades. Veja quantas vezes somos impedidas de falar a ponto de lama, fogo e águas mostrarem os desequilíbrios ambientais que geram mortes, tragédias como as de Mariana, Brumadinho e tantas outras, ameaças e queimadas criminosas ou em consequência de outras ações desequilibradoras. Como é difícil esquecer os casos de contaminação das águas que deixam centenas de milhares de famílias sem seu meio de subsistência. A crise sanitária em escala mundial que vivenciamos é a melhor demonstração dessa relação colonialista.

O Ocidente cristão de origem "asiática africana judaica" ganhou versão ideológica de religião europeia fincada no heterossexismo branco e fundamentada nas relações de gênero, decretando a obrigatoriedade moral de honrarmos o pai e a mãe binários, sem desconsiderar o fato de os africanos e seus familiares não dependerem do caráter nuclear e da consanguinidade. Ao contrário do hetero*cis*tema, Maat prescreve que devemos nos abrir para todas as formas de amor.

Parece-me óbvio que os mandamentos cristãos (ao menos o "não matarás, não adulterarás, não furtarás") podem ser cópias das 42 declarações de Maat presentes em *Do livro para sair à luz do dia*, traduzido como *Livro dos mortos do Antigo Egito*.[25] Nele é descrito o código de julgamento do Antigo Egito, no qual o morto deveria dar a palavra dele no tribunal de Osíris perante os guardiões da Duat para ser absolvido e viver além da experiência carnal. *Grosso modo*, Duat é uma espécie de submundo, território sagrado distante, independente e mais antigo do que Cristo e a lógica cristã de separar os bons da escória da sociedade. O mais curioso da colonialidade do saber está nos expedientes de inferiorização do espírito africano quando, por exemplo, é enunciada a derrota de um povo através do choro das mulheres. Ora, as lágrimas dos rios iorubás, do rio Nilo, as águas dos oceanos são territórios de potência matriarcal.

Um dos compromissos da harmonia cósmica em Maat, escrito na confissão décima primeira, é a palavra do morto que assume não ter fei-

FONTES TEÓRICAS

to ninguém chorar. Ao contrário de Maat, encontramos, hoje, aspectos violentos da experiência moderna que ignora as mães, as mulheres e o útero. Na ética egípcia, as declarações de inocência oferecem um conjunto de valores alinhados aos padrões éticos ancestrais, que definem o certo e o errado, as obrigações morais e as regras de conduta empenhadas pela verdade justa e amorosa de Maat. São elas, segundo a pesquisadora Keidy Narelly Costa Matias:

> Eu não fiz nada de errado; eu não roubei; eu não furtei; eu não matei pessoas; eu não destruí as oferendas; eu não reduzi as medidas [dos grãos]; eu não furtei a propriedade do Deus; eu não falei mentiras; eu não fui carrancudo; eu não forniquei com o fornicador; eu não fiz ninguém chorar; eu não dissimulei; eu não transgredi; eu não cometi especulação de grãos; eu não roubei uma parcela de terra; eu não contei ou discuti segredos (não tagarelei nem espalhei segredos); eu não provoquei uma ação judicial; eu não disputei propriedades; eu não cometi adultério; eu não copulei erradamente; eu não fiz [as pessoas sentirem] medo; eu não fui destemperado; eu não ocultei a verdade; eu não amaldiçoei; eu não fui violento; eu não distorci a verdade; eu não fui impaciente; eu não discuti (não duvidei); eu não fiz nada errado; eu não cometi o mal; eu não contestei o rei; eu não profanei a água; eu não falei alto; eu não amaldiçoei um Deus; eu não fiz autoexaltação; eu não profanei a comida dos deuses; eu não furtei [mortos] santificados; eu não tirei comida da boca de uma criança; eu não prendi um deus na minha cidade; eu não matei o gado sagrado.[26]

Não é preciso um estatuto do idoso para se respeitar, considerar e tratar bem uma pessoa mais velha; não se faz necessário um estatuto para se criar bem uma criança, respeitá-la, alimentá-la, conduzi-la aos ensinamentos necessários para que se torne uma pessoa digna e honrada. É válido ressaltar também que a relação com a natureza é plena, sendo

"É FRAGRANTE FOJADO DÔTOR VOSSA EXCELÊNCIA"

respeitado o tempo de cada elemento natural e seu culto. Cada pessoa está ligada a um domínio, e quando essa pessoa é cuidada, esse domínio é todo o tempo considerado e tratado. Segundo a religião colonial, quando ela tiver chegado "a todos os cantos da terra", quando nenhum povo ou pessoa desconhecer "a palavra do Senhor", aí então "Ele virá". Considerando essa mesma matriz, aí será o "Armagedom", que significa maremoto, terremoto, enchentes e outras catástrofes-respostas da natureza, interpretadas como "sinais dos últimos dias", desviando, assim, a responsabilidade da colonialidade.

É preciso notar que os "terrivelmente evangélicos" dessa religião ocidental estão no poder político e praticam não só as agressões à natureza, mas também agressões aos direitos humanos, já que alguns humanos não são mesmo irmãos. Assim, ao dedicar ódio e atos terroristas contra expressões de espiritualidade que não são de sua matriz, principalmente as africanas e as de povos originários, o planeta é ameaçado, pois são atacados grupos que têm relação direta com a preservação do ecossistema.

Na tese do dr. Luís Thiago Freire Dantas, sobre perspectivas filosóficas africanas e descoloniais, são apresentados os constructos de Maat, no ideal moral no Antigo Egito, desde a ontologia maatiana. Estes são analisados pelo dr. Maulana Karenga, especialista no tema ética social e ética clássica africana do Antigo Egito, com destaque para a harmonia cósmica de Maat no direito antigo da filosofia kemética e para os elementos que compõem a humanidade: *ib* (coração/mente), *ren* (nome), *ba* (alma), *ka* (força vital) e *sheuti* (sombra). Conforme demonstra Karenga, Maat surpreende a modernidade em virtude da fluidez da água em manifestar a potencialidade de cada ser existente. Por meio dos líquidos da matripotência yorubá, insisto em dizer que compreendo as políticas de tradução adaptadas aos binarismos e à centralidade do macho. A categoria gênero, do ponto de vista descritivo, é responsável por estabelecer o masculino sexuado, Deus supremo, que usa as noções de gênero ocidental para a condução da vida e dos comandos patriarcais africanizados.

FONTES TEÓRICAS

Conforme os estudos de Karenga, povos egípcios como os dogon, os bambara, os akan colocam a água na centralidade da vida e esse fato gesta acontecimentos. No caso dos dogon e dos amma, o universo possui um ovo que simboliza a fertilidade e o próprio Deus supremo assume a imagem de um ovo dividido em quatro partes, cada uma correspondente a um elemento básico (ar, água, terra e fogo) e às quatro direções cardeais (norte, sul, leste e oeste).[27]

Através da ancestralidade, categoria do pensamento afrocêntrico, sabemos de qual continente viemos, isso bem antes de o colonizador impor sua cruz, sua Bíblia e os significantes do *religare*. Antes já tínhamos uma espiritualidade que definia valores éticos e filosóficos. Esta é a razão de eu discordar do sociólogo Reginaldo Prandi[28] quando ele fala sobre os reflexos éticos da relação entre o filho de santo e seu orixá. O escritor entende, na filosofia da ancestralidade, que os seres humanos e os deuses são orientados por preceitos sacrificiais, tabus, normas e condutas afastadas de um código único comportamental e de valores aplicáveis uniformemente à comunidade.

A discursividade do autor parece prestar nenhuma atenção ao xirê, aos ilás e às saídas de confirmação dos orixás. Nesse sentido, ele ignora que se um ancestral se apresenta no barracão, todos os outros se manifestam também. Eu sou porque você é. O sul-africano Mogobe Ramose explica *ubuntu* como uma epistemologia, uma ética fundamental para o nós, e não para a lógica do indivíduo. *Ubuntu* manifesta-se no princípio de nos cuidarmos mutuamente. Do ponto de vista jurídico, defende a "presença real e visível das constituições", como aconteceu com Pachamama, conforme já mencionado. A filosofia *ubuntu* não é compatível com a lógica do Ocidente, de onde provém a ideia de que o individual existe primeiro que o coletivo. A família é tão antiga quanto a humanidade.

Em "A importância vital do 'Nós'", proposta por Mogobe Ramose, a justiça é a efetivação e a preservação de relações harmoniosas em todas as

"É FRAGRANTE FOJADO DÔTOR VOSSA EXCELÊNCIA"

três esferas da comunidade, e o direito é o instrumento para alcançar esse fim. O filósofo chama a atenção para a ausência do conteúdo cosmológico da ética *ubuntu* na Constituição federal da África do Sul:

> A exclusão do *ubuntu* dessa constituição é o que estou contestando, porque ela significa: 1) a rejeição de uma filosofia e de um modo de vida que têm sustentado e continua sustentando os povos indígenas, vencidos nas guerras injustas de colonização da África do Sul; 2) a integração forçada desses povos em um paradigma constitucional que não é deles, na medida em que descartou deliberadamente a sua filosofia; 3) a mudança tática do princípio da supremacia (soberania) parlamentar para a supremacia constitucional é a transmutação da injustiça da colonização e de suas consequências na justiça e, portanto, a negação da justiça para os povos indígenas vencidos da África do Sul.[29]

Não estou traduzindo diferença como animosidade. Por isso, através da dança espiral, é possível realizar o resgate do respeito e da comunalidade das famílias ancestrais: os passos dos outros, cada expressão, força e particularidade.

Se os antepassados chegaram em barcos distintos, significa que a experiência de ser atravessa toda a comunidade, a punição por atos abomináveis vem para o barco inteiro dos filhos de orixá. Não há distrações éticas na filosofia do terreiro, senão o ancestral nem chegaria, nem seriam preparadas as condições básicas para o ancestral assentar-se. Ciganas, por exemplo, chegam em comunidades de matriz africana, por sua vez os caboclos não são de matriz africana, contudo, a ética do orixá assenta no terreiro de candomblé a humanidade espiritualizada daqueles submetidos aos empenhos escravistas e às exclusões contemporâneas, reconhecendo nelas e neles alianças e afinidades éticas de africanos, mulheres e indígenas.

Se através da opressão moderna o colonizador criou a tecnologia do capacitismo, depois demonstrou interesse nos regulamentos das forças

FONTES TEÓRICAS

produtivas e da acessibilidade para as pessoas deficientes. Inequívoca, a realidade das nações racistas comprova que a raça negra é sinônimo de deficiência. É preciso lembrar a importância do teor político na filosofia dos terreiros de candomblé. Todos os ancestrais, independentemente de onde vieram, respondem à oralidade uns dos outros.

Embora as nações Ketu, Angola, Jeje tenham especificidades de território linguístico e culturais, de maneira geral as xenofobias não fazem parte da cosmovisão dos povos de terreiro, mesmo ocidentalizados, o que configura uma prática de resistência ao empreendimento colonialista. Contudo, segundo Wande Abimbola,[30] os tradicionais iorubás são capacitistas. Eu não teria, portanto, motivação teórica para invocar eufemismos da cultura, se os africanos embaraçam noções de eficiência, deficiência e ineficiência quando os nascidos com deformidades (como corcundas, deficientes, anões e albinos) são diferenciados como *eni-òrìsà*, ou seja, populações desconsideradas da normalidade em termos de personalidade humana. Aos deficientes são negadas oportunidades abertas aos "normais" em termos hierárquicos representativos. Eles não podem, por exemplo, ter funções como *baálé* (chefes de família), *baálè* (chefes de cidades), ou *oba* (rei). Quando morrem, não podem ser considerados ancestrais, porque não são enterrados junto à linhagem familiar.

Voltamos a dizer, a alma negra é capaz de reflexões filosóficas independentemente da mentalidade da Europa. Para o espírito africano, o pensador é um poeta; o provérbio tem o mesmo valor dado à lógica ocidental. A literatura oral é verbo da sabedoria moralizada proveniente de uma experiência vivida, revelada em contos, cânticos e em sistema, como o de Maat.

Irretocável na materialização da ética justa, amorosa, contraposta aos sistemas legais modernos, Maat está distante do Estado penal contemporâneo baseado na legitimidade para prender, matar e culpar. A justiça do homem branco é uma vingança institucional antagônica à ética de Maat, cuja pena é leve. A colonialidade impôs a justiça baseada nos "princípios

"É FRAGRANTE FOJADO DÔTOR VOSSA EXCELÊNCIA"

do pai", a lei das famílias nucleares é patriarcal, e o pai tem a mão mais pesada na hora da pena. Há crimes previstos exclusivamente para justificar violências do sistema heteropatriarcal, bem longe de encarnar os valores africanos éticos jurídicos. Sobretudo, é inadmissível para Maat que alguém faça o outro chorar. A colonialidade moderna isola a gravidade do crime no indivíduo como se o Estado estivesse ausente da filosofia que mata filhos e deixa as mães morrerem nos braços do pai.

Assim como nos *orikis*, para os iorubás as tecnologias da palavra cumprem o papel de contar a história, ridicularizar, sonhar, libertar, amar, informar aquilo que se viveu e como se viveu. A sabedoria bantu é cênica, expansiva, eloquente e cultural. Para os bantu, consanguinidade e parentesco criaram as estruturas sociais familiares. O território demarca sempre o espaço da estrutura social compartilhada, sendo a terra aspecto do grupo, não a própria base do agrupamento. Se a terra e o território são propriedades coletivas de vivos e antepassados, a terra tem caráter sagrado. O homem canta para a terra, o trabalho é criativo, ainda que seja braçal, sabendo-se que os peixes, os rios e os solos são bens inalienáveis. Isso é bem diferente da filosofia ocidental que embasa o pensamento moderno colonial branco.

Nesse sentido, a cosmopercepção africana é diferente da cosmovisão europeia, em que o território ocupado é feito presença físico-visível. Partindo da africanidade, o território está povoado pela ancestralidade e, por isso, todos zelam por ele. Este entendimento não permite conflitos em torno da posse da terra. Portanto, um código jurídico baseado nesse princípio não permitiria todas as atrocidades que a colonialidade promove no uso e na ocupação de territórios.

Como desdobramento desta relação, vale destacar que o Ocidente trouxe como ideologia o afastamento físico entre vivos e mortos. Após o falecimento, o corpo do familiar é rapidamente levado a um cemitério, afastado dos que ficaram. O costume ancestral africano preserva a energia desse que partiu perto da família, enterrado no fundo do quintal de sua

FONTES TEÓRICAS

casa, onde pode haver, sempre que necessário, uma interação ritualística que mantém a presença do antepassado. O candomblé resgatou essa condição de proximidade através da manutenção de objetos sagrados que pertenceram à pessoa morta. É preciso localizar sobre cosmovisão e cosmopercepção o fato de o Ocidente ter deslocado nossos antepassados para os cemitérios, bem longe de nossas referências filosóficas de vida e morte, além-túmulo, *egbe orun*, capazes de, no quintal da casa, escutar o conselho da bisavó e no jardim ver a presença dos antepassados a orientar.

A imaterialidade do espírito corporificado tem códigos de presença para os quais a razão dos olhos ocidentalizados são ignorantes. Essa falha de percepção fez a América ser ocupada, territórios ancestrais serem vistos pela simplificação eurocêntrica de territórios vazios e desabitados.

O direito bantu distingue posse e propriedade e sugere a partilha da vida social, política, religiosa e econômica. Quando as mulheres estão trabalhando na pesca, devem fazer oferenda aos habitantes do mundo invisível como contrapartida. As ervas do banho são posteriormente devolvidas para a terra. No *ubuntu* repousa a comunidade e suas relações sociais baseadas na tradição, na ética social e no reconhecimento de todos como indispensáveis.[31]

A colonização criou um conflito filosófico e psíquico para os africanos e seus descendentes quando impôs a experiência europeia de si mesma, que se apropria e não coopera de maneira econômica. De tal modo, as experiências de intercâmbio de sal, metais, peles e marfim perderam o caráter intracomunitário e passaram a validar as trocas por escravizados. Segundo Raul Altuna,[32] antes do europeu, no século XV, já havia a monetização, mas foi o colonialismo quem introduziu o dinheiro, o trabalho assalariado, o consumo e o lucro. De fato, basta despojar brutalmente uma pessoa de todos os dados gravados em seu *orí*, submetê-la a uma amnésia total, para que ela se torne errante em um mundo onde não compreende mais nada. Despojada de sua história, ela estranha a si mesma, aliena-se.[33]

"É FRAGRANTE FOJADO DÔTOR VOSSA EXCELÊNCIA"

A propriedade privada dos meios de produção capitalista e os conflitos legais gerados têm a ver com os valores europeus. Porque a consciência comunitária sabe, há membros de determinados territórios que não estão mais entre os vivos, podem ser maus ou bons esses antepassados chamados de *bakulu*. É importante dizer que a cultura bantu passou a ser conhecida no Brasil graças às contribuições epistemológicas das religiões de matriz africana, do candomblé de Angola, com a experiência de escravizados falantes do kimbundu, do umbundu e do kikongo. A maioria das pesquisadoras negras, como eu, aposta na desenvoltura contra-hegemônica dos sistemas filosóficos africanos mais complexos e legítimos, presentes no território discursivo religioso dos terreiros de candomblé.

O terreiro como partícula de resistência africana, com laços estreitados pela matrilinearidade[34] e igualdade de poder espiritual, ergue quem nasce deidade *nkisi* e se abaixa para tomar a bênção dos mais velhos do Congo. Nas epistemologias dos terreiros, os olhos merecem a mesma importância dada às mãos, aos ouvidos e aos silêncios. Não interessa a identidade gay, lésbica, mulher, pobre ou rica se as importâncias dadas socialmente proporcionam visões ocidentais a respeito da humanidade vista apenas com os olhos da Europa.

A ancestral Makota Valdina Pinto, Ekedi do terreiro Tanuri Junsara e Nzo Onimboyá, no Engenho Velho da Federação, educadora antirracista e ativista da luta contra o terrorismo religioso, proporcionou aos africanos da diáspora o diálogo com o sistema de búzios. Traduziu as orientações éticas sobre a missão espiritual de quem deve guardar consigo a natureza nascida junto com o Sol (a que os antigos egípcios chamariam Rá), disposta à quilombagem, à natureza vibrante da harmonia em sua diversidade, apoiada por caminhos de brilho e abundância, quando, divinamente, apenas a alma escravizada esquece das riquezas e felicidades que possuía antes de o colonizador pisar em África.

Para Makota Valdina Pinto, é por meio da pedagogia da oralidade que se dá a iniciação aos valores africanos a serem aprendidos no contexto

FONTES TEÓRICAS

familiar dos terreiros, que reúnem pessoas fora de África, mas que desejam estar perto de seus valores. É através da imersão ética nos terreiros de candomblé que estabelecemos conexão com sabedorias e conhecimentos mediados pela filosofia africana. Se a colonização impôs a língua portuguesa do branco, temos a chance de, através da comunalidade de terreiro, descobrir nossa linhagem, nosso destino, nosso verdadeiro nome e nossa identidade *muntu*.[35]

Trata-se de um sistema ético familiar maior que a religiosidade. O povo bantu dentro do terreiro não é o que é por ser "adepto" da religião de matriz africana, ao contrário, a religião na diáspora é manifestação da vida e da humanidade do povo. Não se trata de uma cultura linear, objetiva, cartesiana. Os bantu creem na razão sensorial, na emoção, esta, sim, um conhecimento superior não antagônico, horizontalizado, antivalores eurocêntricos, pois faz-se o culto à liberdade e ao compromisso de honrar a natureza das pessoas como parte da natureza necessária. Precisamos expandir, transmutar, molhar as memórias, celebrar o encantamento medicinal das folhas, como nos ensina Makota Valdina em seus livros, falas públicas e documentários.

Se o povo yorubá parte da premissa da cosmopercepção, os bantu preferem pensar a razão sensorial. O negro africano convence ao se comover na presença do outro. Na diáspora, mais precisamente nos Estados Unidos, a poeta Audre Lorde[36] desafiou a filosofia ocidental ao expressar a liberdade de quem sente, logo, existe. É provável que a poesia em nosso DNA afie a identidade negra ao se apoiar na "mundividência" antropológica dos povos bantu.

Resgatar as existências africanas em seus valores ancestrais é válido para pensar os comportamentos sociais e punições cabíveis quando a ontologia maatiana sucumbe à lógica moderna das violências contra as mulheres, dos sistemáticos estupros em lares negros, que corroem parte desse legado ético e genialidade africanas matrirreferenciados.

107

"É FRAGRANTE FOJADO DÔTOR VOSSA EXCELÊNCIA"

Segundo o dr. Renato Noguera, filosofia é a arte da palavra, do conhecimento significante. Os antigos egípcios chamavam *rekhet*, uma atividade pioneira antes de os gregos reivindicarem o lugar epistêmico de berço civilizatório da filosofia. A filosofia é uma atividade africana que diz respeito ao ponto de vista ético verbalizado, tem sentidos, circula pelos pensamentos e pelas inteligências ancestrais.

Daí, a meu ver, é inadmissível que populações racializadas reproduzam opressões contra negros, desconsiderando que fazem parte da mesma diáspora e da ética *ubuntu*, que orienta para o afeto, o respeito, o cuidado e a proteção dos membros da comunidade, sejam mulheres, crianças, sejam comunidades não heterossexuais. Os ensinamentos da comunidade Dagara, analisados pela filósofa dagara burquina Sobonfu Somé,[37] favorecem as maneiras não ocidentais de amar.

"O amor é espiritual." Pouco nos interessa a genitália das pessoas envolvidas nas relações sexoafetivas. A corporificação do ancestral no terreiro, por exemplo, independe das construções feitas pela colonialidade de gênero. Sendo assim, por mais que na modernidade tenhamos sido apresentadas às maneiras de atacar homossexuais, crianças, mulheres, idosos, ignorando a humanidade manifesta na filosofia do "eu sou porque você é", sistemas filosóficos como os africanos demonstram que, se dois homens negros estão juntos, significa uma escolha feliz do espírito e não a prescrição do corpo heterossexuado pelo Ocidente.

> Se estou certa sobre a colonialidade do gênero, na distinção entre humano e não humano, sexo tinha que estar isolado. Gênero e sexo não podiam ser ao mesmo tempo vinculados separavelmente e racializados. O dimorfismo sexual converteu-se na base para a compreensão dicotômica do gênero, a característica humana. Alguém bem poderia ter interesse em argumentar que o sexo, que permanecia isolado na bestialização dos/as colonizados/as, era, afinal, engendrado. O que é importante para mim aqui é que se percebia o sexo existindo isoladamente na caracterização

FONTES TEÓRICAS

de colonizados/as. Isso me parece como um bom ponto de entrada para pesquisas que levam a colonialidade a sério e pretendem estudar a historicidade e o significado da relação entre sexo e gênero.[38]

A violência contra a mulher teria impactos menores em comunidades negras amparadas pela lógica, um preceito matemático com premissas contraditórias, totalmente estranhas às bases tradicionais dos ancestrais africanos, produzindo efeitos biopolíticos. O pensamento racionalizado procura justificar a sentença na qual se diz que ela é mulher, logo, apanha.

As relações amorosas poderiam ser tratadas como relações preciosas na vida de todas e de todos. A mentalidade ocidental individualista tanto repete quanto confirma "não se mete a colher em briga de marido e mulher". Assim, adotamos condutas bem longe das éticas comportamentais africanas. Se existe relação inter-racial em pequena escala entre nós, uma vez que raça informa classes dispostas a não se misturarem, é preciso compreender raça na comunidade de terreiro. E do ponto de vista do conhecimento, estamos na colonialidade do saber submetidas aos laboratórios do capitalismo racista que primeiro herdaram, depois sonegaram o DNA das pessoas negras – através da colonização. Em contrapartida, deram continuidade ao enriquecimento nos apresentando, pela ciência moderna, nossa família ancestral a partir do mapeamento genético. Os terreiros de candomblé, por sua vez, dão chances de reaver a conexão filosófica sem a lógica de cliente, atrás do serviço a respeito de suas raízes ancestrais. As filosofias da ancestralidade resgatam filhas e filhos para serem apresentados aos irmãos da comunidade, o território espiritual.

A crença nos ancestrais (antepassados míticos) permitiu aos negros e negras em situação de diáspora – dia-speirein – uma resposta criativa traduzida numa multiplicidade de invenções sociais (logos – racionalidade estruturante) que permitiram manter a coesão entre negros(as)

109

"É FRAGRANTE FOJADO DÔTOR VOSSA EXCELÊNCIA"

africanos(as), seus descendentes e uma fidelidade possível às tradições. A diáspora, ao mesmo tempo em que significou uma ruptura violenta com os valores africanos, serviu para que estes valores se espalhassem mundo afora. E dessa forma os africanos em diáspora universalizaram seus símbolos. Tal universalização não se deu por motivos proselitistas, mas pela própria diáspora.[39]

Com efeito, sequestradas e sequestrados nas Américas, submetidas e submetidos ao projeto eugenista, procuramos caminhos dos ancestrais a fim de eles subsidiarem uniões amorosas prósperas. Òrúnmìlà, como filósofo, jamais consulta os sistemas de *odus* para sentenciar uma felicidade baseada em sexo, gênero, raça, idade. Ao que sabemos, a filosofia dos sistemas africanos traz o saber para o consulente, cujo destino pode estar ao lado de alguém da família de Oya, pode ser ao lado de quem tem a pele clara. A felicidade fora do lugar onde nasceu é outra possibilidade. O tipo de *orí* escolhido por uma pessoa no orum permanece desconhecido para ela durante a vida, bem como para todos os outros homens (e mulheres), exceto, é óbvio, para Òrúnmìlà, que foi a única testemunha do destino no ato da escolha de *orí*.[40]

Com efeito, acredito ser importante renovarmos as leituras da cosmopercepção com bastante confiança nos mais velhos, cujas atividades intelectuais estiveram longe de patrulhar a cor do marido de Lélia Gonzalez ou da esposa de Abdias Nascimento. Será que os ancestrais das mulheres vítimas de feminicídio são bons? A escolha baseada na raça moderna parece confundir o livre-arbítrio do *orí* e os encontros espirituais conhecidos por Òrúnmìlà.

De certo, parece injustificado a alma aceitar os domínios modernos atribuídos pelo patriarca branco capitalista e repetir sofismas resumidos ao lugar da vítima, afinal, na alma agenciada pelo ser africano, pelo inquice bantu, a liberdade é intrínseca. A deidade Bamburucema, por exemplo, representa a natureza da borboleta jamais aprisionada. Nenhum africano

FONTES TEÓRICAS

teria coragem de agredir o vento, investido da delicadeza das forças de natureza da qual somos partícipes. Temos agência na medida em que se escraviza o corpo, mas não a alma.

É impossível negar o livre-arbítrio de quem nasceu para que se torne propriedade do europeu dentro do seu sistema mental, corpo e espírito. Nossos antepassados morreram de banzo, atiraram-se no mar para não serem escravizados. São tantas as consequências coloniais que podemos observar, entre elas a insegurança alimentar e as reviravoltas de uma alimentação entregue à indústria de alimentos ultraprocessados, peixes contaminados, frutas submetidas a experimentos da "biopolítica". Pela óptica das medicinas tradicionais, é possível relacionar a hipertensão prevalente na comunidade negra à memória dos líquidos retidos por famílias ancestrais durante o trânsito no Atlântico.

O saudoso pesquisador de geopolítica da Universidade Católica de Salvador Jorge Conceição, falecido em 19 de setembro de 2017, era naturalista, mestre em medicina e em alimentação natural, fundador da iniciativa experimental que denominou de Universidade da Reconstrução Amorosa (UNIRAM). Profundo pesquisador em estudos africanos, preconizava que várias doenças que acometem em grande medida a população negra são oriundas do processo de escravização. Citava o diabetes como produto dos longos anos no canavial e a hipertensão como consequência não só das atividades de exposição ao mar, como também, principalmente, da criação e do consumo continuado da feijoada, uma bomba calórica resultante da combinação de carnes e sal suficiente para sustentar o grande esforço físico dos trabalhos forçados. Contudo, defendia que na contemporaneidade a quantidade de calorias ingeridas excede em muito a capacidade de digestão do corpo, causando elevados níveis de pressão arterial. Citava que os sucessivos estupros a que as mulheres escravizadas eram submetidas fizeram a natureza desenvolver um mecanismo de defesa, a miomatose, que percentualmente é mais notado em mulheres negras.[41]

"É FRAGRANTE FOJADO DÔTOR VOSSA EXCELÊNCIA"

Para os africanos, o alimento significa força empunhada. É o veículo de corporificação ancestral, significador, antinutricídio, que faz jus ao conceito elaborado por Llaila Afrika, nutrólogo estadunidense que, no Brasil, integra as pesquisas da Universidade Federal da Bahia. O nutricionista Agnaldo Pereira, disposto à apreensão dos descendentes de africanos sobre a tragédia cada vez mais evidente na vida de pessoas cujas buscas não procuram por raízes ancestrais, ao contrário, tem feito o europeu ser cultuado no estômago do negro, desde a condição de escravizados até a idolatria ao trigo. Porque o que comemos é ao mesmo tempo comida e remédio, devemos ser cuidadosos com a quantidade de comida ingerida. Os alimentos precisam ser cultivados livres de toda contaminação química e mantidos naturalmente frescos.[42]

As abordagens elitistas feitas por setores responsáveis por colonizar a natureza infelizmente entregam o povo negro à própria sorte, impedindo-o de acessar conscientemente a força vital dos alimentos fora dos hospitais, no contato tardio com dietas de reeducação alimentar. Não podemos esquecer que o alimento nos conecta aos ancestrais e às resistências provenientes de cada caminho. Através das oferendas, saudamos nosso destino ou perpetuamos o domínio colonial caso honremos o capitalismo de hambúrgueres, transgênicos e agrotóxicos, maneiras pelas quais o colonizador mantém povos escravizados. Segundo Llaila Afrika, o "nutricídio" expressa conceitualmente o culto ao branco, caracterizados pelos castigos destinados à divindade estômago.

Além disso, não podemos olvidar a natureza. O ambiente sofre as violências e as depredações perpetradas por quem mantém no DNA ancestral a marca dos assaltos às vidas, incluídas as presenças habitantes das águas. Devemos admitir que o racismo religioso e os ataques psíquicos espirituais partidos de setores hegemônicos dão certeza de que o europeu está sendo leal aos seus ancestrais. Na cosmogonia da filosofia bantu, a concepção intelectual proposta pela mundividência é o princípio espiritual

FONTES TEÓRICAS

da alma, portanto, nada e nenhuma ocorrência externa pode separar a filosofia e seu povo.

As teorias da Europa não fazem parte da tradição africana, a imitação do branco é a rejeição da autoria negra e, ao que parece, não guarda intenção de tratar da espiritualidade no campo filosófico. A pensadora e romancista negra estadunidense Alice Walker ponderou sobre o enunciado das memórias de águas em nossos olhos líquidos de lembrança em suas obras *Vivendo pela palavra* e *A terceira vida de Grange Copeland*.

Com efeito, admitem-se pelos achados históricos que os impérios, centros artesanais e comerciais bantu demoraram para receber registro escrito na história. No entanto, teriam os bantu chegado ao sul da África, no século X e no século XV, em seguida. Cheikh Anta Diop estuda sobre a explosão demográfica no século IV, que se prolonga até o século XIX, tendo em vista lidarmos aqui com a perspectiva de território étnico aberto com base filosófica identitária. As línguas semitas penetraram a Etiópia antes da era cristã. Nesse sentido, temos aspectos regionais da cultura jamais restritos à soma de evidências do núcleo cultural comum. Aliás, estes são aspectos convergentes, ao parecer histórico de Cheikh Anta Diop. Segundo a análise desse escritor, existiu um movimento horizontal manifesto tanto pela dimensão espiritual quanto pela experiência global da comunidade negra no que diz respeito à economia, às artes, línguas e éticas saídas do Antigo Egito.

Cheikh Anta Diop[43] é uma referência forte neste trabalho, sobretudo por instrumentalizar a negritude e a autoria, deixando nítido que tudo datado em Roma e na Grécia são tentativas de desautorizar a genialidade dos antigos egípcios. Literalmente, somos o povo faraônico. Isto posto, o autor em questão estudou escritores da Antiguidade, como Heródoto, Xenofonte, Políbio e Tácito, para desmentir hipóteses errôneas sobre isolamento cultural dos povos africanos, comprovando que o Vale do Rio Nilo é o berço primitivo de todos os negros dispersos em África.

Logo, sem conhecer o Antigo Egito em seu caráter matriarcal, desconhecendo o berço meridional que atingiu a Líbia, a Etiópia, estaremos

"É FRAGRANTE FOJADO DÔTOR VOSSA EXCELÊNCIA"

sequestrados da *ori-gi-nalidade* das nossas existências pré-colonialidade. Fora da existência filosófica africana, temos uma estrutura política baseada no Estado-cidade, nos individualismos, na xenofobia, na conquista militar, na subordinação ao varão e à linhagem patriarcal. Segundo Diop, a personalidade ancestral e jurídica das sociedades europeias, embora inscritas posteriormente, conquistou as populações aborígenes, sendo introduzidas a propriedade privada, os crimes, a culpa, o pecado e as violências.

As populações não brancas perderam memória de cultos domésticos ritualísticos. Estou dizendo em diálogo com Diop que os africanos, asiáticos e negros diaspóricos exercem o patriarcado mediante o islamismo e o cristianismo. Tais populações desertaram-se de Maat, bantu e yorubá. Credita-se à endoculturação as pesquisas científicas patenteadas por dogma e fantasia que dizem serem brancos os faraós de Kemet. A Europa teria comprometido o patrimônio histórico melanodérmico ao descaracterizar as estátuas, ao arrancar o nariz dos faraós.

A civilização mais antiga do mundo começou no continente em que as etnias leucodérmicas constituíram 20% da população: os africanos não puros. Temos a Europa promovendo vicissitudes de cima para baixo às suas concepções morais e aos seus costumes.

Apoiada pelas vastas e demoradas contribuições de Diop, compreendo que os bantu imprimiram sua marca em nossa história pela capacidade de realizar a heterogeneidade dos traços religiosos, culturais, linguísticos, com aglomeração de subdialetos advinda da penetração árabe do século VII, estendendo-se pelo Sudão e pelas primeiras dinastias do quarto milênio a.C. Depois, sim, o contato europeu demonstra aquela capacidade invasora, conquistadora, patriarcal de seguir na contemporaneidade o saqueamento e espoliação da modernidade colonial.

O povo africano nasceu antes de Cristo, possui linguagem adaptável, múltipla e ausente de gênero, nem todos são pretos – há braquicéfalos, há bantu orientais, ocidentais e meridionais – e há estaturas culturais

FONTES TEÓRICAS

agrupadas diferentemente. Na geografia, os bantu estão situados dentro do continente que se fechou à penetração e expansão ocidental, tendo variedade etnolinguística com, pelo menos, quinhentos povos diferentes. Acredito ser mais adequado nomear de civilização a raça negra diversificada que partilha o mesmo tronco linguístico.

As línguas sudanesas são faladas por negríticos, mandés, semibantus ou línguas com classe, por exemplo. No entanto, há as línguas nilóticas e as semíticas, a saber: kikongo, kimbundu, lunda-quioco, suawilimbundo, ganguela, nhaneca-humbe e xindongo. São mais conhecidas nas Américas, de acordo com Milheiros,[44] pois o sistema-mundo fez lembrar o narcisismo através do cristianismo e a Europa, estabeleceu a civilização oriental como o seu Outro, enquanto a filosofia dos bantu ficou subsumida a narrativas mitológicas e paternalismos.

O termo *bantu* aplica-se, portanto, à civilização negra guardiã do ferro. Em regime migratório há 5 mil anos, a civilização bantu invadiu a Somália, sendo expulsa por outro grupo bantu um milênio depois. Estamos falando de um território linguístico, filosófico, diverso culturalmente, aceito pela definição do historiador Cheikh Anta Diop ao demonstrar primeiro que o Egito foi negro e que, apesar das particularidades étnicas sociais e políticas, existe um passado negro que elimina nossa dispersão e nos ergue para a tomada da consciência histórica de que o patriarcado na Europa segue em sentido oposto ao matriarcado na África antiga, até a formação dos Estados modernos.

Com isso, não estou dizendo: "Veja, a Europa falhou no tratamento humanitário", mas que a cumeeira da modernidade (sustentada sobre os pilares da raça, do racismo e do Estado-nação) continua a nos afetar.[45]

A África escravizou culturalmente, contudo, jamais desprezou ou forçou povos a trabalhos escravizados com finalidade lucrativa. A escravização com fins de exploração lucrativa está caracterizada pela aristocracia guerreira na qual os escravizados são cativos, provaram os desprestígios de serem Outros.

"É FRAGRANTE FOJADO DÔTOR VOSSA EXCELÊNCIA"

Já os estrangeiros, compraram escravizados, depois os fizeram perder o respeito pelo ser, pelo ente sagrado. Tudo isso para quê? Para a acumulação de riquezas pelos traficantes e a destruição demográfica do território.

Dificilmente conseguimos falar da Europa, consequentemente do seu padrão colonial cristão, ocultando os povos primitivos descritos por teólogos e padres missionários, pois a literatura considera o africano povo sem escrita. Pejorativamente, a literatura alude à baixa frequência de hieróglifos e chama a letra do negro de garrancho indecifrável, sem reconhecer ali o DNA egípcio.

Precisamos conhecer a maneira como podemos escrever. O *ntu* significa humano, o prefixo *ba* faz o plural de *muntu* (pessoa), mas as línguas bantu precedem o calendário cristão e estão centradas na África sul-saariana. Um terço da população africana era bantu, presente em Camarões, Nigéria, Etiópia e Sudão, do Atlântico ao Índico. Os bantu vivem pela e na comunidade, não existe para eles a desigualdade, a vivência comunitária tem valor primordial. Viver significa existir coletivamente, compreender o direito, a ética, a religião como princípios da organização ontológica da sabedoria de *Nyambe* (Deus), deidade espiritual, física e social.

O delito mais grave para os povos bantu é a profanação da vida, a destruição da comunidade e o fracasso do *ntu*, tanto por forças visíveis quanto invisíveis. Nós, quando comemos o animal, estamos nos apropriando da vitalidade do animal, conforme descreveu Placides[46] a respeito da filosofia bantu.

De acordo com a filosofia bantu, a hierarquia da força vital das plantas e dos minerais está predestinada a assistir o ser humano, porém, quanto mais o ser humano vive perto dos seus antepassados, maior é a plenitude vital, tendo em vista que os ancestrais prolongam a vitalidade de seus familiares.

O mais intrigante confronto filosófico reside na colonialidade da natureza que desconsidera a lei de interação, relação e interdependência com os minerais e animais, e por isso destrói a natureza e leva os mortos

FONTES TEÓRICAS

para bem longe do jardim das casas. A colonialidade da natureza está longe da sociedade bantu, ou seja, os ancestrais africanos permanecem na continuidade, interatividade entre visível e invisível, na obrigação ética, individual e social vitais ao sucesso, à felicidade e ao crescimento.

Na filosofia bantu, descrita em Placides, a *palavra* é uma força vital, guardiã da palavra humana, porque tanto pode dar vida quanto pode matar ou enfraquecer a força de alguém. Descolonizado está aquele que foi iniciado para ter responsabilidade nas causas e nos efeitos das palavras. Com essa experiência temporal se constrói a atualidade e, consequentemente, a modernidade que se tem definido pelo predomínio cultural do tempo sobre o espaço. Também tem se definido pelo predomínio da escrita, que legitima o ser moderno, outra experiência autorizada pelo tempo.[47]

É tempo de compreendermos a aplicação acadêmica do brilhante pensador congolês Fu-Kiau sobre o território cultural linguístico do Kongo, sua noção de fracasso das democracias ocidentais, criadoras dos problemas éticos das comunidades. Diferentemente da cronologia ocidental, o tempo dos bantu é físico e abstrato, organizado em ciclos do cosmograma bantu, que é uma representação geométrica do conjunto de valores culturais, baseados em um sistema de valores prévio à chegada do europeu, portanto importantes para reconsiderarmos os conceitos de crime e punição. Essa filosofia estabelece contato tanto espiritual quanto intelectual com a sabedoria tradicional africana (*kingânga*) do passado.[48]

São quatro as razões para deslocarmos os pilares do direito penal dos sistemas jurídicos brancos, baseados na vingança contra agentes sociais destruidores da ordem pública mantida pelo Estado Democrático de Direito. Primeira, destaco o fato de caber ao Estado regular as condições jurídicas de manutenção da paz social por meio da necropolítica, tratada por Achille Mbembe como índice da soberania e do estado de exceção. Segunda, o Estado moderno é um aparelho repressivo (como o entende Althusser), que traduz o crime hediondo de tráfico de drogas em retórica letal da própria autoridade jurídica, que mata pessoas negras em qualquer lugar do mundo com essa justificativa, em confrontos com as polícias. Terceira, o artigo 23 do Código Penal exclui a culpabilidade de condutas ilegais em determinadas circunstâncias, porém o pacote anticrime, criado pelo ministro Sergio Moro durante a governança de extrema direita no Brasil, criou alterações legislativas operadas pela Lei nº 13.964/2019 com o intuito de ampliar o combate ao crime organizado, aos crimes violentos e à corrupção. Por último, o policial encarna o Estado em busca das vítimas racializadas. Não há crime quando o agente mata em serviço, quando sente necessidade de matar em legítima defesa, quando apenas um lado tem saldo de mortes justificadas pelas narrativas midiáticas de confrontos de estrito cumprimento do dever legal ou no exercício regular do direito materializado no encarceramento em massa. O pacote anticrime ardiloso contraria as relações de confiança entre pessoas não negras, na medida em que o policial pode assegurar o agravante do tráfico de drogas. Caso esteja disfarçado, ou incite o infrator do direito penal a entregar ou vender drogas, os policiais têm a corporação a seu favor, com advogados para garantir a defesa em caso de violência letal. Por fim e ao cabo, quem acaba capturado para dentro das prisões e continua no topo do trabalho produtivo desse ilícito é a pessoa negra. A prisão não interrompe o tráfico nem o traficante. Pelo contrário, favorece a filosofia da vingança, do "bandido bom é bandido morto", incorporada ao subconsciente coletivo em razão de o mal fazer o mal, arrancar a cabeça de um para outros internos garantirem a recreação da bola, do estuprador saber a experiência de outro homem fazê-lo de mulher, ensinando à sociedade retributiva como deve ser perigoso viver a condição de gênero.

As ações mais prováveis de serem cometidas por pessoas para as quais não há lugar na ordem, pelos pobres diabos tiranizados, têm a melhor chance de aparecer no código criminal. Roubar os recursos de nações inteiras é

FONTES TEÓRICAS

chamado de "promoção do livre comércio", roubar famílias e comunidades inteiras de seu meio de subsistência é chamado "enxugamento" ou simplesmente "racionalização". Nenhum desses feitos jamais foi incluído entre os atos criminosos passíveis de punição.[49]

Retribuir o mal ao indivíduo compõe o ordenamento jurídico das democracias ocidentais, cujo lastro bíblico baseou-se na Lei de Talião. A proteção aos valores da dinastia babilônica tinha feito soberano o Deus dos exércitos, com o Código de Hamurabi erroneamente considerado avançado na regulamentação desproporcional de normas penais, reguladas pelo Estado a fim de proteger grupos e interesses de grupos da sociedade.

Do paradigma de responsabilização da justiça retributiva surge a proposta da obrigação de mitigar os danos sofridos contra as mulheres, os negros, os indígenas. Na operação da justiça, entretanto, as reivindicações dos mesmos grupos são interpeladas pelos setores participantes do racismo patriarcal, importante para a proteção dos interesses do capital. O capitalismo apresenta as mulheres como propriedade, os negros como população excedente, cuja força de trabalho deverá se impor ao descarte. Tanto é que os crimes hediondos não se caracterizam por assaltos aos cofres públicos ou pelas bem tramadas ações de corrupção e sonegação de impostos. Contudo, impondo aos negros crimes patrimoniais, a lei tipifica homicídio qualificado, assassinato de policiais e feminicídio. No caso deste último, as mulheres negras são, proporcionalmente, mais assassinadas, pois a necropolítica dedica-se a matar o homem negro na rua e a deixar a mulher negra morrer dentro de casa. Sem contar as recorrentes práticas de submeter inocentes à prisão ou a execuções sumárias pela identificação por fotografia ou mesmo por engano, afinal "todos os pretos se parecem".

O Ocidente promoveu a incorporação da ideologia liberal, pautada no direito individual, no tokenismo e no empoderamento econômico realizados pelo Estado, um mal necessário. Vivemos sob os desígnios ocidentais

"É FRAGRANTE FOJADO DÔTOR VOSSA EXCELÊNCIA"

da maquiavélica ciência política, seus princípios éticos e valores morais baseados em fazer valer o mal para alcançar o bem e em justificar os meios.

Segundo Fu-Kiau, o líder político bantu não deve usar a estrutura legal africana contra os interesses da própria comunidade, não pode acreditar que a solução dos problemas africanos está no Oriente ou no Ocidente, isto é, são dos africanos as soluções dos assuntos africanos. Se um membro da comunidade sofre, a comunidade toda sofre. Quando o mau líder provoca anarquia, procura pela própria interdição por doença mental. Já a colonialidade do ser desrespeita, substitui e distorce o conceito de crime, retira a grandeza das ricas línguas africanas e superestima os interesses das governanças globais do sistema-mundo.

Longe dos tabeliães modernos, pensados a partir do homem branco, e de posse da epistemologia da ancestralidade, o dr. Eduardo Oliveira assevera que convertemos as leis de poder normativo em sanções à desobediência, aceita pela comunidade. Segundo argumenta, o pertencimento comunitário vem do culto aos antepassados e ancestrais. E por assentar meu fundamento epistêmico na ancestralidade, com vistas às conexões de cabeças vinculadas ao Sul Global, tomo empréstimos do dr. Tiganá Santana, que em sua pesquisa anticolonial nos estudos da tradução traz os conceitos tradicionais de lei e crime segundo o povo bantu-kongo, por intermédio do pensamento de Fu-Kiau. A obra estudada é *A cosmologia africana dos bantu-kongo*,[50] originalmente escrita em inglês.

Ao considerar Fu-Kiau e Tiganá Santana, saiba que há repercussões ancestrais no abandono dos horizontes epistemológicos da filosofia bantu, mesmo que nos recusemos a admitir o prejuízo de não termos sido submetidos a processos iniciáticos que reforçassem a "força vital" *muntu*. Ela nos diz que o crime deve ser julgado desde as raízes do que o produziu. Reconheceríamos, segundo Simas e Rufino,[51] as tradições ocidentais deslocam a cabeça dos corpos e produzem um caminho normatizado sobre a vigilância do pecado que contraria as encruzilhadas discursivas de Exú.

FONTES TEÓRICAS

Na cosmopercepção africana, uma comunidade em que um homem maltrata a própria filha, mata a companheira e estupra a irmã encontra problemas para formar vínculos com outras comunidades. A escravização nos colocou sob o domínio de outros seres humanos, logo, é preciso que, tomando as forças dos oborós, os homens assumam a responsabilidade ética pelos estupros, feminicídios e violências que ocorrem dentro de suas casas, inclusive comprometendo-se com uma educação descolonial contra masculinidades violentas. Ora, como afirmei anteriormente, a alma não foi colonizada. Para isso se efetivar, é preciso autoimplicação coletiva, ou as mães ancestrais poderão provocar desequilíbrios para defender a natureza fêmea.

Nós, feministas abolicionistas, somos mal compreendidas. O crime e a punição cabível quando a mulher é agredida, a travesti é espancada, o negro é vítima de racismo colocam em xeque a dororidade conceituada por Vilma Piedade,[52] pensadora negra. Aliado à legitimação do lugar anticárcere, o movimento feminista, assim como o movimento antirracista, ignora que o direito penal atenda aos interesses dominantes da branquitude formada em direito, criaturas descomprometidas com as parcelas educadas pelas instituições modernas a naturalizar negros como sendo escravos, homossexuais como doentes, travestis como aberração sexual, para o pleno funcionamento do Estado.

Negros LGBTfóbicos não conseguem negociar com a impunidade e a cadeia está cheia deles. Os brancos articulam com a medicina para obtenção de laudos médicos que aliviam penas, como relembra Foucault em *Os anormais*. As mulheres negras não tiveram quase ou nenhuma nota de importância teórica na construção de instrumentos como a Lei Maria da Penha. Ainda que a historiadora do movimento negro Beatriz Nascimento tenha sido vítima de feminicídio, na década de 1990, após ter defendido a amiga feminista de seu agressor. Aqui não posso ser irresponsável discursivamente, pois preciso apontar que a conjuntura política de esquerda que fez os esforços do movimento negro receberem algumas

"É FRAGRANTE FOJADO DÔTOR VOSSA EXCELÊNCIA"

garantias constitucionais também permitiu ao movimento feminista pautar e fazer valer o direito à vida sem violência, pelo menos na lei.

Ademais, o movimento negro, assertivo, reconhece o racismo como um problema estrutural, conforme analisa o dr. Silvio Almeida.[53] Durante o trabalho de campo, assistindo às audiências de custódia, nenhum racista esteve presente após o flagrante. O racismo das práticas imateriais acusou jovens negros usuários de maconha de serem traficantes. Também não observei prisões de agressores de mulheres, porque juízes, defensores públicos e promotores não apenas compartilham da mesma percepção patriarcal, como também acreditam no excesso de punição quando o assunto é violência de gênero.

Por sua vez, as pesquisadoras negras evitam mostrar que, ideologicamente, o europeu provoca o feminicídio, a violência e o estupro. Contudo, na sociedade de classes, seria ingênuo acreditar que homens brancos estão próximos às mulheres das classes trabalhadoras, assassinando-as. A verdade é que do ponto de vista político e acadêmico, é dada mais importância à raça do que ao gênero, por isso os abortos clandestinos, os estupros dentro de casa, as violências psicológicas que levam ao suicídio e ao abuso no uso de substâncias, todos esses problemas vividos por mulheres negras não são tratados como problemas da comunidade negra.[54]

As mulheres negras protagonizam a luta de mães, irmãs e filhas contra a violência policial, embora na encruzilhada do racismo capitalista patriarcal elas próprias arrumem as condições de, sozinhas, defenderem a si e os Outros. A agenda colonial produz a descredibilidade de existência e de saberes de inúmeras formas, como também produz a morte, seja ela física, seja ela simbólica, através do extermínio ou do desvio existencial.[55]

O crime é a conduta pela qual provocamos dolo aos valores organizados do ponto de vista moral, ético-político e ancestral de determinada sociedade. Fu-Kiau explica a importância da carga ideológica linguística das sociedades modernas contrapostas às sociedades africanas. O homem moderno "comete um crime", mas na cultura kongo, diz-se *Nata n'kanu*, que significa "carregar um crime". Os bantu-kongo cometem um crime

FONTES TEÓRICAS

manifestando os padrões sociais de onde cresceram, se desenvolveram e formaram a personalidade, nas próprias palavras do autor, banhados por ondas/radiações (*minikal minienie*) negativas, bem como positivas.

Nessa perspectiva, crimes são atos coletivos. Tanto o crime quanto o criminoso são produtos da sociedade e da falha da educação no processo de iniciação (*kukânga, kukôngo* ou *kulônde*). Nesse sentido, a pensadora paulo-freiriana bell hooks provoca as instituições do saber-poder, propondo que educadores descolonizados ensinem os educandos a transgredir.

Transgredir, para hooks, é a visitação dos prejuízos da experiência ocidental, que obriga os negros a absorver conotações da língua e da separação entre corpo e mente desde a infância. Enquanto o menino negro apreendido é "menor de idade", o menino branco apreendido é "adolescente"; assim, a linguagem midiática diferencia a maneira pela qual a proteção jurídica informa a raça. Parece até simplória a distinção, contudo, a raça marca quem será protegido e abraçado legalmente por afetos institucionais e quem abandonará a escola abruptamente depois de lidar com o racismo institucionalizado no ambiente escolar devido à pouca hospitalidade costumeira. Na comunidade bantu, ensinar aos jovens qualquer palavra que tenha conotação negativa é visto como um ato de injetar raízes criminosas na própria comunidade.

A criança negra distante dos valores africanos crê, através de gênero-classe, haver mais vantagens em estar fora da escola. Acredita no papel individual de já assumir compromissos de homem da casa, onde, muitas vezes, o pai, por motivos de perseguição do Estado, se fez ausente. Sendo assim, educadores desenvolvem um papel importante, sobretudo na decodificação de condutas éticas:

> À medida que a sala de aula se torna mais diversa, os professores têm de enfrentar o modo como a política da dominação se reproduz no contexto educacional. Os alunos brancos e homens, por exemplo, continuam sendo os que mais falam nas aulas. Os alunos negros e algumas mulheres brancas dizem ter medo de que os colegas os julguem intelectualmente inferiores.[56]

"É FRAGRANTE FOJADO DÔTOR VOSSA EXCELÊNCIA"

De tal modo, segundo Fu-Kiau, roubar, matar. mentir são fatos sociais na vida de indivíduos dispersos dos valores bantu-kongo. A socialização ocidental prepara seus membros para serem inimigos do Outro. O racismo recreativo, tratado pelo professor Adilson Moreira,[57] não conseguiria esconder o sofrimento de crianças pretas chamadas na escola de "nego do bozó", apelido que inferioriza exatamente os aspectos espirituais religiosos de matriz africana. Portanto, segundo Fu-Kiau, os crimes são inimigos da conduta das sociedades e dos sistemas. A repetição de um ato criminoso mostra quanto um sistema é ruim. O crime, para os bantu-kongo, é um comportamento aprendido e é possível erradicá-lo da sociedade humana.[58]

Outros elementos que considero importantes do trabalho de Fu-Kiau dizem respeito à jurisprudência da sociedade geradora da infração, aquela que vai acompanhar a pena e onde primordialmente foram elaborados os tabus do ponto de vista ético-espiritual. O crime primordial está relacionado à questão da terra, dos bens para a sobrevivência. Ao contrário das instituições modernas, as quais admitem que pessoas de esquerda sejam ricas, o sistema social tradicional dos bantu-kongo impede pessoas ricas de assumirem instituições, acreditando que os interesses de uma classe são pautados pela mentalidade da própria classe. Na incorporação da política comunitária se constrói o pensamento sobre a base "ancestral", exemplificada no seguinte provérbio bantu-kongo: "O tapete vermelho não é solicitado, ele é auferido" (*nkwâl'aluzitu ka yilômbwangako*).

De tal modo, na filosofia dos bantu-kongo, a lei oral e as constituições tradicionais são expressões jurídicas, legais e sentenciosas utilizadas principalmente em declarações públicas para evitar culpabilidade perante a lei e condenação pública por "individualização punitiva".

Sobre a crítica à legislação penal brasileira e ao conceito de crime que realizo pela perspectiva filosófica, acredito que o Brasil prescinde da criminalização tácita e naturalizada de grupos identitários apartados

FONTES TEÓRICAS

dos direitos humanos, especialmente mulheres, negros, pessoas pobres e africanos imigrantes. A criminalização desses grupos promove narrativas de um direito penal do inimigo, no qual o legislador, influenciado por estruturas econômicas e políticas de governança, decide quais crimes vai tipificar através da lei.

A polícia, as mídias e o Ministério Público são forças ideológicas e criminalizantes das condutas desviantes, a depender do gênero, da raça e da classe do indivíduo. Segundo a dra. Denise Carrascosa,[59] o próprio legislador mascara interesses e negociações interpessoais dentro de uma "dramatização legislativa".

A criminologia crítica faz oposição direta à identidade jurídica do homem branco burguês, e para isso questiona a relação entre crimes e propriedade privada, estruturada por um sistema social e historicamente constituído. Em contrapartida, existe na sociedade disciplinar abordada por Michel Foucault uma terceira perspectiva na qual a zona discursiva do direito estabelece nomeação, demarcação e alcance de determinados indivíduos. A predefinição de tais indivíduos como naturalmente hediondos faz prevalecer a tipificação dos crimes hediondos.

Em diálogo ainda com Carrascosa, concordo que as práticas discursivas sobrepostas às técnicas de produção de posições imaginárias e sociais de sujeitos controlam as performances identitárias: "Um conjunto de estratégias discursivas e técnicas de resistência que pressionam a 'naturalização' desses lugares imaginários preestabelecidos possibilitam aos sujeitos executar performances diferenciais de produção ativa de um lugar social para si."[60]

Na modernidade colonial, os burgueses acumulam riquezas sonegando impostos e burlando direitos das massas de negros e mulheres que precisam de ações assistenciais e de políticas públicas de transferência de renda. A lógica ocidental desorganizou a ética africana, desestabilizou com leis os levantes dos escravizados, assim como os territórios de matriz africana escolhidos para a construção de mais prisões.

"É FRAGRANTE FOJADO DÔTOR VOSSA EXCELÊNCIA"

Entendo que o Brasil demorou para consolidar uma estrutura jurídica própria, o que os autores Olegário Paulo Vogt e Roberto Radünz demonstram por meio de uma abordagem historiográfica e crítica.[61] No século XIX encontrávamos as ordenações, com penas de morte e resoluções que se mesclavam aos ideais iluministas da Europa. No Império, entretanto, havia leis, como o Código Criminal de 1830 e o Código de Processo Criminal de 1832, ambos fundamentados em princípios liberais.

A "Lei de Exceção" surgiu da mescla de leis portuguesas com leis brasileiras. Ela reflete o antigo direito romano, no qual o escravizado, do ponto de vista jurídico, deixa de ser mercadoria, mas ainda tem negado o status de pessoa humana. Os libertos não podiam, portanto, ter direitos políticos nem exercer cargos públicos ou eclesiásticos. No entanto, quando cometiam algum crime, respondiam à justiça como sujeito, segundo a lei penal.[62]

Sobre a perseguição a africanos e africanas libertos no decorrer da história, a dra. Luciana Brito, na obra *Temores da África*, tratou das situações de africanos libertos em Salvador. Segundo ela, após os levantes dos malês, as leis tornaram-se ainda mais severas. Em nome da segurança e da ordem pública, houve legislação associando a tranquilidade da província à ideia de substituir o trabalho dos negros libertos por trabalho da classe trabalhadora europeia.

Quanto à segurança, a legislação e a população africana na Bahia oitocentista trazem sua virulência. Segundo a historiadora Luciana Brito, os africanos sempre usaram as leis do branco para uma agência insurgente, com produção de novas justiças, na medida em que:

> o ambiente de perseguição aos africanos e africanas libertas que residiam na Bahia teve como um dos resultados mais nefastos a implementação da lei de 13 de maio de 1835, a chamada lei número 9. O dispositivo visava expulsar os africanos livres, novos da província, reforçando a proibição do tráfico, além de deportar os africanos libertos, que agora eram con-

FONTES TEÓRICAS

siderados mais perigosos do que nunca. Por fim, a lei se encarregou de dificultar a vida daqueles que não deportados ainda insistissem em viver na Bahia, promovendo o rígido controle sobre suas vidas.[63]

Consoante ao colonialismo jurisprudente exposto, é imperativo ao Estado brasileiro, desde a promulgação da Constituição Federal de 1988, zelar pelos princípios de liberdade, justiça, ordem e impessoalidade, além de envidar esforços de controle social por via de norma penal somente quando houver lesividade ao conjunto da sociedade. A contrariedade a esse pressuposto produz o "sociocídio" cometido pelo próprio Estado que transgride e ofende o ideário democrático anunciado na declaração universal dos direitos humanos, descuida dos indivíduos tutelados em cárcere como se fossem dejetos humanos.

O Estado viola as leis, porque elas emergem das correlações de forças impostas pelos movimentos de justiça africana, jamais pela equânime vontade estatal. Dessa maneira, procede ao genocídio das categorias étnicas coconstrutoras do patrimônio civilizatório da sociedade, categorias renegadas no processo histórico. O exemplo dessa problemática cartesiana na ação repressiva do Estado está disponível no relatório da Campanha Reaja ou Será Morta(o), de 2008. No referido dossiê, as inúmeras violações de direitos da população carcerária da Bahia são minuciosamente detalhadas, apresentando dados do Cedep (Centro de Documentação e Estatística Policial). A estatística revela que dos 1.341 assassinatos registrados no ano de 2007 em Salvador, 85% das vítimas eram jovens negros na faixa etária entre 15 e 30 anos, residentes dos bairros periféricos de Salvador e da Região Metropolitana.

O documento dessa organização considera degradante a alimentação destinada aos internos do sistema prisional baiano e insalubres as condições das celas, além do descaso com a saúde dessa população que está sob a proteção do Estado e, portanto, demanda responsabilidade

"É FRAGRANTE FOJADO DÔTOR VOSSA EXCELÊNCIA"

integral em relação aos seus direitos como pessoas humanas. Diante dessas constatações, torna-se difícil reconhecer no Estado uma instância minimizadora de conflito social, pois ele perpetua a segregação racial ao recorrer a execuções sumárias realizadas pelos aparatos militares e por meio de uma política de privação de liberdade desenfreada de homens, mulheres e adolescentes negros.

A Colônia Penal de Simões Filho, presídio construído para abrigar pessoas apenadas em regime semiaberto no município baiano, apresentava situação semelhante no início dos anos 2000. A unidade prisional está inserida em um território de resistência cultural dos povos descendentes de africanos, no quilombo Pitanga dos Palmares. Segundo a Campanha Reaja ou Será Morta(o), a comunidade quilombola se revoltou contra a instalação do presídio, argumentando que nas proximidades havia um gasoduto altamente mortal proveniente do Polo Petroquímico.

A revista vexatória a que os visitantes são submetidos na entrada do presídio é outro aspecto completamente desumano, pois desrespeita os direitos anunciados pela Constituição Cidadã e pela Declaração Universal dos Direitos Humanos. Houve inúmeras denúncias de humilhações de familiares e amigos dos internos durante as visitas, mecanismo que contradiz a recomendação de execução penal e visa tão somente fragilizar os vínculos afetivos do público aprisionado com familiares e amigos. A Campanha Reaja ou Será Morta(o) relatou também o suplício na unidade prisional de Serrinha, quando homens rastafáris que cultivavam os cabelos como símbolo da identidade racial africana tiveram a cabeça raspada. A justificativa da direção do complexo penitenciário foi preservar a higiene pessoal dos internos.

Vários intelectuais e ativistas defensores dos direitos humanos criticam o regime de encarceramento. Afirmam que ele não traz benefício algum à sociedade, ao contrário, só agrava a perversidade racial de um modelo de Estado fracassado. Assim pensa Leitão:

FONTES TEÓRICAS

> O cárcere, embora nivele os indivíduos institucionalizados à condição de prisioneiros, não os torna iguais no tratamento racial dispensado pela instituição, pois o mesmo racismo evidenciado na quantidade de negros na prisão norteia a normativa racista da prisão. [...] Verifica[-se] níveis de "graduação" dos encarcerados, comprova que, a depender do delito, o tratamento concedido ao interno irá secundarizar ou privilegiar a escolaridade, a condição de classe e o pertencimento racial, tipos penais menos graves os crimes patrimoniais. Assim é possível atender à finalidade de garantir a assimetria racial, alimentando pseudoscaracterísticas dos perfis sociais criminosos, com a finalidade de impactar na credibilidade ou mediocridade das relações de poder estabelecidas no universo negro carcerário.[64]

Sobre os crimes patrimoniais, recordo que é considerado crime entre os bantu-kongo possuir propriedade que valha mais do que os bens-padrão dos membros da comunidade, pois esse desequilíbrio indica a desonestidade de retirar as condições abundantes da própria comunidade.

Ao contrário da banca de esclarecidos, intendentes, superintendentes e ministros, as questões sociais dos kongo, sejam políticas, econômicas, sejam jurídicas, são tratadas na presença da comunidade fincada no tribunal dos kongo. Está no provérbio *Kingengakiamâmbukwanâna*, que significa "não existe privacidade nos assuntos". Existem anciãos na estrutura judiciária kongo, um tribunal (mbasi-a-n'kanu) que é um corpo de justiça e instituições judiciárias de caráter público independente. O Estado não é um Deus cristão, onipotente, onisciente e onipresente para não cometer injustiças.

Acredita-se na modernidade, e que a mesma raiz que criou o capitalismo irá trazer o socialismo. Segundo Fu-Kiau, os bantu pensam que ambas doutrinas ocidentais fingem igualdade entre os cidadãos. Contudo, a raça, inequívoca, mantém a diferenciação. O capitalismo e o comunismo/socialismo, na perspectiva africana, são igualmente imperialistas e assassinos. Esses dois sistemas são a causa da insegurança no mundo, apesar do antagonismo entre eles

2.1. DO LUGAR DAS CENAS E AS CENAS COLONIAIS

Antes de situar o Núcleo da Central de Flagrantes, lócus da abordagem etnográfica onde procedi à observação participante no ano de 2019, é preciso caracterizar essa instância processual. Criada em 2013, suas primeiras instalações estavam no Complexo Penitenciário Lemos de Brito, localizado na Mata Escura, bairro de Salvador. O Núcleo ganhou sede própria em 2016, com o advento da comarca de Salvador para a realização das audiências de custódia e o monitoramento das tornozeleiras eletrônicas.

No trabalho de campo, tracei o perfil dos autuados que passaram pela Vara de Audiência de Custódia de Salvador, em 2019. Houve um registro total de 5.287 pessoas flagranteadas durante o período de coleta de informações para a pesquisa. Nesse universo, encontrei marcações de interseccionalidade que sistematizei a título de comparação e para diferençar do relatório lançado oficialmente pela Defensoria Pública em 2019.

RAÇA E COR

Fonte: Pesquisa de campo de Carla Akotirene

SEXO

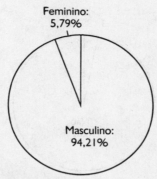

Fonte: Pesquisa de campo de Carla Akotirene

EMPREGO FORMAL

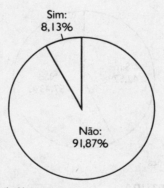

Fonte: Pesquisa de campo de Carla Akotirene

COM DEPENDENTES

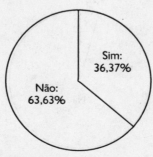

Fonte: Pesquisa de campo de Carla Akotirene

ESTUDANTE

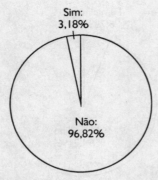

Sim: 3,18%
Não: 96,82%

Fonte: Pesquisa de campo de Carla Akotirene

PRISÃO PREVENTIVA

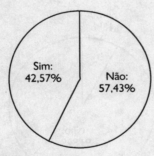

Sim: 42,57%
Não: 57,43%

Fonte: Conselho Nacional de Justiça

INVESTIGAÇÃO DE TORTURA

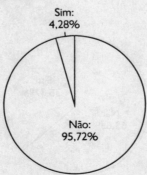

Sim: 4,28%
Não: 95,72%

Fonte: Conselho Nacional de Justiça

FONTES TEÓRICAS

DROGA APREENDIDA

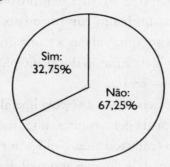

Fonte: Conselho Nacional de Justiça

ARMA APREENDIDA

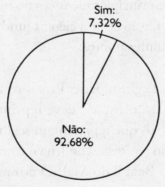

Fonte: Conselho Nacional de Justiça

É preciso demarcar, ainda, a crítica da criminologia à base intelectual fundamentada em questionar a cultura, as normativas, a valoração do princípio de legalidade, a intervenção mínima, o princípio de lesividade, a humanidade e a culpabilidade no direito penal, cujo desvio isonômico mostra a seletividade e o etiquetamento enquanto sistema de penas e também das políticas criminais. Portanto, não é intenção deste capítulo vasculhar a criminologia positivista a partir dos discursos de anomalias comportamentais ou biológicas.

"É FRAGRANTE FOJADO DÔTOR VOSSA EXCELÊNCIA"

O trabalho de caracterização quer demonstrar o chão altruísta do processo penal, quer assumir um compromisso diferente da tradição sociológica criminal, posto que, validar a teoria do comportamento desviante nos afasta da problematização dos princípios burgueses, racionais e elitistas presentes nessas teorias.

É conhecido o teor essencialista da escola liberal clássica em sua criminologia positivista. Apoiada pela inspiração tanto da filosofia quanto da psicologia, sistematiza as características biológicas e psicológicas que diferenciariam quem é normal de quem é anormal. Em *A mulher criminosa*, obra do italiano Cesare Lombroso, percebemos a interseccionalidade de raça, gênero e sexualidade que aponta a predileção de africanas e lésbicas pelo crime. Verificam-se princípios idênticos no modelo de ciência penal, que busca uma harmonização entre a ciência jurídica, o ser e a sociedade, fundamentada nos seguintes pontos:

- Do princípio da Legitimidade: Para a reafirmação dos valores e das normas sociais, o Estado deve reprimir a criminalidade de indivíduos coletivos que representam segmentos propensos a tal, dos quais o Estado reprova e condena o comportamento desviante.
- Do princípio do Bem e do Mal: O crime é um dano. Quem o comete é o ser negativo, alguém com desvio para o mal, inclinado moralmente ao crime contra uma sociedade pautada no bem.
- Do princípio da Culpabilidade: O delito é uma ação, atitude estrutural do ser reprovável. O delito tem função contrária aos valores e às normas da sociedade, antes mesmo de ser sancionado pelo legislador.
- Do princípio da Prevenção: A pena retribui o mal e previne novos malefícios após o crime.
- Do princípio da Igualdade: A decretação da pena corresponde ao mal provocado socialmente e se aplica sem quaisquer distinções.

FONTES TEÓRICAS

- Do princípio do Interesse Social e do Delito Natural: O crime é ofensa aos interesses da sociedade fundamentada no bem individual e coletivo.

Então, as audiências de custódia atestam a eficácia do novo paradigma judicial a ser sustentado no exercício de respeito à dignidade da pessoa humana, o que inclui o desencarceramento. Porque os flagranteados em liberdade provisória, assim como os presos ilegalmente e aqueles que tiveram a prisão relaxada, não carregam consigo o estigma da reincidência exponenciada. A "criminologia crítica", segundo o pensador Nilo Batista,[65] resulta da ocidentalização da experiência humana a partir do século XVIII, que realiza a administração do sistema-mundo capitalista através do direito penal moderno nas antigas colônias, agora transmutadas em favelas, junto aos pelourinhos. As penas de hoje são a readequação das penitências cristãs.

Segundo Batista, a criminologia crítica investiga em quais condições o Código Penal vai atrás de segmentos humanos prioritários, apesar de o rito extrapolar as condições de materialidade do delito e do comportamento delituoso. Isso ao contrário da criminologia crítica, que verifica o desempenho prático do sistema penal, sua missão sociológica, o fato de o direito e o sistema penal não serem correspondentes nem o direito penal propriamente escapar da aparência disciplinadora da sociedade de classes. Historicamente determinada pelo racismo e perto do seu lugar colonial de origem, a criminologia crítica não pretende investigar o discurso nem suas funções ideológicas, inclusive mente a respeito da sua pretensa neutralidade.

Quando foi instalado o Núcleo de Prisão em Flagrante, na avenida Antonio Carlos Magalhães, região do shopping Iguatemi, anexo à Central de Flagrantes, o estado da Bahia orientou que fosse cumprido o Código de Processo Penal e o pacto de San José da Costa Rica. O artigo primeiro deste prevê que toda pessoa presa, detida ou retida deve ser conduzida em até 24 horas à presença de um juiz, exercendo o pleno direito de jul-

"É FRAGRANTE FOJADO DÔTOR VOSSA EXCELÊNCIA"

gamento em prazo razoável ou de ser posta em liberdade, sem prejuízo ao prosseguimento do processo. Para cumprimento de tal efeito jurispru- dente, se consolidou uma parceria com a Secretaria de Justiça Cidadania e Direitos Humanos e o Tribunal de Justiça, com equipe multiprofissional do Programa Corra pro Abraço, a fim de atender às pessoas advindas das audiências de custódia. Essas pessoas estão estruturalmente presas a contextos de vulnerabilidade social, situação de rua e/ou usuárias abusivas de substâncias, mais vulneráveis a situações de delito.

O punitivismo é o oposto da sensibilidade política em relação aos "crimes de bagatelas", com os quais o direito penal nem deveria se preo- cupar por serem condutas incapazes de lesar o bem jurídico e quase sempre serem praticadas por pessoas famintas. A audiência de custódia permitiu à sociedade civil e política lançar olhares mais humanitários e acolhedores para pessoas que não atendem aos requisitos de prisão devido ao teor inofensivo de seus crimes, mas que permanecem no espectro de vulnerabilidade e precisam da atuação do Programa Corra pro Abraço.

No acesso às audiências durante o trabalho de campo e com os re- latórios disponibilizados pela coordenadora Trícia Calmon, observei a experiência de homens e mulheres com perfil de trabalhadores, pessoas que vivem ou estão na rua e fazem uso excessivo de substâncias, como entorpecentes. São pessoas em algum nível de degradação humana, hi- possuficientes e sequestradas pelo controle produtivo das prisões.

Chama atenção o fato de que, segundo o Relatório das Audiências de Custódia, em 60,9% dos casos de apreensão de maconha, a quantidade era de até 200 gramas, e em 44,5% dos casos, a quantidade era inferior a 100 gramas. Internacionalmente, essas quantidades não são consideradas dano social, mas, sim, consumo próprio ou "autodano". Enquanto isso, a cocaína pode ser vendida em um tablete puro por até 20 mil reais e render até 10 quilos de entorpecentes agregados. Quem produz cocaína vicia os moradores de rua em crack, o que os estimula a cometer pequenos

FONTES TEÓRICAS

delitos para sustentar o problema de saúde. Apesar disso, o proibicionismo criminaliza o uso da maconha.

Curiosamente, 40,5% dos flagrantes se deram por apreensão de drogas. A maconha, isoladamente, representa um percentual de 19,2%; em conjunto com outras drogas, esse percentual aumenta para 65,5%. A cocaína, por sua vez, representa 25,4% sozinha, já em conjunto com outras drogas soma 71,6% do total. O crack, isoladamente, corresponde a apenas 2,5%.

Sobre o tema, o pesquisador Eduardo Ribeiro instiga maior investigação epistêmica ao analisar o proibicionismo sob aspectos do combate ao comércio e ao uso de drogas. No contexto real da necropolítica, o discurso proibicionista é um poderoso instrumento que faz pessoas negras, sejam usuárias, traficantes, policiais, sejam familiares, perderem a vida. Além do mais, segundo explica o ativista acadêmico, o proibicionismo aumenta a demanda do mercado ilegal, gera maior circulação de armamento e mais ilegalidades, em nome do controle da substância por grupos. Na contramão da ética *ubuntu*, o uso de substâncias individual cria repercussões em uma coletividade desinteressada em promover o reequilíbrio das relações de confiança e descriminalização.

Portanto, é indispensável reafirmar o valor político da audiência de custódia, junto ao Conselho Nacional de Justiça e do Tribunal de Justiça da Bahia, entes formais responsáveis por efetivar a Vara de Audiência de Custódia em 2019, resguardando consigo a resolução que criou o Núcleo de Prisão em Flagrante em 2011, com a instalação dois anos depois. Ou seja, os dados estão consolidados, a partir de 2016.

Compreendi, durante a interlocução no campo etnográfico com o dr. Antônio Alberto Faiçal Júnior, juiz de direito do Tribunal Regional da Bahia, que acompanha e preside as audiências de custódia desde 2013: a Bahia é embrionária na prática da audiência de custódia. Essa política foi implementada quando ainda nem se falava desse instituto processual e sequer havia sido cunhado o nome para a ritualística de apresentação da pessoa custodiada ao juiz.

"É FRAGRANTE FOJADO DÔTOR VOSSA EXCELÊNCIA"

Desde 2013, a estrutura de audiência de custódia resguarda em si certa vanguarda nacional. A audiência de custódia é realizada na presença do Ministério Público e da defesa da pessoa flagranteada. Caso esse flagranteado não tenha advogado, no momento da lavratura do flagrante terá direito, obrigatoriamente, a um defensor público. Como pude perceber, a atuação desse profissional é qualificada e superior à do advogado constituído.

O procedimento segue uma ordem. Primeiro dois servidores recebem os flagrantes e iniciam o preenchimento da planilha. A autodeclaração de raça/cor é uma das informações registradas. Todas, marcadamente identitárias, são coletadas na presença física da pessoa assistida, enquanto um terceiro servidor cadastra os dados no SIGAD (Sistema Interno de Gestão de Atendimento da Defensoria Pública da Bahia), monitorado pelo Ministério da Justiça. O meu acesso foi em tempo real, porque iniciei o campo no período de consolidação dos dados, entre 2016 e 2019, após a implantação do Núcleo à Vara de Audiência de Custódia.

Como sabemos, é quase impossível tratar de uma realidade moderna colonial sem utilizar a ferramenta interseccionalidade, que na teoria crítica feminista de raça favorece o entendimento sobre condutas jurídicas no contexto de racismo e sexismo institucionais. Sendo assim, no tocante à identidade de gênero, tivemos em 2019 um total de 5.153 prisões em flagrante, das quais 4.804 foram autos de prisão de homens e 349 de mulheres. Não que as mulheres sejam menos sujeitas ao cometimento de delitos. Os flagrantes, porém, geralmente acontecem no espaço público, lugar previsto para homens segundo a tradição patriarcal racista capitalista, assim como mulheres negras são destinadas ao trabalho doméstico.

Os trabalhos que desenvolvem as atividades ilícitas, embora sejam importantes para a cadeia produtiva da contravenção, apesar de proporcionalmente flagrantear mais homens, é extremamente desfavorável para as mulheres negras jovens e pauperizadas que não têm capital suficiente

FONTES TEÓRICAS

para negociar a impunidade com os policiais. A quantidade de prisões preventivas decretadas em 2019 foi composta por 93,2% de homens e 6,8% de mulheres. Desse total de pessoas, 310 eram autodeclaradas pretas ou pardas e apenas 9 autodeclaradas brancas. Em termos percentuais, as mulheres negras jovens na faixa etária de 18 a 29 anos representam 97,2% do total de mulheres.

Importa observar que os negros constituem a soma de pretos e pardos, segundo o Instituto Brasileiro de Geografia e Estatística (IBGE). A meu ver, a planilha erra metodologicamente. Primeiro, ao unir negros e pardos, pois em algum momento da coleta de cor e de raça a cor preta foi confundida com raça negra. Nesse sentido, a pesquisa acaba por não demonstrar as nuances do "colorismo", termo cunhado em 1982 pela escritora Alice Walker no ensaio "If the Present Looks Like the Past, What Does the Future Look Like?" [Se o presente parece o passado, com o que parece o futuro?], assentada no argumento de que a sociedade racista opta, preferencialmente, por discriminar as pessoas negras de cor preta seguindo uma gradação de humanidades mais ou menos pigmentadas.

No item de autodeclaração racial, evidencia-se a seletividade que desfavorece os negros quando comparados aos brancos. O intergrupo não delineia, no entanto, as condições coloristas dos flagranteados, junto às condições coloristas de absolvição. Seria interessante revelar se há uma diferenciação, sobretudo se temos um total de 4.428 negros presos em flagrante, ou seja, percentual de 97,8% do contingente atendido.

Na apresentação do relatório, os dados foram desagregados e ficou visivelmente comprovado que quanto mais escuro se é, menos chance se tem de passar pela audiência de custódia – basta analisar os índices de violência letal por cor desagregada. A liberdade provisória aconteceu para 50,0% dos negros e para 49,0% dos autodeclarados brancos. É preciso dizer que, na prática, o Ministério Público reconhece que os brancos têm mais condições de se ausentar da comarca em virtude da condição de classe, além de, nesses casos, admitamos ou não, os negros não oferecerem risco à sociedade nem à ordem pública.

Além disso, houve 41,4% de prisão preventiva decretada para negros em situação de custódia e 33,7% para brancos. Em 7,1% dos casos, o custodiado branco conseguiu a prisão relaxada, diferentemente da situação de 5,8% dos indivíduos negros flagranteados. A maioria desses flagranteados tem ensino fundamental incompleto, o que nos leva a crer que a escola afasta os adolescentes do ambiente escolar, marca-os racialmente durante a idade mais vulnerável ao cometimento de infrações e prescreve a realidade da classe de trabalhadores precoces. É como diz Zaffaroni:[66] *Pena é o castigo incabível ao inimputável.* Dos 1.590 flagranteados, 448 já tinham concluído o ensino médio. Encontramos em 2019 o perfil de 93,2% dos flagranteados correspondente à identidade de gênero masculino. Os negros representavam 97,8% deste total; os jovens, 65,3%; pessoas com ensino fundamental incompleto, 53,3%; e com renda mensal até dois salários mínimos, 98,6%.

A racialidade aparece mais fundamentalmente quando verificamos que foram policiais militares os responsáveis pela condução dos flagrantes em 4.489 casos, o equivalente a 87,1% do total. Os policiais civis foram responsáveis, em 2019, por 485 prisões, ou seja, 9,4% do total. Intriga-me constatar que, apesar de o crime de trânsito ser aberto às imputações penais, os registros de flagrante sejam tão baixos quando comparados a outros crimes. Enquanto foram registrados 2.152 casos de crimes contra o patrimônio, isoladamente ou em concurso (41,8% do total), 2.068 casos da lei de drogas, isoladamente ou em concurso (40,1% do total), 145 casos do estatuto do desarmamento, isoladamente ou em concurso (2,8% do total), 138 casos do código de trânsito brasileiro (2,7% do total) e 228 casos de outros crimes (4,4% do total), os agentes de trânsito só efetuaram a prisão de 10 flagranteados, prisões que resultam de negociação da qual participa raça e classe.

FONTES TEÓRICAS

A Polícia Militar, majoritariamente, e a Polícia Civil, em escala menor, foram responsáveis pelo maior número de lesões que violaram a humanidade dos custodiados: 1.292 pessoas sofreram lesão no auto da prisão. Dessas, 1.164 afirmaram poder identificar quem teria sido o responsável pela lesão. Os policiais militares foram identificados em 939 lesões e os policiais rodoviários, mais uma vez, foram responsáveis por apenas duas.

Em suma, resolver o problema judicial em sua natureza estrutural desumanizadora demanda a análise das condições do flagrante, não raro resumida à apreciação burocrática de papéis. Um dos meios eficientes de favorecer o fracasso institucional no atendimento de uma população racialmente desfavorecida é fazer uso dos expedientes nos quais documentos são olhados a bel-prazer do operador do direito. Ali é decidido (ou não) se a função deve ser interrompida ou continuada, se a solução do caso vai demorar ou ser abreviada.

Antes da audiência de custódia, a pessoa era presa pela Polícia Militar na rua e levada à delegacia de Polícia Civil, que lavrava o flagrante e tinha 24 horas para comunicar ao Judiciário. Nessa sistemática, a comunicação finalmente chegava ao fórum criminal, que, por sua vez, passava a papelada admitida pela burocratização de vidas, enquanto a pessoa pobre e negra ficava presa numa delegacia. Somente em um momento posterior a papelada era transformada em processo digital e então era sorteada a vara que cuidaria daquele processo.

Depois, o cartório imerso em outras papeladas poderia, de repente, localizar o processo de auto de prisão em flagrante e expedir para o juiz o chamado "concluso", que destina ao juiz a apreciação daquele auto de prisão em flagrante, para só então ser despachado o relaxamento do flagrante. Caso contrário, o Ministério Público passaria a acolher os recebidos até reunir de novo as condições do seu parecer.

Em seguida, o despacho do processo ficava refém do fluxo de trabalho do promotor e do cartório. O cartório, dentro das suas diretrizes de impor-

"É FRAGRANTE FOJADO DÓTOR VOSSA EXCELÊNCIA"

tância burocrática, dava o comando para que o promotor se pronunciasse no processo. Toda a lógica antinegros compunha o itinerário de "manda esse papel para o juiz de volta", sendo necessário constituir o defensor e o juiz que decidiria em manter a pessoa presa ou conceder-lhe a liberdade.

Todavia, mesmo que a liberdade fosse concedida, a decisão do processo retornava ao cartório onde seria localizado o processo e expedido o alvará de soltura que voltaria para as mãos do juiz. Após a assinatura dos documentos, eles são enviados ao oficial de justiça de plantão. Em seu turno, o oficial iria à delegacia que fez o flagrante para soltá-lo. Caso a delegacia não tivesse contrato de alimentação, o custodiado, no limite da dignidade, seria transferido para outra delegacia ou para um presídio com o propósito de fazer uma refeição. Com a reestruturação da lógica, o auto de prisão em flagrante passou a permitir que a pessoa custodiada fosse encaminhada até o núcleo de prisão em flagrante, que funcionava no anexo da Cadeia Pública, no complexo penitenciário da Mata Escura.

O flagranteado agora passou a ser apoiado em seu auto de prisão em flagrante. Dali mesmo, o auto da prisão em flagrante é convertido em processo e registrado no sistema, quando o juiz, o promotor, o defensor público e os advogados decidem de maneira conjunta o destino daquela pessoa. Se houver a conversão do flagrante em prisão preventiva, a pessoa custodiada já adentra o sistema prisional e não volta para a delegacia.

Sem dúvida, as audiências de custódias favoreceram o esvaziamento de locais improvisados para depositar pessoas inocentes ou não, contribuindo para acelerar respostas judiciais e a encurtar o tempo de prisão. Antes da audiência de custódia, pessoas permaneciam presas por, no mínimo, quinze dias, conforme me informou o juiz do Tribunal de Justiça da Bahia, proponente formal da resolução que criou o Núcleo de Prisão em Flagrante, em 2011, instalado efetivamente em 2013.

As audiências de custódia permitem que seja problematizada a prática comum de prisões arbitrárias. O desafio para as comunidades flagranteadas

FONTES TEÓRICAS

está no processo que as pessoas respondem, ainda que as prisões sejam consideradas ilegais. Pelo menos, os policiais responsáveis pela prisão em flagrante, ou os que estejam envolvidos na investigação, não podem fazer parte da audiência de custódia. Antes de ser apresentado ao juiz, o flagranteado tem direito ao atendimento reservado e confidencial com seu advogado constituído ou com o defensor público. Com base nas competências do Ministério Público e da Defensoria Pública, o custodiado não precisa ficar algemado durante a audiência que deverá ser gravada, entretanto, o uso das algemas é frequente.

A conduta do juiz tem impacto na realidade prisional, porque ele é quem decide pela liberdade provisória da pessoa flagranteada, podendo favorecer o desencarceramento. A audiência de custódia visa exatamente evitar a superlotação do complexo penitenciário da Mata Escura. Ademais, no estado da Bahia, há quase 15 mil pessoas privadas de liberdade, isso quer dizer que a Bahia supera a média nacional em número de presos provisórios, que é de 40%. Com efeito, o juiz da vara pode decidir pelo relaxamento de uma eventual prisão ilegal[67] por meio da liberdade provisória, com ou sem fiança.[68] Outra alternativa à prisão está nas medidas cautelares diversas, como, por exemplo, comparecer no prazo e nas condições fixadas pelo juiz para informar e justificar atividades, não ausentar-se da comarca e se recolher em casa à noite.[69] Há, ainda, a possibilidade de encaminhamento dos delituosos assumidamente dependentes de substâncias para o Programa Corra pro Abraço.

Ao entrevistar a pessoa flagranteada, é de praxe que, durante o rito, o juiz da Vara de Audiência de Custódia averigue as condições de apresentação da pessoa flagranteada no quesito tortura, tratamento cruel, desumano ou degradante, bem como doenças prévias. Torturar a pessoa custodiada viola a conformidade da prisão, apesar de ser comum na Bahia que a pessoa custodiada informe, na presença do Ministério Público, a

"É FRAGRANTE FOJADO DÔTOR VOSSA EXCELÊNCIA"

frequência de tais violações. O promotor geralmente pede para ver os sinais de tortura. Durante o trabalho de campo, pude perceber a falta de registro fotográfico e/ou audiovisual dos relatos de tortura dos custodiados. Da mesma forma, observei a falta de sustentação da denúncia do flagranteado por receio de sofrer represálias.

Segundo a legislação, para efeitos legais, a tortura é materializada:

i) quando a pessoa custodiada tiver sido mantida em local de detenção não oficial ou secreto;

ii) quando a pessoa custodiada tiver sido mantida incomunicável por qualquer período de tempo;

iii) quando a pessoa custodiada tiver sido mantida em veículos oficiais ou de escolta policial por um período maior do que o necessário para seu transporte direto entre instituições;

iv) quando os devidos registros de custódia não tiverem sido mantidos corretamente ou quando existirem discrepâncias significativas entre esses registros;

v) se a pessoa custodiada não tiver sido informada corretamente sobre seus direitos no momento da detenção;

vi) quando há informação de que o agente público ofereceu benefícios mediante favores ou pagamento de dinheiro por parte da pessoa custodiada;

vii) quando tiver sido negado à pessoa custodiada acesso a advogado ou defensor público; quando tiver sido negado acesso consular a uma pessoa estrangeira custodiada;

viii) quando a pessoa custodiada não tiver passado por exame médico imediato após a detenção ou quando o exame constatar agressão ou lesão;

ix) quando os registros médicos não tiverem sido devidamente guardados ou quando sofrerem interferência inadequada ou falsificação;

x) quando o(s) depoimento(s) tiver(em) sido tomado(s) por autoridades de investigação sem a presença de um advogado ou de um defensor público;

FONTES TEÓRICAS

xi) quando as circunstâncias nas quais os depoimentos foram tomados não tiverem sido devidamente registradas e os depoimentos em si não tiverem sido transcritos em sua totalidade na ocasião;

xii) quando os depoimentos tiverem sido indevidamente alterados;

xiii) quando a pessoa custodiada tiver sido vendada, encapuzada, amordaçada, algemada sem justificativa registrada por escrito ou sujeita a outro tipo de coibição física, ou tiver sido privada de suas próprias roupas, sem causa razoável, em qualquer momento durante a detenção;

xiv) quando inspeções ou visitas independentes ao local de detenção por parte de instituições competentes, organizações de direitos humanos, programas de visitas preestabelecidos ou especialistas tiverem sido impedidas, postergadas ou sofrido qualquer interferência;

xv) quando a pessoa tiver sido apresentada à autoridade judicial fora do prazo máximo estipulado para a realização da audiência de custódia ou sequer tiver sido apresentada; quando outros relatos de tortura e tratamentos cruéis, desumanos ou degradantes em circunstâncias similares ou pelos mesmos agentes indicarem a verossimilhança das alegações.

Dificilmente, é possível dimensionar a legitimidade das audiências de custódia no Brasil abstendo-se da Reforma do Poder Judiciário e da Emenda Constitucional nº 45, implantada em 2004, fundamentais para a implantação de políticas públicas que pudessem aprimorar a atividade jurisdicional brasileira, afastando a maioria pobre, negra e dependente de substâncias das prisões arbitrárias, das torturas policiais, dos flagrantes forjados e do encarceramento em massa justificado pelo discurso oficial de guerra às drogas. Na Bahia, entre fevereiro e abril de 2019, o Programa Corra pro Abraço estava comprometido com a inclusão social de pessoas usuárias de substâncias psicoativas, pessoas egressas de audiência de custódia e jovens que residiam em territórios vulneráveis à violência e à criminalização.

"É FRAGRANTE FOJADO DÔTOR VOSSA EXCELÊNCIA"

Ora, segundo a pensadora Michelle Alexander,[70] em termos farmacológicos, o crack é idêntico à cocaína em pó, mas a expansão varejista nos Estados Unidos a partir de 1985 atravessou o mundo e fez crescer a tendência capitalista racista de regular a força de trabalho dos homens pretos e pardos através do circuito de criminalização, prisionização e perseguições sistemáticas.

Na Bahia, segundo o Relatório do Programa Corra pro Abraço, encontramos famílias morando na praça, em barracas, tendas, casas de papelão, ou apenas em colchões e/ou papelões no chão. Não raro, são pessoas reiteradamente flagradas em delitos motivados pela dependência de substâncias, quando não apreendidas no consumo ou comércio de ilícitos.

A comunidade negra, portanto, figura em narrativas jurisdicionais que honram as leis racistas e segregacionistas estadunidenses Jim Crow, personagem preto recreativo que, segundo a dissertação da socióloga Vilma Reis,[71] *Atucaiados pelo Estado,* desloca o modelo de Tolerância Zero dos Estados Unidos. As leis Jim Crow nos Estados Unidos, até 1965, permitiam a segregação de muitos dos direitos civis conquistados pela luta de mulheres, como o coletivo da ativista Rosa Parks. Em termos legais, prevalecia a separação racial no acesso aos bens, serviços e equipamentos públicos, além da criminalização do homem negro, das suas relações familiares e comunitárias, todas dizimadas pela intensificada vergonha e a experiência de auto-ódio.

Poliana Ferreira e Ricardo Cappi analisam as práticas do racismo institucionalizado, extremamente eficientes em controlar a presença negra nos territórios:

A ideia segundo a qual a violência e o aumento da criminalidade, bem como o consequente número de homicídios, seriam decorrentes do envolvimento de jovens no tráfico de drogas é largamente propagada pelo Governador e pela Secretaria de Segurança Pública da Bahia e dis-

FONTES TEÓRICAS

seminada entre os seus agentes, incluindo os que atuam no âmbito da produção de estatísticas de homicídios. Essas ideias foram identificadas não só em falas oficiais, mas veiculadas nos instrumentos de publicidade do Governo do Estado.[72]

As penas para os pretos e pardos costumam ser severas, discriminatórias, com forte apelo punitivista. Antes que a sociedade civil e a política reconhecessem, em 2004, as tecnologias racistas patriarcais da morosidade judiciária, o diagnóstico "menos pior" da justiça atestava os gastos do Estado com a população privada de liberdade, numa sanha paradoxal de manutenção de estruturas que prometia ressocializar pessoas retirando-as do contato social. Na Bahia, se o Núcleo da Central de Flagrantes não tivesse apoio do Programa Corra pro Abraço, que presta assistência às pessoas cujo abuso de substância é reiterado, essa lógica permaneceria.

Durante o campo, participei da tabulação de dados recolhidos nas audiências de custódia entre 2016 e 2019. Chamou-me atenção a idade dos flagranteados: crianças e adolescentes negros se tornam homens cedo. Do fundamento identitário interseccional, a raça informa a maneira como se vive gênero, mas gênero também informa como a geração será vivida: se cerceada ou livre para exercer cidadania. Pretos e pardos não têm a mesma proteção jurídica assegurada aos brancos pelo Estatuto da Criança e do Adolescente (ECA). A raça cruzada com a experiência etária faz de adolescentes negros menores de idade pessoas que acumulam idas e vindas no sistema socioeducativo

Raça aparece inscrita na identidade permanentemente perseguida pelo Estado, mostrando prevalência nas demais faixas etárias, tendo em vista que implica uma geração pós-colonial perseguida pelos aparelhos repressivos. Durante o percurso desta pesquisa, 1.241 pessoas flagranteadas estavam na faixa de 31 a 41 anos de idade. Essa camada populacional não

"É FRAGRANTE FOJADO DÔTOR VOSSA EXCELÊNCIA"

pôde contar nem com o estatuto do idoso nem com o do adolescente, o que teve como consequência serem lidas como socialmente inaptas.

A esse respeito, o filósofo, jurista, criminalista precursor da teoria da criminologia crítica Alessandro Baratta[73] destaca os ritos de criminalização do negro, caçado por um sistema seletivo. A raça negra, por ser marcada na identidade interseccional, é perseguida pelo Estado, protetor dos brancos.

Ora, conforme Baratta, faz-se necessário compreendermos os efeitos do capitalismo racista patriarcal na modernidade, porque a engrenagem colonial do sistema criminal é um engodo que nunca esteve fundado no minimalismo penal. Em contrapartida, para girar no mesmo sentido punitivista a catraca da seletividade racial e proteger a burguesia de onde surgem seus delineamentos éticos, é necessário criminalizar a classe negra trabalhadora, permanecendo sobre ela a escravização pouco diferente da administração das colônias, que se baseava na vigilância ininterrupta do Outro.

A ilegitimidade de tal sistema penal se revela na crise discursiva da psicanálise, que nega o princípio da legitimidade das teorias estrutural--funcionalistas, que, por sua vez, negam o princípio do bem e do mal. As teorias das subculturas criminais negam o princípio da culpabilidade, as teorias da rotulação procuram negar o princípio da igualdade, bem como a sociologia do conflito nega os princípios do interesse social e do delito natural.

O direito penal perpetua a estigmatização e a perseguição racial colonialistas de outrora assume uma conduta segregacionista sistemática, porque, do contrário, defenderia a abolição das prisões. Sem as prisões, não é possível proteger os recursos econômicos dos herdeiros modernos. Se a colonialidade trouxe consigo o mito da democracia, da isonomia, da proporção do dolo e punição, omitiu as diferenças raciais impressas nos indivíduos recepcionados pelas instituições dotadas de hegemonia.

FONTES TEÓRICAS

A escola racista empurra o negro para a evasão. O mercado de trabalho racista empurra o negro para o ilícito. A segurança pública empurra o negro para os "autos de resistência", quando supostamente ocorre a resistência à prisão em flagrante ou à determinada por autoridade competente, normalmente aplicada quando um policial mata durante o exercício da função.

Portanto, o sistema penal tem sua própria política de afeto baseada no "etiquetamento" das pessoas, consideradas cidadãs de respeito ou pessoas de moralidade suspeita, a depender das geografias de nascimento, do local de trabalho ou da escola em que estudam. A engrenagem define como serão atendidas no sistema de saúde caso sejam usuárias de crack, postas ou não em condição sociojurídica de desvio comportamental.

O exemplo disso é que o branco baleado recebe atenção em saúde, já ao negro baleado é aplicada atenção em segurança pública. O branco tem dependência química, o negro é traficante. Para negros, não se observa o compromisso ético com suas garantias legais: não são inocentes até que se prove o contrário nem recebem as benesses jurídicas destinadas a quem desiste voluntariamente do delito ou se arrepende.

Apesar de as pessoas negras estarem deslocadas das experiências éticas, morais e filosóficas de seus ancestrais, é comum o brancocentrismo do direito criar pressupostos de punição prévia de certas condutas e contextos culturais. Os conflitos nas favelas confirmam a maneira pela qual se punem os pobres, pois as interações sociais ali são classificadas como ilícitas.

Na obra *Em busca das penas perdidas*,[74] Zaffaroni diz que o sistema penal é a manifestação do poder social, e a raça estrutura as relações. Na sua compreensão, a legalidade é um equívoco semântico, uma ficção, embora existam populações no sistema-mundo (como é o caso da América Latina) que são conhecidas pelo sistema penal que as vitima. O autor não está falando do direito penal, que é o conjunto de normas jurídicas prescritivas das sanções correspondentes aos crimes. Está falando de re-

"É FRAGRANTE FOJADO DÔTOR VOSSA EXCELÊNCIA"

gulamento penitenciário, da lei de execução penal, da polícia judiciária, das regras do código e do controle social, possíveis devido à ilegalidade, à tortura, aos espancamentos, às celas surdas, assumidamente distante do que se pode chamar de marxismo.

Creio que consegui demonstrar que uma pessoa está em situação de vulnerabilidade quando o sistema penal a seleciona e a utiliza como instrumento para justificar seu próprio exercício de poder.

Nas próximas linhas, tratarei das técnicas discursivas de perseguição racista empregadas pela polícia para o controle biopolítico durante as audiências de custódia. E gostaria de reafirmar minha hipótese: se os sistemas jurídicos se orientassem pelas epistemologias africanas, não haveria racismo patriarcal para fundamentar injustiças.

CAPÍTULO 3.
CENAS COLONIAIS

Drones, balas perdidas, tornozeleira eletrônica, terrorismo antidrogas, micro-ondas, como é conhecida a queima de arquivos de pessoas consideradas intragáveis socialmente. É da cultura ocidental causar sofrimento ao Outro. Trata-se, até certo ponto, de uma tentativa cristã militar de purificar os espíritos encarnados na diáspora africana. São as maneiras pelas quais os Estados administram as fronteiras da identidade e respondem às insurreições, atirando contra populações racializadas em seus territórios, deslocadas das tecnologias de revide yorubá, bantu, indígena, conforme explica o filósofo Achille Mbembe[1] quando trata das "políticas de inimizade".

Tanto no racismo sustentado pela estrutura moderna quanto nas identidades brancas institucionalizadas, disfarçadas em seus papéis benevolentes, fica evidente o "pacto narcísico da branquitude", elaborado por Maria Aparecida Bento.[2] Nele, as projeções do Estado Democrático de Direito tendem a camuflar as iniquidades capitalistas racistas patriarcais de servidores públicos, alternando a soberania das instâncias de controle social com o endeusamento dos operadores do direito, a ponto de termos a impressão de que o mau é realizado por um Estado abstrato, e não por pessoas.

Nesse sentido, os intelectuais do movimento Black Power Kwame Ture e Charles Hamilton endossam a existência do racismo estrutural institucionalizado e defendem que as pessoas negras devem liderar e dirigir suas próprias organizações, pois indivíduos brancos acessam instituições dificilmente alcançadas por negros. Pelo argumento dos dois autores, não importa o quão progressista é, a pessoa branca tende a não escapar da influência da branquitude e da supremacia branca.

Podemos dizer que as práticas antinegro são percebidas pelas comunidades racializadas na concretude. Assim, quando o indivíduo está fardado de policial militar, ou de paletó ou de toga, está mortificado o eu, conforme propõe o trabalho de Erving Goffmam[3] sobre instituições totais. A perda da identidade serve exatamente para que o fardado não represente a si, mas, sim, a repressão do Estado. *Grosso modo*, o filósofo argelino Althusser preconiza que o Estado é um conjunto de aparelhos ideológicos repressivos nos quais a reprodução da ideologia se afina com a soberania da classe dirigente. De maneira consecutiva, os efeitos da punição não deveriam recair no prestador de serviço individualmente.

Vejamos: a penitenciária comandada por mulheres benevolentes não torna o Conjunto Penal Feminino bom e pró-feminista. Da mesma forma, o governo de um negro burguês não será necessariamente antirracista. A missão institucional continua dirigida verticalmente pelo branco. Sendo assim, indivíduos situados em segmentos desfavorecidos contornam, aos olhos do senso comum, tão somente o identitarismo. A identidade política, por outro lado, perpassa valores ideológicos mais consistentes do que as políticas das identidades mulher, negro, trabalhador. "O homem do gueto vê o policial branco na esquina maltratar brutalmente um bêbado negro em uma via e, ao mesmo tempo, aceitar um pagamento de um dos agentes da milícia controlada pelos brancos."[4] Segundo Mbembe,[5] o resultado dessa assimetria elimina a compaixão, a piedade entre as identidades humanas dessemelhantes, jogando para essas últimas práticas desumanas que vigoram através do discurso cristão, registrado na Bíblia.

A sociedade da penitência pouco se sensibiliza com o corpo negro caído no chão.[6] Mesmo se esse corpo estiver almoçando com seus pais e filhos quando sua casa for invadida por policiais, que trancam a família no quarto e assassinam o indivíduo, alegando que entrou em confronto com a força policial.

CENAS COLONIAIS

A respeito disso, da responsabilização e da imunização da polícia que mata, destaco a obra *Justiça e letalidade policial*,[7] da advogada e pensadora negra Poliana Ferreira. Ela concluiu que existe uma "lógica imunitária" correspondente ao conjunto de práticas que garantem a circulação de informações por intermédio do controle gerencial, tendo como resultado a proteção sistêmica da organização. Trata-se de cooperações, parcerias ou colaborações entre sistemas não destinados à proteção secundária, mesmo havendo no sistema jurídico a eleição das condutas homicidas dos policiais, cujas repercussões atravessam a esfera civil, administrativa e criminal. Um exemplo cabal é a chacina do Cabula,[8] bairro de maioria negra de Salvador. Segundo Ferreira, além de não haver consenso doutrinário, sequer no tocante à reparação do dano, tampouco é oferecida assistência psicológica ou social às mães de família.[9]

Por outro lado, não se pode olvidar os servidores públicos não repressores, que também pertencem à hegemonia do Estado e atuam em uma esfera decisória da vida de quem poderia ter sido morto. Os flagranteados clamam pela sobrevida da liberdade provisória, por isso encenam performances próprias das engrenagens biopolíticas, avessas à lógica da preservação dos direitos humanos.

Nas audiências de custódia, a técnica do magistrado está longe da neutralidade. Estamos em presença do ordenamento jurídico, no qual a privação de liberdade do negro refém do racismo institucionalizado cumpre seu fim, ou seja, a impossibilidade de escapar das garras imateriais do servidor público mal-intencionado. Sem acompanhar as rotinas, o vai e vem da papelada burocrática, a destreza retórica do juridiquês, acabamos por ignorar os tentáculos do Estado nas audiências de custódia e suas práticas para administrar vidas na lógica do "biopoder".[10]

Tais mecanismos de saber-poder, segundo Foucault,[11] se concentram naquilo "que, na espécie humana, comporta a biologia, a fisicalidade amedrontada, entra na administração da vida, numa estratégia política, numa estratégia geral do poder"[12] para defender a sociedade. Protocolos de deferência e desburocratização da identidade branca podem até mesmo parecer invisíveis, dada a parametrização dos atores – defensores públicos, promotor de justiça e juiz da vara – que contracenam em nome de interesses que se opõem à cor e à classe dos flagranteados.

A força da mimetização entre iguais desestabiliza a identidade institucional sentada em cadeiras diferentes, por isso as políticas de afeto têm o respaldo da decisão favorável das brancuras no teatro de cenas coloniais. Os atores jurídicos cruzam uns com os outros nos espaços de sociabilidade correspondente à primeira classe do avião, são assíduos em reuniões da escola do filho ou em restaurantes.

Ora, para o racismo de Estado, a morte da raça ruim, da raça anormal é o que vai deixar a vida mais sadia[13] e, sabemos, a maneira de se pensar agindo é produzida por uma estruturação comportamental biotecnizada. Logo, a falta de contestação acadêmica da produção antirracista em que a crítica às branquitudes é reduzida ao patrulhamento da feição identitária nem sempre é figurada por atores idênticos que também se identificam. Provocar culpa nos brancos não faz as estruturas institucionais de opressão racial e econômica se transformarem.[14]

Nessa direção, Achille Mbembe[15] denomina "nanorracismo" as microagressões racistas que compõem os dispositivos jurídico-burocráticos e institucionais, presentes nos gestos aparentemente inconscientes realizados durante as audiências de custódia, como os comentários sobre o valor da internação do seu cachorro *poodle*, demonstrando indiferença à condição de escassez do flagranteado na cena colonial da audiência de custódia. Os bantu, de modo muito diferente, preconizam a ética do cuidado, do *ubuntu*, em que eu não te humilho sem fazê-lo a mim.[16]

Ao revisitar as entrevistas e o diário da observação, itens do escopo metodológico desta pesquisa, percebo como as audiências de custódia preservam os direitos e as garantias constitucionais de populações racializadas, que antes do advento do Pacto de San José da Costa Rica,[17]

CENAS COLONIAIS

como já mencionado, superlotavam as cadeias na condição de presos provisórios. Após décadas de inobservância à personalidade jurídica das pessoas encarceradas e ao direito à liberdade e à segurança pessoal, o Supremo Tribunal Federal (STF) finalmente reconheceu a inconformidade do Brasil. Em 2015, o Conselho Nacional de Justiça deu providências à Resolução CNJ n. 213/2015, regulamentando as audiências de custódia, que permitem ao flagranteado exercitar o direito ao contraditório para o Ministério Público e o Juiz da Vara juramentarem as oitivas frente às arbitrariedades do Estado. À Defensoria Pública cabe proteger a liberdade do flagranteado, ainda que, na prática, os atores das cenas coloniais façam vista grossa aos procedimentos em geral criminosos da polícia, os quais, sabemos, fundamentam o encarceramento em massa.[18]

Na verdade, o ato processual faz a contenção dos abusos, do racismo, das arbitrariedades e dos flagrantes forjados, cooperando com a redução do fosso em que se encontra a população negra, pobre, regulada pelo Estado Democrático de Direito. Em diálogo com o professor Evinis Talon,[19] mestre em direito penal, reafirmo que comemorar o encarceramento sem entender a diferença entre a necessidade e a legalidade da prisão torna o instrumento apenas um método de vingança para punir os inimigos, aplicando-lhes uma prisão preventiva. Segundo o professor, são escolhidos inimigos públicos ou privados, como se estivéssemos sacrificando camponeses para uma oferenda aos deuses em troca de uma bela safra de milho.[20] A audiência de custódia permite ao juiz da vara, na presença do Ministério Público, adotar medidas cautelares alternativas à prisão e, com efeito, enfraquecer a lógica do encarceramento. Cria-se espaço para, no momento da prisão, autorizar medidas protetivas de urgência contra maus-tratos a segmentos protegidos por estatutos (crianças e adolescentes, pessoas idosas, pessoas com deficiência e mulheres vítimas de violência doméstica).

Com base no Relatório de Simões Filho, dedicado ao território metropolitano de Salvador, as audiências de custódia acompanhadas pela

"É FRAGRANTE FOJADO DÔTOR VOSSA EXCELÊNCIA"

Defensoria Pública têm praticamente a configuração identitária dos autuados em Salvador: jovens homens negros, semialfabetizados, com associação ao tráfico de drogas. O fato de o flagranteado portar arma ou possuir antecedentes criminais, além de atos infracionais cometidos na adolescência, majoram o delito e dão a deixa para o juiz decretar a prisão provisória. Pretendo neste capítulo traçar o perfil dos sujeitos processuais da audiência de custódia: o juiz da vara, o Ministério Público e a Defensoria Pública. No Brasil, o Pacto de San José da Costa Rica permitiu reconhecer que há muitos elementos que fazem com que as audiências de custódia sejam subjetivas, como o racismo da política de segurança pública, somado à má-fé de policiais e obliteradas leis.

A polícia é uma engrenagem dotada de hegemonia desde o século XVII. O aparato de segurança pública conserva o papel de promover a manutenção da ordem pública, enquanto o povo que vive no território fica submetido ao poder político-econômico-administrativo do Estado. Na emenda 104/2019 à Constituição de 1988, o artigo 144 prevê que a segurança pública é dever do Estado, direito e responsabilidade de todos, a ser alcançada pelo conjunto da sociedade.

Não seria ingênuo, portanto, compreender o papel da polícia comungado com a civilidade da Europa, eufemismo que Robert Pell tentou sustentar. A força policial, na sua governabilidade londrina, deveria estar organizada em defesa da cidade, na ausência das prisões e não o contrário, já que a razão de ser da polícia é a prevenção do crime e da desordem. Entretanto, o estado de segurança se nutre de um estado de insegurança por ele fomentado e para o qual pretende ser a solução.

As drogas justificam a soberania do Estado penal, conforme argumenta a genealogia foucaultiana. Ao mesmo tempo que, motivada por elas, a polícia se torna responsável pelo fim das desordens, também ataca a população, convertendo-a em frações de comunidades tipificadas no direito penal como círculos populacionais de insegurança.[21]

CENAS COLONIAIS

A legitimidade da polícia na colonialidade moderna tem o compromisso "necropolítico" de enfrentar as organizações criminosas e atualizar a biopolítica. A morte, no entendimento do pensador camaronês Achille Mbembe, deixa de ser episódica para materializar a política do Estado autorizado a matar. É o direito institucionalizado de sequestrar a liberdade dos descendentes de africanos, invadir suas casas, manifestar a "colonialidade da vida", conceito usado pelo dr. Wanderson Flor para discutir na bioética a hierarquização de vidas. Flor argumenta que a hierarquia da dominação se institui sob o pretexto de possibilitar o caminho de desenvolvimento da vida menos desenvolvida.

Estamos falando explicitamente da perseguição policial às comunidades negras consideradas organizações criminosas. Quando, do ponto de vista jurídico, quatro ou mais pessoas realizam trabalho ordenado em territórios criminalizados pelos veículos de comunicação, o grupo passa a ser considerado facção criminosa.

Segundo o Doutor Samuel Vida,[22] a polícia baiana matou 1.464 pessoas somente em 2022. A segurança pública contraria escandalosamente a legitimidade argumentada pelo advogado criminalista Marinho Soares,[23] de empregar a força caso seja necessário e de forma comedida, uma vez que a polícia é incapaz de negociar ou evitar a autoridade truculenta como atributo aos cidadãos.

Dito noutras palavras, o uso das câmeras no fardamento policial coíbe sim a inclinação desse aparado colonial em matar pessoas negras e intimidar direitos humanos. Nós sabemos que o armamento pesado contra as comunidades negras deixa rastro de sangue por onde passa e, demanda, rastreio de tubarões institucionalizados.

Tanto direta quanto indiretamente, a organização criminosa, em tese, articula a ilicitude para obter vantagem, mas, devido à seletividade racial e ao etiquetamento penal, existem padrões criminológicos contra o gueto,

"É FRAGRANTE FOJADO DÔTOR VOSSA EXCELÊNCIA"

contra os inimigos do Estado que devem ser capturados pelas prisões e aniquilados porque desviantes, perigosos e supérfluos.[24] Alessandro Baratta[25] acredita que esses padrões de criminalização não se encerram em normas abstratas, pois se estendem até a ação das instâncias oficiais dos juízes.

A pessoa assistida pela audiência de custódia está marcada pela cor, classe e território das populações criminalizadas. Até porque, no Brasil, a corrupção acontece mediante a organização criminosa legislativa, partidária, negociada no transporte de montantes de dinheiro e cocaína, com o apoio irrestrito de magistrados associados. Em seguida, ocorre o espetáculo da prisão, da delação premiada, da ilegalidade da prisão, da impetração de recursos e da instrumentalidade linguística inacessível aos flagranteados comuns.

Ao chegar a territórios de classe média notadamente branca, os policiais evitam dar chutes na porta do cidadão, atirar para o alto, bater no rosto de flagranteados que escapam não apenas do flagrante, como também da humilhação do comando patriarcal fardado, desarmado pela máxima chauvinista do "aqui não é a favela, aqui é Alphaville". No entanto, quando a abordagem é do negro e favelado, é comum a polícia arranjar o flagrante, o juiz realizar a audiência de custódia em até 24 horas e o Ministério Público repetir a fé pública dos policiais pela condição de servidores públicos que são. A promotoria dá prosseguimento à lavratura da legalidade da prisão, assim como da preventiva ou da medida cautelar, alternativas à prisão. A nota de infâmia, no entanto, perdurará mesmo após a comprovação da inocência forjada.[26]

O Estado encarna o juiz dos inimigos racializados para distribuir poder através de políticas de criminalização e economia governamental. Para Achille Mbembe,[27] os baculejos, prisão domiciliar e instalação de dispositivos tão somente promovem a multiplicação de práticas derrogatórias, amplificando o poder da polícia.

A ordem jurídica de matar e *deixar morrer* acontece simultaneamente à participação do Ministério Público na audiência de custódia. Aliás, é

CENAS COLONIAIS

obrigatória a sua presença para adoção de condutas a favor do Estado e da sociedade, quiçá, ao promotor fica o pré-julgamento dos policiais responsáveis pela prisão e impedidos, na forma de lei, de participar da audiência de custódia. No entanto, é sabido que a polícia tem inteligência estruturalmente interligada e corporativista, como demonstra o trabalho de Poliana Ferreira, significando que os policiais presentes, ainda que não tenham participado da prisão, providenciem as represálias institucionais.

Frequentemente, encontramos cúmplices corporativos na audiência, que escutam os relatos do flagranteado sobre tortura e maus-tratos. O promotor de justiça formula perguntas constrangedoras que atendem à lógica da criminalização: Por que a tatuagem? Quanto tempo o entrevistado pertence à facção? Quais os motivos do corte de cabelo? Isso porque, na percepção da Corte, os símbolos da cultura periférica indicam pertencimento a organizações criminosas.

A esse respeito, as mesmas mídias que disseminam o descrédito das audiências de custódia vinculam o suposto heroísmo de policiais a uma programação sensacionalista focada nas periferias, como moeda de troca por futuros furos de reportagens. Por outro lado, as referidas audiências vão na contramão do interesse condenatório, em virtude de serem mecanismos de desencarceramento através dos quais os operadores do direito, promotoria e juiz da vara podem enfrentar o racismo institucional, denunciar as arbitrariedades policiais ou reiterar o compromisso dos policiais com a fé pública.

Susana Varjão,[28] pesquisadora da Universidade Federal da Bahia, demonstrou as macroviolências perpetradas pelas mídias televisivas, que hierarquizam o combate ao crime e a atuação das polícias, invalidando a oralidade da comunidade, pois é dado mais crédito aos autos policiais do que ao relato das vítimas e testemunhas. O modelo ocidental, como já exposto, fez a lógica do conhecimento moderno validar o texto escrito e recusar o entendimento africano da autoridade da palavra oral.

O saldo das vidas perdidas, após supostos confrontos e autos de resistência durante as operações militares em territórios negros, está justificado e validado por estes tipos de narrativas. Outro argumento diz que a ideologia do racismo modela a razão de policiais negros, já que por sua identidade racial não faria sentido discriminar os seus iguais. Há ainda a questão da manobra discursiva que diz sobre a manifestação da cena colonial, onde os atores e as atrizes das audiências de custódia jogam com a encruzilhada psíquica para assegurar a benevolência do homem branco. O juiz soberano estabelece a dicotomia maniqueísta entre a escrita do policial e a oralidade do negro flagranteado, sobretudo porque este fala "pretoguês", conforme nomeia a pensadora Lélia Gonzalez,[29] e é, por isso, infantilizado, considerado incapaz de falar por si, só sendo ouvida a defesa ou a acusação da branquitude detentora da língua jurídica.

Além dos conceitos que já tratei até aqui, alguns foram indispensáveis para a análise das entrevistas: a branquitude, a brancura e o embranquecimento, elaborados por Du Bois em suas obras. Para definir melhor a identidade branca, apoio-me na percepção da dra. Maria Aparecida Bento,[30] que descreve o "pacto narcísico da branquitude". Me remeto também à psicóloga Grada Kilomba[31] que se dedica à análise, por meio do diagnóstico das fantasias coloniais de pessoas brancas.

A afrocentricidade, conforme descrita por Molefi Kete Asante, ampara a estrutura e a cognição dos descendentes de africanos submetidos a cenas coloniais nas seguintes pressuposições:

i) localização do fenômeno interseccionalidade política;

ii) caráter dinâmico multifacetado do tempo, ancestralidade e intenção epistemológica da pesquisadora;

iii) exame das palavras, das estruturas econômicas e culturais visando romper com posicionamentos estigmatizantes dos flagranteados;

iv) poderes atrás das narrativas e projeções branco-jurídicas;

v) forças institucionais, governos e discursos das atrizes e dos atores da cena colonial da audiência de apresentação.

CENAS COLONIAIS

Seguirei na análise das entrevistas a mães de família, categoria discursiva que desenvolvi durante o campo, com base na afrocentricidade e na perspectiva decolonial feminista negra, tecendo críticas às relações de poder escondidas atrás da categoria mulher. Investigo até que ponto as mães de família estão mais próximas das perspectivas africanas que das perspectivas negras feministas.

Jin Haritaworn e bell hooks acreditam que, ao contrário do amor – ação política baseada na resistência à dominação supremacista branca –, o ódio tem sido mais analisado em discussões antirracistas e feministas sobre opressão patriarcal capitalista. Atenta à preocupação das autoras, verifiquei nas cenas coloniais das audiências de custódia a importância da interseccionalidade como uma sensibilidade amorosa da pesquisa anticolonial para ressarcir as mães de família dos seus significados epistemológicos não ocidentais.

É suficientemente reconhecido o pioneirismo dessas mulheres na diáspora, são forças ancestrais basilares representativas do feminismo negro no Brasil. Se inscrevem no continente africano apesar do tráfico transatlântico de pessoas africanas para as Américas. São identidades e cosmogonias que ignoram binarismos como público/privado, masculino/feminino, espírito/corpo, razão/emoção, entre outras dualidades e narcisismos geopolíticos da Europa. Infiltradas nas instituições austeras, mães de família são intelectuais com conhecimento para transmitir teorias, experiências e dinâmicas territoriais. São tão fortes quanto os homens, dão conta de raça engendrada, estruturada pelo sistema–mundo moderno colonial, rompendo com as noções de feminilidade branca.

A pedagogia engajada de bell hooks reafirma a ética amorosa, pois o amor é maior que a noção romântica de sentimento. O amor é ação política revolucionária que nos leva a potencializar o espírito africano. Do ponto de vista da pedagoga, amor é a combinação de cuidado, compromisso, conhecimento, responsabilidade, respeito e confiança.

"É FRAGRANTE FOJADO DÔTOR VOSSA EXCELÊNCIA"

A meu ver, parece adequado dizer que mães de família amam seus filhos. Independente de serem irmãos ou maridos, elas tratam a todos por *filho* e, em nome deles, enfrentam a polícia; contratam advogados particulares, mesmo sem ter condição financeira para isso; submetem--se a revistas vexatórias; expõem-se em programas sensacionalistas de televisão para defendê-los; estabelecem rotas de busca ativa em Institutos de Medicina Legal, delegacias, hospitais, pontos de desova; são sistematicamente agredidas por policiais. Na comunidade são chamadas de "correria". Numa leitura marxista, são sabedoras de que podem ser expropriadas em qualquer esquina a qualquer momento. Mãe de família, neste caso, não é necessariamente a mulher que pariu, mas aquela que, por ética amorosa, cuida, toma conta, dá assistência e proteção, ocupa-se da criança, mesmo que seja de outra mãe que precisa trabalhar ou o caso da maternagem das crias da patroa branca, assim como as mães pretas na escravização, sem que lhe sobre tempo para os próprios filhos. São mulheres com potencial identificado pelo Estado, a ponto de inspirá-lo, no âmbito Federal, a criar e implementar, em 2007, o programa *Mulheres da Paz*, Programa Nacional de Segurança e Cidadania (PRONASCI), para capacitar mulheres atuantes nas comunidades a mediar violências que envolvam jovens, drogas e questões de gênero, sob a égide do "empoderamento feminino".

A assertividade da crítica de Oyèrónké Oyěwùmí permite definir mãe de família não como esposa presa ao ambiente doméstico. Para a mãe de família inexiste o ritual de ser filha, esposa e mãe por ritos de passagem de quem serve ao pai, ao marido e ao filho. A mãe de família independe do corpo heterossexuado, transcendendo os contornos da família nuclear. Sob uma apreciação psicanalítica, mãe de família não está organizada na perspectiva da sexualidade, do desejo, não passa por complexo de Édipo, pois o marido ou o filho, tão logo submetidos ao racismo patriarcal, tendem à morte pela polícia.

CENAS COLONIAIS

Mãe de família não é esposa, sua identidade extrapola o casamento como contrato sexual. Apenas no Ocidente o papel de mãe depende de seus laços sexuais com um pai, mas a importância deste fato para a perspectiva ocidental se relaciona aos interesses do Estado penal que diz "pai faz, mãe cria, a polícia da Caatinga mata", máxima estampada em veículos oficiais da polícia baiana. De acordo com Oyèrónké Oyěwùmí, *Iya* – no português, maternidade – é a categoria mais estruturante e fluida em termos sociais, políticos e espirituais. Diferente das categorias de gênero ocidentais, que são apresentadas como inerentes à natureza do corpo e operam em uma dualidade dicotômica masculino/feminino, homem/mulher, em que o macho é colocado no lugar de superioridade. Quando realidades africanas são interpretadas com base em conceitos ocidentais, acontecem distorções, mistificações linguísticas e, muitas vezes, total falta de compreensão das categorias e instituições sociais africanas.[32]

As epistemologias ocidentais difundiram conceitos, ideias e linguagens de maneira hegemônica, restringindo o significado africano de "mãe" aos discursos locais, para assim negar experiências de maternidade e parentalidade negras. Esta percepção provocou a pesquisadora africana Oyěwùmí a, desde o mestrado, afirmar que sexo, como categoria histórica, é recente para o povo yorubá e tem aplicação particular durante a colonização europeia. Com efeito, ao diferenciar a localização da figura da mãe para as diferentes civilizações, sem desconsiderar a aplicação de gênero global nos saberes construídos contra as mulheres, Oyèrónké Oyěwùmí compreende que os conteúdos biologizantes criaram a dominação masculina e patriarcal no Ocidente. Ela se dedica a explicar que a mulher africana nunca foi o outro do homem, os insumos desta hierarquização identitária se deram a partir da colonização e do macropoder sobre os territórios locais. Em todas as suas obras, a autora demonstra exaustivamente que gênero não serve para explicar como a fêmea se torna mulher e mãe. Ela introduz o conceito de matripotência (o poder da maternidade) como lente através da qual é possível apreciar e entender a epistemologia yorubá.

"É FRAGRANTE FOJADO DÔTOR VOSSA EXCELÊNCIA"

A construção da maternidade pelo arquétipo de Oxum, iyalodê, iyabá, indica uma mudança epistêmica na diáspora. Ou seja, só na diáspora africana "mãe", inscrita por uma feminilidade branca de gênero, no limite do epistemicídio, é reduzida à "mãezinha", à identidade de quem é frágil, de quem vive para o outro e não com os outros.

Em África, na sua diversidade, a hierarquia socialmente construída é vista como recurso transponível. No território yorubá, os contextos de idade e geração variam, além de anatomia do corpo e gênero estarem dissociados no referido sistema hierárquico. Os privilégios são distribuídos de acordo com a antiguidade espiritual, pouco interessa se o corpo é jovem ou velho; o ponto de vista biológico definitivamente não produz poder cultural.

Na diáspora africana no Brasil, a mãe, iyalorixá, carrega os valores ancestrais e culturais ressignificados a partir de África, e esse poder é construído, pois não é nato. A mulher torna-se mãe ao realizar "união estável" com a ancestralidade, seus filhos não nascem apenas dos laços consanguíneos. Considerando que a antiguidade é posto que se adquire na família de ancestralidade, os mais jovens um dia alcançarão postos de maior prestígio com o tempo de iniciados na configuração familiar do candomblé. Nesse sentido, no desenho ético-filosófico da nação *Fon*, não há mãe em oposição binária e complementar ao pai, como quer o modelo de família ocidental nuclear. Mães de família existem independentemente do estado civil e da sexualidade.

A prevalência matriarcal no candomblé não significa, no entanto, que os homens das família de axé não exercem o patriarcado. Até porque estaríamos limitando as iyás ao propagar a ideia de que essas mães não precisam de proteção, assistência, amor, já que são autossuficientes, poderosas e guerreiras. Sabemos, na verdade, que se trata de um engodo; afinal, segundo Grada Kilomba, a mulher negra é "o outro do outro".

Logo, o acolhimento masculino acontecerá em decorrência da iniciação hierárquica feita naquela cultura familiar, precisando, sem dúvida,

CENAS COLONIAIS

de dedicação em pesquisa sobre como então a dominação masculina se configura posicionada nesse arranjo pulverizado de poderes que, logicamente, faz os homens com cargos religiosos importantes reproduzirem a masculinidade patriarcal hegemônica dentro dessas comunidades.

Para Oxum e para as epistemologias africanas diaspóricas, o macho não é a norma. Dentre as iyabás, Oxum foi a que conquistou todo o respeito masculino sem perder a doçura, a maternidade e o dengo. A feminista Sueli Carneiro chama atenção para o fato de que, embora Oxalá use a cor branca, ele põe nos cabelos a pena vermelha, *o ekódidè*, em homenagem ao sangue menstrual, símbolo da fertilidade e da concepção. A dominação masculina, segundo adverte, não se explica pela inferiorização da mulher, mas pelo reconhecimento das potencialidades, como acontece com o protagonismo das mães de família. A coroação epistemológica do feminismo só pode ser consagrada quando forem reconhecidas as iyabás, as matriarcas das famílias de candomblé e as mães de família. Sotunsa Mobolanle Ebunolwua, Oyèronké Oyèwúmi e Ogundipe-Leslie são intelectuais importantes da epistemologia afrocentrada, bem menos valorizadas no campo teórico decolonial do que os pensadores homens. As obras delas se aproximam um pouco da "sociologia da imagem", de Silvia Rivera Cusicanqui, que valoriza a história oral e a recuperação das narrativas de mulheres terceiro-mundistas, chamadas em seu livro de mães de família. Ebunolwua, por exemplo, destaca a realidade de mulheres racializadas, periféricas e trabalhadoras, renovando as análises do campo decolonial. Segundo a autora:

> uma teoria autóctone africana sobre gênero deve incluir uma abordagem dialógica ou acomodacionista, uma apreciação saudável das culturas africanas, o reconhecimento da heterogeneidade destas, estratégias realistas e robustas, despidas de agressividade desnecessária, e a centralidade da família, do matrimônio e da maternidade como experiências positivas para as africanas, com base de que podemos diversificar a teoria feminista

"É FRAGRANTE FOJADO DÔTOR VOSSA EXCELÊNCIA"

para atender as necessidades específicas das africanas, em que o discurso de gênero será salvo de se tornar algo irrelevante, estático, rígido e dogmático e, assim, esperançosamente contribuir para resolver os numerosos problemas das mulheres africanas em África.[33]

Vamos ver outras perspectivas para essa questão. O campo de estudos colonialidade–modernidade acredita que a produção intelectual das mulheres racializadas está submetida, de maneira geral, ao advento da "colonialidade do saber". As mulheres negras são submetidas ao mesmo tempo às tecnologias racistas e sexistas estruturadas na "colonialidade do gênero", como resultado de trezentos anos de genocídio epistemicida desde a invasão de Cristóvão Colombo.

Unindo-se aos esforços de Patricia Hill Collins, problematizo as estruturas de dominação epistêmica do Norte global. Não fazem sentido os maniqueísmos presentes nas categorias analíticas hegemônicas. Há que se equipararem as tecnologias colonialistas ao sexismo capitalista, ao racismo do Norte global contra o Sul global. Segundo Collins,[34] o legado das mulheres negras, composto pela experiência vivida e pela localização ancestral, é um enredo da massa corporificada pelos espíritos. Assim, é o ponto de vista feminista negro que traduz os paradigmas afrocêntricos, traz a subjetividade para a memória pós-colonial, sem descolar a emoção das nossas epistemes.

Para analisar a categoria mãe de família, é necessário retomar o pensamento feminista negro em seus princípios metodológicos para reconhecer que toda e qualquer mulher negra pode ser intelectual, uma vez que a experiência vivida contra o racismo patriarcal capitalista produz "conhecimento situado". Nós, pesquisadoras, utilizamos vários recursos técnicos como instrumentos da pesquisa qualitativa, porém a história oral é especial, pois resgata as experiências e vozes das mulheres não acadêmicas frente às tecnologias racistas e vieses masculinos dominantes das estruturas penais.

CENAS COLONIAIS

Ao considerar que a escrita, na modernidade, recebe maior validade científica do que a história oral, escolhi trabalhar com a metodologia afrodescendente de pesquisa proposta pelo dr. Henrique Cunha,[35] que me permitiu criar um material revelador sobre as mães de família nas audiências de custódia.

A crítica feminista negra chama atenção para o fato de que as práticas acadêmicas tradicionais com frequência impossibilitam o surgimento de abordagens e perspectivas teóricas radicais. O coletivo Corpos Indóceis e Mentes Livres[36] é uma exceção, guiado pela perspectiva radical de ligação entre teoria e prática abolicionistas, discutindo com mulheres racializadas o lugar de exclusão reservado a elas no discurso e práxis feministas. A respeito da importância dada à episteme no pensamento feminista negro, Audre Lorde reitera que as mulheres negras vivem a filosofia do sentimento, conforme o teórico decolonial Grosfoguel[37] mais tarde sinalizou a respeito da celebrada frase "Penso, logo existo".

As pesquisadoras feministas negras utilizam vários métodos de pesquisa, apesar disso são consideradas "aquelas que não existem porque 'acham' ao invés de pensar". No entanto, todas nós partimos de críticas às distorções epistêmicas presentes nos vários campos do saber, como nos estudos sobre mulheres, gênero e feminismos. Do ponto de vista metodológico, a história oral aparece como método eficaz para resgatarmos as experiências, vozes de mulheres alheias às noções colonialistas de gênero e vieses masculinos dominantes.

A história das mulheres é, antes de tudo, interdisciplinar. Quando privilegiamos as fontes orais no método de pesquisa afrodescendente, queremos superar a invisibilização que envolve muitos aspectos da identidade da mulher africana na diáspora. "Penso, logo existo", de acordo com a decolonialidade, estrutura a lógica do "Eu extermino, logo existo". Ao citar o extermínio, o pensador latino-americano Maldonado Torres acredita que do outro lado do "Eu penso, logo existo" há uma estrutura

"É FRAGRANTE FOJADO DÔTOR VOSSA EXCELÊNCIA"

racista-sexista, a do "Eu não acho, portanto, eu não existo". A meu ver, é este o lugar de desautorização que as mães de família ocupam, por serem mulheres, por serem negras, por serem comunitárias.

Isso porque a natureza do racismo sexista vibra o epistemicídio, um projeto de apagamento de tradições epistemológicas do Sul global em nome da modernidade eurocêntrica no Ocidente. Segundo pontua Torres, descolonizar estruturas de conhecimento da universidade ocidentalizada exige reconhecer o paroquialismo do homem branco cis-heterossexual cristão militar existente desde o século XVI.

A natureza da investigação feminista negra acadêmica politiza pela insurgência, dá amostra de produção de ciência desde os saberes da América Latina e Caribe, transformadora do território discursivo eurocentrado.

Eli Bartra,[38] filósofa e pesquisadora da cultura popular mexicana, ao tratar da metodologia feminista relaciona política e ciência de modo explícito e estabelece categorias específicas a serem usadas, através das noções de patriarcado, opressão, subordinação e exploração de classe. Me reconheço nas marcas descritivas mencionadas por Bartra, admitindo que a minha identidade cis-heterossexual atravessa a pesquisa e as técnicas empregadas. O lugar de quem escreve condiciona os instrumentos disponíveis para a investigação. Eu optei pela entrevista semiestruturada por ela favorecer o protagonismo da história oral das mães de família, colocando-as no lugar de atrizes sociais na audiência de custódia, bem como no lugar de feministas negras, lideranças comunitárias e intelectuais.

3.1. INTERSECCIONALIDADE: A CATEGORIA MÃE DE FAMÍLIA

A categoria mãe de família gira a chave discursiva da modernidade colonial, suscitando o entendimento concreto das tecnologias de morte, aprisionamento e monitoração eletrônica da juventude negra moradora de territórios criminalizados.

CENAS COLONIAIS

Os aparelhos repressivos do Estado criam "imagens de controle" que naturalizam e definem os grupos excluídos do poder, responsáveis pela manutenção das violências correlatas analisadas por Patrícia Hill Collins. Ao legitimar o dispositivo de intervenção necropolítica, o Estado maneja os problemas sociais causados pelo capitalismo, fortalecendo as governabilidades que fornecem políticas assistenciais paliativas.

Ao mapear as margens de gênero e raça, a jurista Kimberlé Crenshaw[39] trouxe a localização intergrupo da identidade das mulheres que têm o fardo de viverem a experiência da interseccionalidade estrutural. São identidades situadas por avenidas de gênero e da opressão de classe, confinadas à discriminação racista-sexista do capitalismo, cujas práticas de violência começam pelo Estado.

Paradoxalmente, as mães de família são as escolhidas pela proteção social, pois se opõem às redes de ilicitudes que ameaçam seus filhos, sujeitos às "políticas de inimizades", que fazem viver permanentemente em perigo: "correm o risco de serem atingidos em carne viva por alguém, por uma instituição, uma voz, uma autoridade pública ou privada que lhes exige justificar quem são, por que estão aqui, de onde vêm, para onde vão, por que não voltam para casa."[40]

As mães de família caem na pauperização de gênero quando precisam saldar as dívidas dos filhos, quer seja com advogado, quer seja para liquidar dívidas do tráfico de drogas. Elas são personagens indispensáveis nas publicidades antidrogas dos governos, pois têm filhos sob o risco de violências letais, somadas às disputas pela economia do tráfico de drogas e ao mito da família desestruturada, carente da educação e de pai presente.

Tais mães terminam dentro de casa, quando a pauperização vem acompanhada da falta de emprego, o que abre brecha para o apelo a redes de ilicitude nem sempre escolhidas por seus filhos, vistos como menores de idade e não como crianças e adolescentes legalmente inimputáveis.

"É FRAGRANTE FOJADO DÔTOR VOSSA EXCELÊNCIA"

Diante do cenário de pauperização, mães de família devem exercer a *matripotência* tratada por Oyĕwùmí, ou seja, acessar a civilização africana diaspórica enraizada nos poderes de mãe que salda as dívidas com advogados particulares e que acompanha a audiência de custódia. Mães arrumam sempre um jeito de não perderem os filhos para o tráfico de drogas ou para os policiais. Dona Carolina de Jesus, entrevistada, explica melhor o retrato das comunidades negras ao mencionar que:

> A guarnição nº 2620, a 011, é uma perturbação no Bairro de Brotas, invadindo casa, chamando os moradores de vagabundos, mandando mãe de família tomar naquele lugar, falando vários palavrões. Eu tenho um filho de dez anos, eles pegaram meu filho, colocou no quarto, colocou a arma na cabeça, pediu para meu filho dar nome de traficante. Quem é policial são eles, eles quem têm que investigar, são eles, a gente é morador. Infelizmente a gente tá sendo mais protegido pelos bandidos do que pelos policiais. A gente tá tendo medo da polícia! Principalmente no bairro de Brotas, a guarnição da nº 2620, os policiais chegam, tudo fojados, pegam o adolescente, ou seja lá quem for com drogas, e só apresentam metade das drogas: o que eles fazem com o resto? Pegam o dinheiro, não devolve celular. Não devolvem! É obrigação deles mostrarem, mas só mostra metade, porque ficam pra eles, isso quando eles não fojam drogas nas casas de pessoas inocentes.

3.2. O PROIBICIONISMO

Não existem condições políticas de a população pobre, negra e trabalhadora escapar do Estado mínimo, nem da ação punitivista a que o excedente da população é submetido. Por ser racista e capitalista, o discurso de guerra às drogas perpetua aspectos do sistema-mundo e autoriza o

CENAS COLONIAIS

Estado e as sociabilidades humanas a matarem em nome da demanda e da oferta das mercadorias ilícitas.

Denise Carrascosa[41] postula que a lei brasileira dos crimes hediondos se sustenta na noção de que o criminoso hediondo seja sujeito à imputação penal reforçada, é identificado pelos tipos penais esboçados pelas marcas lombrosianas de "personalidade criminosa". Linhas tênues separam discursos de lei, punição, classe social e proteção da propriedade.

Acredito na tese de Luciana Boiteux[42] de que vivemos o impacto do proibicionismo no sistema e no direito penal. O modelo proibicionista de controle de drogas é racista, moralista e está amparado na administração colonial das Nações Unidas. A repressão tem como fundamento os supostos malefícios do uso de drogas, sem considerar como indígenas e descendentes de africanos lidam espiritual e culturalmente com a maconha, por exemplo. Segundo Boiteux, o fundamento da abstinência se inspira no viés branco moralista das igrejas anglicanas. O modelo procura coagir, ameaçar e punir, em especial com encarceramento.

O proibicionismo proporciona mais riscos à saúde pública do que proteção, razão pela qual deve ser substituído por um modelo alternativo mais tolerante e humanitário. Nesse sentido, Boiteux explica que os discursos médico, jurídico e militar se revestem de saúde pública.

A mercantilização de entorpecentes é considerada um dos mais graves delitos: a posse, fabricação, tráfico, importação e exportação são proibidos. Com isso, negros, africanos e latinos são flagrados com mais frequência cometendo crime hediondo. Isto leva ao aumento, para fins de controle de território dos Estados-nações, da população indesejada e do super-rencarceramento. No cárcere, as facções operam desde dentro a "sociedade dos cativos",[43] dando os contornos de poder da terceira maior população prisional do mundo, depois dos Estados Unidos e da China.

A pesquisadora Luciana Fernandes[44] concorda que a origem do proibicionismo resguarda aspectos morais, religiosos, financeiros e geopolíticos

171

a respeito das substâncias. A meu ver, são as diretrizes biopolíticas do sistema-mundo moderno que implicam a segregação e otimização dos estatutos que antecedem a colonialidade do saber, tendo em vista que a liberação das drogas produzidas pelos grandes laboratórios converge com a suspensão do comércio de drogas prejudiciais pelo "autodano"[45] e ausência de crivo científico.

Ao se tratar de economia do Norte global, Europa e Estados Unidos enriquecem à medida que a saúde e a segurança pública criam pacientes para os hospitais e internos para os sistemas prisionais, lucrando com a força de trabalho dos internos dos complexos prisionais. Saúde e segurança pública mostram os tentáculos dos saberes a serviços da colonialidade. Além disso, explica Fernandes, aumentam as técnicas de detecção de drogas e de incursão militar contra os países terceiro-mundistas, onde populações são entregues aos programas de reabilitação.

O pacote anticrime não manteve a criminalização da conduta de posse de substância entorpecente para consumo pessoal, garantindo a despenalização inscrita no art. 28 da Lei nº 11.343/2006 que não impõe pena privativa de liberdade aos usuários de drogas. Sabe-se que, por hábito, policiais forjam flagrantes, sobrepõem a lógica produtivista do racismo à realidade jurídica, que é da imputação criminosa dos jovens reincidentes nas audiências de custódia, e às redes de expropriação do consumo de drogas.

No que se refere ao tráfico de entorpecentes, o parágrafo 4º, do artigo 33, da Lei nº 11.343/2006 prevê os requisitos para a incidência da diminuição da pena. A privação de liberdade deve ser executada em forma progressiva, com a transferência para regime menos rigoroso, com diminuição de 30% da pena. Isso nos casos em que o juiz verifique que o apenado não é reincidente em crime cometido com violência à pessoa ou signifique grave ameaça. Antes dessa alteração, em caso de crime hediondo, a pessoa condenada deveria cumprir 40% da pena em regime

CENAS COLONIAIS

fechado. Hoje, o condenado preenche o requisito da progressão de regime ao cumprir 16% da pena privativa de liberdade.

Sendo assim, quando repito textualmente as garantias fundamentais assumidas por modelos de sociedade que assumem pactos internacionais de preservação dos direitos humanos, "manifesta-se a importância do contato do preso com o juiz". Se a folha de papel pode registrar os fatos narrados, pouco contém do homem e da sua real necessidade de manter-se afastado da sociedade que o condena.[46]

O Brasil importou dos Estados Unidos a promessa de lidar com heroína, cocaína e maconha, por exemplo, ao incrementar a lei com "elementos probatórios" razoáveis de conduta criminal preexistentes, ou seja, se o policial disfarçado recebesse a droga, haveria materialidade baseada na fé pública. Apesar de inúmeras denúncias reconhecerem que os policiais atuam de maneira desonesta no flagrante, fora dos parâmetros da lei e seguindo a lógica da prisionização forjada no racismo. Apesar de negar os fins lucrativos, a economia do racismo faz da pena de prestação de serviço à comunidade a continuação do trabalho não remunerado dentro da lógica de exploração da ordem capitalista.

De acordo com o historiador Henrique Oliveira, a origem da maconha é africana, empregada para uso cultural, religioso e terapêutico. A criminalização da plantação retira do negro liberto da escravização o direito à propriedade e à liberdade, simultaneamente.

> Sou mãe de Obama que foi pego na terça-feira saindo do curso. Ele foi abordado e estava com uma quantidade de drogas. Ele é usuário, mas até então a polícia disse que ele estava com uma quantidade de drogas suficiente pra ser considerado traficante. Tive que tomar dinheiro emprestado com cunhada, vizinha, pra contratar um advogado particular pra defender meu filho. Meu filho está estudando, fazendo um curso técnico, sendo que já passou o segundo semestre, ele não pode tá faltando aula, sendo

"É FRAGRANTE FOJADO DÔTOR VOSSA EXCELÊNCIA"

que ele já tá perdendo aula. Ele é réu primário, nunca foi preso, é um menino de família. A polícia abordou ele batendo, não respeita a gente como mãe, quando a gente chega aqui não temos nenhuma informação, não passa nada pra gente, como é que tá nosso filho, somos tratadas como bicho, como cachorro, um tratamento que nenhum ser humano merece. Eu preciso saber como e por que meu filho foi preso. Eu não sei se meu filho tá bem, se já comeu, nem na cela eu pude ir ver meu filho.

Lampiana, a mãe de família tão intelectual e sagaz a respeito da colonialidade do saber, vem sorrateira e eficaz diante do gravador. Tem a mesma capacidade de elaboração das denúncias que uma pesquisadora negra atenta às redes de lucro que policiais, técnicos e a Ordem dos Advogados (OAB) articulam na vara de audiência de custódia. Os advogados credenciados para serem defensores públicos interagem com as papeladas dos flagrantes na sala do órgão. São advogados selecionados e mapeados por bairros, facção e histórico de vitórias no acompanhamento de casos de flagranteados. A crença das comunidades é que o serviço pago tende a ser mais efetivo, assim como o reconhecimento da humanidade de quem se apresenta perante o juiz com advogados particulares, afastado da cena dos atores jurídicos institucionalizados. As mães de família reescrevem a oralidade, contestando as políticas de segurança pública e as políticas para as mulheres. Elas, no exercício de suas intelectualidades, apressam os passos ao estilo de "Maria da Quebrada", com a técnica nomeada pelo pesquisador Agnaldo Pereira de "metralhadora discursiva":[47]

Ontem pela manhã meu marido foi apreendido no bairro, os policiais negligentes invadiram minha casa e quebraram tudo. São uns tipos de pessoas que não procuram saber e nem fazem um trabalho certo, sai tratando moradores como bandido, certo?! Nem sempre quem mora na favela é bandido. A gente tem nossos defeitos, mora em um lugar que tem

CENAS COLONIAIS

tráfico, coisas erradas, mas nem todo mundo é errado, eles chegam quebram tudo, bagunçam tudo, principalmente a (viatura) 4820, que não roda mais no bairro de Sussuarana pelo fato deles ter baleado um inocente. Aí eles chegam, batem, quebram tudo dentro da casa, minha sogra tá lá com a casa toda quebrada. É moradora, pessoa de bem, tem casa de aluguel, é trabalhadora e é dessa forma que eles tratam? A gente chega aqui na frente da Central de Flagrantes, não tem um atendimento, é chamada de puta, vagabunda, trata as mulheres dos presos com falta de respeito. Certo que tem gente envolvida, mas também tem trabalhador, não temos um atendimento digno, não informam nada, é dessa forma que a polícia trata.

3.3. A VIOLÊNCIA CONTRA A MULHER

Dentro do campo dos estudos de violência contra a mulher, a boa ciência exige lançar mão da sensibilidade analítica da interseccionalidade. A proponente do conceito, a jurista Kimberlé Crenshaw, dedicou tempo e pesquisa acerca da política de identidade, a estrutura, os efeitos da subordinação múltipla, além de expor dinâmicas institucionais para a implementação de políticas públicas voltadas à proteção de mulheres vítimas de estupro.

A Lei Maria da Penha enrijeceu o sistema penal, contribuindo para que a população carcerária e monitorada por tornozeleira eletrônica seja composta majoritariamente por homens negros. A lei, criada nos flancos do sistema que articula raça, gênero e dominação de classe masculina, sofre intervenção política das feministas brancas, que reafirmam os valores brancos do direito. O homem negro, "no outro polo, o criado supermasculino, pode tanto tramar contra a subsunção de que é vítima, quanto desejar estar no lugar do seu senhor, tomando posse (mesmo que simbolicamente) do que foi negado. O medo, a desconfiança e o estranhamento são sentimentos constantes entre eles".[48]

"É FRAGRANTE FOJADO DÔTOR VOSSA EXCELÊNCIA"

No entanto, o movimento de mulheres admite que o tratamento judicial dado aos casos de violência contra a mulher, circunscrito pelos Juizados Especiais até 1995, era classificado como ocorrência de menor potencial ofensivo. Víamos mulheres vítimas serem tratadas como desocupadas e os autores da agressão, por outro lado, pagavam cestas básicas ou prestavam serviços à comunidade, sendo concedida economia processual e conciliação em ocorrências de feminicídio iminente.[49]

A produção acadêmica sobre a interseccionalidade, nos termos analíticos da jurista estadunidense, traz evidências de como ocorrem as análises de gênero distanciadas das relações de poder entre os sujeitos sexuados e racializados. Quase sempre é o marcador de gênero que prevalece na experiência das mulheres brancas. A categoria gênero se impõe a contragosto da diversidade das estratégias de intervenção de feministas negras, problematizada por apagarem aspectos raciais das masculinidades violentas e violentadas, que não se restringem às maneiras heterossexuais de os brancos mostrarem poder sobre as mulheres brancas.

As mulheres racialmente hegemônicas não compartilham classe ou território com mulheres negras. Por causa da subjetividade fragmentada das mulheres que têm raça e classe deslocadas nas políticas públicas, aumentam as chances de as vítimas de violência serem mulheres negras sem instrução, que frequentemente enfrentam obstáculos na hora de fazer a denúncia, receber acolhimento e lidar com as repercussões do encarceramento dos agressores. Vale lembrar que as famílias negras, desde a colonização e a escravização, trazem consigo contornos identitários diferentes das relações de poder engendradas. A africanidade, o protagonismo da mulher negra, a independência do lugar de classe e território fazem delas mulheres que reagem ao braço armado do Estado e também oferecem seus braços aos filhos quando querem afeto, seja em sua própria casa ou nas casas de família, atendendo aos filhos das patroas. Diante dos braços erguidos do homem traído, José de Palmares:

CENAS COLONIAIS

O motivo da minha prisão foi porque eu e minha ex-esposa brigamos, ela veio pra cima de mim, tentou me cortar com uma faca, lascou minha roupa, no momento de loucura eu acabei revidando as agressões. Eu sei que eu não poderia ter agredido ela pelo fato de ser mulher, mas ninguém sabe também o que ela fazia dentro de casa. Eu trabalhava, pagava as contas todas, nunca faltou nada para os meus filhos. Eu sou usuário de maconha e só, nunca tinha existido outra agressão da minha parte, só que, de uns tempos pra cá, a gente começou a brigar muito, ela queria que eu saísse de dentro de casa, só que eu não tenho pra onde ir, até porque a casa onde a gente mora foi minha mãe quem deu, eu reformei toda. Onde a gente mora, todo mundo sabe que ela tava me dando corno. Os caras ficavam fazendo hora da minha cara, me chamando de Ricardão e mesmo assim eu nunca fiz nada pra ela. No dia da agressão, eu cheguei em casa chapado, ela veio pra cima de mim com uma faca pra tentar meter, agora eu pergunto: se eu não tivesse me defendido, ela teria me matado? Era isso que eu tinha que deixar? Eu nem machuquei ela, só dei um murro pra ela se sair, só que ela começou a gritar, a jogar várias coisas contra mim, foi quando nossa vizinha chamou a polícia.

Na análise do relato do flagranteado e sua versão particular dos fatos, poderia ser aplicado o princípio legal da legítima defesa se a interpretação da ocorrência for favorável à versão do marido. "O murro", primeira medida de defesa adotada pelo suposto agredido, deixa transparecer e reverbera o quanto o homem racializado é atravessado pela cultura de violência transmitida pelo patriarcado do europeu.

Segundo Bàbáláwó Ifáyómí Adélóná Şàngówàlé Isólá Egúngúnjobi Isénbáyé, "na sociedade yorubana pensada a partir de Şàngó, a justiça vale para todos, para quem está certo e para quem está errado. Porque a dimensão da verdade, ou melhor, de certo ou errado não é valia de um sobre outro, mas de permanência e equilíbrio da comunidade".

"É FRAGRANTE FOJADO DÔTOR VOSSA EXCELÊNCIA"

A cosmologia africana dos bantu-kongo, apresentada por Fu-Kiau e Tiganá Santana, deu para mim horizontes epistemológicos e me fez sentir o prejuízo de não ter sido submetida a processos iniciáticos que reforçassem a "força vital" *muntu*. Se iniciados, todos saberiam que o crime deve ser julgado tomando as raízes que o produziram. Tanto este saber faz falta que, as pesquisadoras Carolina Medeiros e Marília de Mello[50] ao analisarem o impacto da Lei Maria da Penha no encarceramento de "agressores" e seus efeitos colaterais sobre a mulher vítima de violência doméstica e familiar, concluem que a lei não consegue dirimir os problemas domésticos. O sistema de justiça e o direito penal funcionam a partir de certos códigos e como a raça empurra as mulheres negras para a condição de desautorizadas, inclusive no que diz respeito à luta feminista. A seletividade da polícia captura o negro agressor nas ruas, baseada em dinâmicas do espaço privado, cujas vozes reproduzem a lógica do Estado.[51]

Portanto, o ordenamento jurídico reproduz violência ao solicitar a intervenção do Estado na vida privada de pessoas atravessadas por nuances que vão além das dinâmicas de sexos culturalizados, na medida em que há conflitos racializados pela ausência de capital e pela maneira de viver o corpo, a sexualidade, a expansão do território, sem quaisquer conotações com gênero e mulher, categorias ocidentais universalizadas.

A lei penaliza com suposto discurso de proteção às mulheres vítimas, usa manobras acadêmicas para criminalizar estilos musicais, como o pagode, argumentando que eles implicam naturalização da violência. Vivendo a condição de mulheres no território, mulheres negras faveladas exercitam a agência política.

Mais uma vez, recorremos a Nkosi[52] e seu ponto de vista anticolonial a respeito da construção imagética da masculinidade detentora do pênis e da fisicalidade, mas ausente do poder fálico. Trata-se do homem negro afetado pelo que, segundo o pesquisador, pode ser representado como contraponto antitético do humano: "A sua aparição quando autorizada é reduzida a uma dimensão corpórea, emotiva ou ameaçadora tal qual um King Kong descontrolado: tão grande, tão bruto, tão negro com mãos rústicas e exacerbados extintos libidinais…"[53]

A Lei Maria da Penha usa raça, classe e gênero para etiquetar e, seletivamente, culpar o incivilizado negro, viril e ameaçador, ignorando as raízes dos problemas modernos coloniais, bem como as configurações de gênero que definem as mulheres, a partir de uma ótica ocidental, como vítimas fixas, honestas. Mais que isso e de maneira emblemática, mulheres são potenciais vítimas de feminicídio, uma vez que o histórico de violência doméstica avança, sem dúvida, para a letalidade, a partir de ameaças leves e lesões corporais. "Trata-se de sofrimento que precisa ser mediado por um corpo branco, e consequentemente humano, para se fazer inteligível. É sofrimento que carece de tradução para sua completa apreensão, de medida que lhe dê proporção."[54]

Segundo Marilena Chaui, o machismo é a ideologia imersa em dominação masculina com expectativa da heteronomia, que coloca a subjetividade da mulher nas mãos do seu agressor, de modo que a marca da identidade de gênero faz dela uma vítima e também uma cúmplice. A mulher vítima de violência quer romper com o ciclo da identidade oprimida, porém nem sempre consegue romper com o agressor. A mulher negra favelada constrói sua legitimidade através de sua versão particular dos fatos, de forma a demonstrar, minimamente, o poder situacional dentro das relações assimétricas de gênero.

As mulheres vítimas acessam a masculinidade estatal armada durante o confronto com companheiros afetivos. Elas quase nunca querem ver o pai de família, companheiro imperfeito, estigmatizado perante a lei, porque muitas das relações violentas engendram comunicações sexo-amorosas entre os casais, conforme explica a antropóloga Maria Filomena Gregori em seus escritos. As práticas eróticas são empreendimentos de risco, colo-

"É FRAGRANTE FOJADO DÔTOR VOSSA EXCELÊNCIA"

cam em perigo as normas e convenções vigentes de gênero e sexualidade e, desse modo, ampliam prazeres e corpos nas suas experiências culturais.

Lógico que do ponto de vista jurídico, antes de as feministas conquistarem a Lei Maria da Penha, as delegacias acabavam por filtrar os casos que seriam encaminhados ao Poder Judiciário. Os agressores e os policiais/delegados entravam em acordo: a punição seria poupada desde que o agressor desse a sua palavra e se comprometesse a não deixar isso se repetir. Na cosmopercepção africana dos bantu, a comunidade em que um homem maltratou a filha, matou a companheira, estuprou a irmã teria problemas para formar vínculos com outras comunidades. Ninguém apertaria mais a mão de um integrante daquela comunidade, nem faria política ou estabeleceria vínculos afetivos. Enfim, quem pratica *ubuntu*, conhece valores éticos estabelecidos para além dos valores penais do Estado. Pessoas negras e africanas jamais reduzem seus conflitos a experiências privadas, conforme quis fazer conosco o branco colonizador através da instituição da justiça penal e das militâncias progressistas egóicas, que chamam os aparelhos repressivos para dentro de casa.

A escravização nos tornou posse de outros seres humanos, submetidos ao racismo patriarcal. Assim, os tios aprenderam a fazer com as sobrinhas. Acreditamos que os oborós têm responsabilidade ética por estupros, feminicídios e violências que ocorrem dentro dos ambientes domésticos. Ademais, há repercussões no céu e na epistemologia de Ogum e de Xangô, conforme descritas pelo dr. babalorixá Sidnei Nogueira.

Sendo assim, as feministas do abolicionismo penal não querem criminalizar homens negros. Estamos procurando aprofundar a produção acadêmica a partir de Lélia Gonzalez para cá, mas ainda falta instrumentalidade epistêmica para lidar com o cenário violento e desenvolver políticas públicas para prevenir e combater tais mazelas. A meu ver, está faltando iniciação filosófica em valores não ocidentais, que possibilitem

CENAS COLONIAIS

diferentes vivências da masculinidade, conforme Niyi Tokunbo Mon'a--Nzambi explicou em entrevista (ver Anexo A):

> Sendo assim, se a masculinidade do povo preto diaspórico ou não tem relação com a extensão cultural relacionada como a perspectiva espiritual sua, sim acredito em uma masculinidade oboró, tomando a palavra oboró, como relativa à masculinidade dos orixás e observado que essa masculinidade dos orixás, como também de alguns nkisis não perfaz a ideia cultural europeia sobre masculinidade. Podemos, com isso, apontar Oxalá, ou ainda posso falar com riqueza de detalhes sobre Lemba, nkisi que se confunde ora com a ideia do "feminino europeu", ora com a do "masculino europeu", fazendo uma verdadeira "festa" da contradição dessa concepção, se estivéssemos guiados por ela, por essa vertente filosófica de gênero. Mas não é o nosso caso. Lemba é cultuado ou cultuada com um jogo de gêneros tão impressionante e fluido dentro da nossa epistemologia Ndongo/Kongo que, por exemplo, na língua rejeita os marcadores comuns de gênero como os do português "o/a". Isso para nós é quase que inexistente. E como nos comportamos diante disso? Lemba come bichos fêmeas e veste saia como os orixás femininos. Tentando nos referir a Lemba aqui na diáspora, alguns dizem que Lemba é nkisi masculino, outros dizem que é feminino. Em Luanda, fala-se de Lemba como a "deusa" da fecundidade, mas, entrando um pouco mais no continente, veremos que Lemba é lido pelo colonizador como masculino e o Nkisi permanece nessa ginga, nesse jogo de leituras de gênero continente adentro e chega ao Brasil performando essa episteme de difícil leitura para "olhos" europeus. Essa faceta não é exclusiva de Lemba, nem de Oxalá, mas vemos faces semelhantes em Logun-Edé, Nvunji, Angorô. E o que falar de Exú que se redesdobra aqui na diáspora em tantas faces "femininas e masculinas" ao ponto de a língua portuguesa impor, por suas próprias regras naturais, o termo "Exua". Sim! Africanamente falando, nossa masculinidade, a nossa,

"É FRAGRANTE FOJADO DÔTOR VOSSA EXCELÊNCIA"

é revestida de uma composição que não nos torna melhores nem piores do que aquilo que nos compõe e é importante analisarmos as violências que corpos negros "masculinos" infringem sobre os "femininos" como uma realidade deplorável e como fruto dessa nova realidade a que nós, povo negro, estamos expostos desde o contato com o colonizador tanto aqui na diáspora como no continente. Nossa real estrutura de povo, nossa estrutura *ubuntu*, comunitária e de harmonia com o ecossistema é digna de admiração por todos os povos.

Já argumentei sobre a proteção comunitária dos feminismos negros, que denunciam a violência no espaço público e o extermínio dos homens negros, já que filhos, irmãos e companheiros das mulheres negras são as principais vítimas. As masculinidades oborós, discursivamente éticas, dão base para julgar o flagranteado considerando todos os marcadores socioeconômicos que atravessam a família negra.

Não é necessário muito esforço para reconhecer as formas de violência contra mulheres. Há autoras, como Cecília Sardenberg, Heleieth Saffioti e aquela que nomeia o conceito de interseccionalidade, Kimberlé Crenshaw, que se engajaram em mostrar o alcance global desse fenômeno estrutural. As primeiras delegacias especializadas em atendimento à mulher surgiram na década de 1980. No entanto, as mulheres negras não têm feito grande uso dela desde então porque, conforme nos disse a dra. Ana Flauzina sobre os atravessamentos racistas da Lei Maria da Penha, acontece com muita frequência a negação do direito da mulher negra de retirar a queixa resultante de uma denúncia. Não estou fortalecendo o argumento do "não se meter a colher", obviamente, mas a mulher negra convive com a experiência da polícia que bate na cara dos seus companheiros, dos seus filhos, dos seus irmãos e na sua própria cara, o que torna a denúncia do companheiro um processo mais delicado.

O Brasil é o quinto país de maior índice de feminicídio no mundo. O patriarcado racista está, sobretudo, relacionado ao fato de polícia,

CENAS COLONIAIS

delegado, juiz e promotores, não raro, serem cúmplices da dominação masculina. Por outro lado, é importante que dentro da luta feminista o racismo seja combatido e que, dentro da luta antirracista, a misoginia e o machismo sejam tratados. Caso contrário, essas lutas comprovarão que alimentam a própria estrutura que combatem.

A Lei de Execução Penal (LEP), de 1984, pode assegurar direitos fundamentais e correlação de forças para a maioria de negras e negros que estão em privação de liberdade. A jurisprudência, todavia, não é reconhecida socialmente com mesma validade e importância que a Lei Maria da Penha, de 2006, uma conquista das feministas brancas para proteger a identidade de gênero de Maria da Penha, farmacêutica branca que, por duas vezes, sofreu violência com tentativas frustradas de feminicídio. Ela ficou paraplégica e viu a proteção jurídica patriarcal honrar expedientes machistas do seu ex-marido, o professor universitário Viveros.

A violência contra a mulher, portanto, deve ser considerada importante na luta antirracista, na luta anti-LGBTfóbica, transversalizar as políticas públicas e ser combatida pelo conjunto da sociedade, porque mulheres de todas as classes, desde a burguesa até a moradora de rua, estão suscetíveis à violência doméstica, por exemplo. A questão é que o racismo da prisão favorece e é favorecido pelo enrijecimento da lei, como denuncia Angela Davis quando trata das feministas carcerárias.

Em tese, não deveríamos defender a luta feminista exclusivamente pedindo a prisão de homens cuja masculinidade foi sequestrada pela colonização, guardando a memória ancestral de filhas e esposas estupradas. São homens expostos diariamente ao álcool e às substâncias que acentuam assimetrias sociais. É preciso focar em estratégias pedagógicas que revisitem as masculinidades dos homens negros, porque os homens brancos negociam a impunidade e o flagrante com a polícia, já os homens negros ou são presos ou são monitorados por tornozeleiras eletrônicas.

"É FRAGRANTE FOJADO DÔTOR VOSSA EXCELÊNCIA"

bell hooks, na obra originalmente publicada em 1989, *Erguer a voz*, acredita que, devido à natureza do patriarcado, é necessário salientarmos casos extremos de violência doméstica, para fazer a sociedade confrontar o assunto. Reconhecer a traição significativa e séria para meninas com histórico de agressão física na infância, postas no ciclo dos relacionamentos íntimos que certamente causam dor. A literatura sobre a violência masculina contra as mulheres cria o rótulo de "mulher agredida", porém trata-se de um termo problemático, porque enfatiza as agressões físicas sem conectar os casos de aceitação cotidiana de abusos que não são extremos, mas sim episódios menores de violência psicológica que mulheres e homens sofrem. Segundo hooks, o termo "mulher agredida" é usado como se constituísse uma categoria isolada de mulheres ligadas a uma identidade focada nos homens. "Uma marca que põe alguém à parte em vez de simplesmente pretender-se como termo descritivo. É como se a experiência de ser agredida violenta e repetidamente fosse única característica da identidade de uma mulher".[55]

Por fim, militantes antirracismo comprometidos com a luta anticolonial devem defender políticas que revertam o comportamento masculino de violência contra a mulher e impeçam o feminicídio. É necessário e urgente experimentar estratégias para libertar ambos, a mulher da violência sistêmica do macho e o homem da prática do machismo.

CAPÍTULO 4.
A MONITORAÇÃO ELETRÔNICA

O lastro discursivo das obras foucaultianas demandam que os leitores compreendam o paradigma punitivo do "vigiar e punir" predominante na modernidade colonial. O sistema jurídico do Ocidente escolheu envernizar o martírio das prisões, quando mais recentemente substituiu a tortura assistida presencialmente pelo conjunto da sociedade pelas preliminares das audiências de custódia. O giro punitivo da Idade Média se revigorou na sociedade moderna através de equipamentos tecnológicos que filmam o espetáculo da tortura policial, viralizam as execuções sumárias com transmissão ao vivo das emissoras de televisão, ocupadas economicamente com a sessão solene da violência pública. Nas democracias, a própria ideia de humanidade da pessoa infratora aos poucos foi substituída pelo incivilizado adágio: "Bandido bom é bandido morto." A menos que esteja territorialmente localizado em área nobre, não seja preto ou que goze de foro privilegiado.

Especialmente para o africano na diáspora, a força vital do orí consciente do destino e do princípio filosófico do *Ìwà pèlè* – construção do bom caráter –, diferente do *Ìwà búrurú* – o mau caráter – se perdeu. O dr. Tiganá Santana[1] traduz o pensamento de Fu-Kiau sobre a África, ignorada do seu repertório jurídico, argumentando que a civilização africana teria condições de favorecer a construção e as escolhas de leis melhores do que as atuais.

No lugar da epistemologia de Ogum, orixá yorubá do ferro (defensor do que é justo de acordo com a ética comunitária africana), foram aplicadas tornozeleiras eletrônicas. Vejamos o que diz dona Joana:

"É FRAGRANTE FOJADO DÔTOR VOSSA EXCELÊNCIA"

Ele nunca tinha sido preso antes, essa foi a primeira vez, o dono do bar filmou a ação da polícia na hora, ele saiu do bairro sem nada e, quando chegou aqui na central de flagrantes, tinha uma mochila, que supostamente disseram ser dele. Dentro tinha maconha, cocaína, uma arma de brinquedo e dinheiro, só que todo mundo viu que ele estava sentado na porta do bar sem nada na mão. Apresentamos esse vídeo para o defensor público e esperamos que possa ajudar na audiência. Não é justo uma pessoa que só estava usando ser acusado de traficante agora, quer dizer: se fosse um branco, que morasse em um bairro nobre, a polícia não fazia nada, como a gente toda hora vê passando na televisão. Branco nunca é traficante, é sempre usuário, e, quando chega na delegacia, é bem tratado, isso também é culpa desse sistema racista, se as coisas já não estavam bem antes, imagina agora neste governo de Bolsonaro, que pobre e preto não tem vez nenhuma. Essa é nossa justiça que cada vez só piora.

O princípio da dignidade do ser humano corre sérios perigos. Notemos, o discurso de desencarceramento que proponho aqui recusa-se a acreditar que a inclusão da lei de monitoração eletrônica no ordenamento jurídico das audiências de custódia seja incapaz de benefícios ético-políticos à revelia das nomeadas "políticas de inimizade", neste país reconhecido pelo superencarceramento.

É verdade, a emergência e a consolidação da democracia vieram junto com várias tentativas, visando conter a violência individual, regulamentá-la, reduzi-la, quiçá, acabar com as suas manifestações mais espetaculares e abjetas, com golpes de reprovação moral ou sanções jurídicas. Mas o máximo que se conseguiu foi apenas velar a brutalidade das democracias.[2]

Na modernidade, o Estado cristão tenta se disfarçar de laico, transmitindo o juízo de que o poder exercido sobre os indivíduos é benevolente.

A MONITORAÇÃO ELETRÔNICA

Mas, a bem da verdade, sabemos através da leitura foucaultiana que é fantasioso declarar intenções de ressocializar a pessoa retirando-a do convívio humano. O poder disciplinar que antes era exercido pela instituição religiosa passou para as mãos do Estado.

"O pastor" deixou de fazer o sacrifício salvacionista em nome do rebanho. Noutra direção, a sociedade estatal é quem promove a passagem do poder de soberania para um poder disciplinar, visando preencher a falta daquele poder através da ininterrupta vigilância moral do campo político. Com efeito, a partir dessa "microfísica", o poder disciplinar, com artimanhas para além da raça, passou a controlar os indivíduos e a sociedade estatal. É importante reconhecer que não se trata de mecanismo de poder exclusivo do colonialismo, pois a Europa, a Igreja Católica e as elites burguesas outrora regularam conflitos com a finalidade de tornar a jurisdição eclesiástica o *modus operandi*, contrário aos Outros, sob a dependência de Estados católicos.

As Cruzadas derramaram sangue em defesa do poderio econômico militar. Desde então o Oriente se tornou o Outro do Ocidente, havendo busca de produtos dos Outros pela possibilidade de abertura do comércio mediterrâneo aos empreendimentos religiosos e à marginalização dos pobres, sábios e demais violentados pela lógica euro-ocidental. Por sua vez, as mulheres nunca escaparam das tramas, nem das penitências, nem das penitenciárias conformadas pelas noções de docilidade e disciplina dos mosteiros, contrapostas às bruxarias das infratoras em seus papéis naturalizados pela bio-lógica dos discursos de autoridade eclesiástica e estatal. A marca de gênero preveniu a ciência do pacto entre as intelectuais e o diabo, uma vez que, independentemente de a religião privatizar os conhecimentos espirituais, as mulheres conseguiram demonstrar na História o acesso lícito ao destino das pessoas igualmente difamadas e execradas da sociedade, segmentos punidos com a pena capital, segundo a lei descrita na obra *O martelo das feiticeiras*, escrita em 1484 pelos

"É FRAGRANTE FOJADO DÔTOR VOSSA EXCELÊNCIA"

inquisidores Heinrich Kramer e James Sprenger. Nela, os itinerários do direito penitente são destacados na descrição de um processo contra o crime de bruxaria. Era permitido citar nos textos canônicos o que estava afixado nas paredes da igreja paroquial e na entrada da cidade. Logo, o juramento e o interrogatório couberam às testemunhas que deveriam se comprometer a falar a verdade para o juiz eclesiástico.

Fragmentos daquela legislação inquisitorial relatam o fato de um bispo tentar exortar uma jovem à penitência dizendo que a perdoaria pelos erros. "A jovem, no entanto, virou-lhe o rosto e disse não ter qualquer esperança de perdão e que encomendasse a alma dela para todos os demônios do inferno. Assim, ela morreu miseravelmente. O bispo, porém, retornou para casa cheio de alegria e de gratidão."[3]

De fato, para nós que vivemos em *maafa*, a sociedade escravista moderna com a administração colonial marcada no corpo dos capturados é a penitência imposta pelas leis, que cumpriram os desígnios seculares do poder do soberano disciplinador. A "peia", segundo o dicionário colonial, era um instrumento com argolas de ferro encaixadas por elos de correntes que prendiam o tornozelo do escravizado, para que ele fosse monitorado. O peso da tortura impedia que esses vigiados corressem, andassem depressa, saíssem em fuga. A tornozeleira eletrônica moderniza a peia. Impõe ao negro o peso do estigma de pessoa que não pode fugir da prisão domiciliar, nem dos olhares inquisidores. Inclusive, reconhece no crime um fato social aberto para toda e qualquer identidade, com exceção dos clérigos e religiosos eleitos como parlamentares; afinal, as leis garantem a eles julgamentos realizados por seus próprios pares, protegidos pela prisão domiciliar no lugar da prisão preventiva.

Contudo, a tentativa de realizar o Estado Democrático de Direito fez as audiências de custódia cumprirem objetivos definidos. Apresentam a pessoa presa em flagrante ao juiz. Permitem a defesa. Corroboram em tese pelo desencarceramento quase sempre disposto pela ilegalidade

A MONITORAÇÃO ELETRÔNICA

da atuação policial, quando as cenas coloniais da performance jurídica legitimam as instituições do Sistema de Justiça. Distribuem poderes, no sentido de "lavar as mãos", ao sentirem a pressão vertical do Ministério Público e da opinião pública sobre a legalidade das prisões, conferindo a fé pública aos policiais executores da prisão em flagrante.

Ou seja, as audiências de custódia desencarceram e, ao mesmo tempo, veem no bojo do aprisionamento uma variante do processo penal através das tornozeleiras eletrônicas... Além de acolher certas populações constituídas de indivíduos pauperizados, criminalizados ao sinal de evasão tecnológica, pessoas suspeitas desde a oralidade do fato contado desde seu ponto de vista. Estas marcas justificam o lugar da prisão preventiva, a monitoração eletrônica desses que são lidos como inaptos sociais. Se trata de uma invasão da privacidade correspondente ao modelo panoptismo, grande olho da instituição, para manutenção da ordem pública.

Os corpos racializados continuam sendo submetidos aos expedientes da súplica e da docilização, a técnicas e instrumentos de tortura psicológica, vigilância e punição endossados pela ideia cristã de penitência. Para defender a população, mata-se a população. A menção ao direito de matar diz respeito aos segmentos alvo do racismo institucionalizado pelo qual, além de deixar viver, a cosmovisão eurorreferenciada do Estado de exceção resolve dar caráter de necessidade jurídica ao esgotamento dos problemas sociais, reconhecendo essa lei paralela, partida do vácuo, indiferente às leis nos moldes democráticos do direito. "O estado de exceção moderno é, ao contrário, uma tentativa de incluir na ordem jurídica a própria exceção, criando uma zona de indiferenciação em que fato e direito coincidem."[4]

Em diálogo com Agamben para compreender as dinâmicas de poder nas audiências de custódia, certo caráter indefinível da lei cria o efeito de ela ser uma força necessária, uma norma jurídica envolta por uma dispersão dos sujeitos encarnados, de costas para a soberania do Estado. É o juiz, em

"É FRAGRANTE FOJADO DÔTOR VOSSA EXCELÊNCIA"

última instância, dando garantia aos poderes institucionais em torno de si, movendo preliminarmente o problema do âmbito lógico para o âmbito da prática jurídica.

Pelo viés do garantismo penal e da criminologia crítica em termos de efetivação do direito, Thula Pires,[5] pesquisadora e pensadora negra, conseguiu demonstrar os principais problemas do monitoramento eletrônico. Para ela, a realidade do monitoramento constrói a imagem que denominou "grilhão contemporâneo", ou seja, uma forma de aprisionar por meio do estigma os corpos negros marcados pela tecnologia, em localidades não frequentadas por seus amigos e familiares devido à ameaça latente. Com isso, a presença do monitorado passa a ser indesejada, sem falar na perda do acessos à saúde, à vida afetiva e a tudo que o cárcere também sequestra da pessoa negra.

De acordo com a advogada, não parece razoável perguntar ao flagranteado se a tornozeleira é um mal menor do que ir para a prisão. Geralmente, a resposta de quem já passou pela prisão é sim, nada supera o terror colonial das grades. No entanto, outros aspectos deixam de ser percebidos pela comunidade acadêmica e por demais interessados nas garantias constitucionais. A gente revoga o próprio direito às garantias fundamentais da pessoa humana, ignorando as implicações do monitoramento eletrônico na estigmatização e na perda de privacidade, conforme demonstra o quadro anexo ao trabalho e as falas dos entrevistados a seguir:

> Pô, na hora da agonia, do constrangimento, a gente esquece e depois que o juiz me disse que eu ia receber a liberdade e o monitoramento, eu nem sabia que minha família tinha que tá presente com o aparelho de celular e chip que eu não tenho, eu não sabia que meu familiar tinha que saber disso, eu achava que eu ia ganhar.

A MONITORAÇÃO ELETRÔNICA

Jovens negros desamparados pelo Estado, usuários de substâncias, sem condições para serem monitorados, ficam provisoriamente presos por semanas na Central de Flagrantes e os familiares sequer são informados.

> Eu tô com a mesma roupa, quando vai alguém embora, eu peço a roupa e troco com eles, aí a gente troca, um ajuda o outro, às vezes quando vai pra audiência, mas tem uns que deixa aí pra mim, aí a gente troca, eu já tenho 15 dias já aqui.

O próprio fundamento da intimidade do sujeito que, em tese, não queria ser encontrado por seus pares e familiares é violado, segundo adverte Pires, deparando-se com o controle maior. Da mesma forma acontece ao buscar vagas no mercado de trabalho, além da vulnerabilidade a linchamentos, quando a sociedade desconfia da pessoa negra. Ainda por cima, comunica-se pela aparência o delito, do indivíduo marcado pelo estereótipo.

A tornozeleira eletrônica como medida cautelar diversa à prisão busca esconder dados relativos ao perfil racial do usuário, pois nas cadeias é evidente a prevalência de pretos e pardos. Assim, a sociedade deixa de conhecer aos efeitos psicológicos, as condições gendradas por raça na vida de mulheres monitoradas durante a gravidez, além das dimensões da vida capturadas para garantir a eficiência de um aprisionamento virtual, na medida em que:

> O secular ideário de propagação da inferioridade de determinados corpos promove a perpetuação dos episódios de descarte daqueles marcados como imorais, criminosos e desviantes. O pelourinho contemporâneo alia-se ao tradicional, ao tecnológico, mantém-se o mastro e as cordas, mas além das marcas a ferro quente pode se identificar o criminoso por tornozeleiras, chips e outras inovações tecnológicas.[6]

"É FRAGRANTE FOJADO DÔTOR VOSSA EXCELÊNCIA"

Observei durante a etnografia que a audiência de custódia, como já argumentei, prioriza o desencarceramento e cria demanda de uso de tornozeleiras eletrônicas já compradas pelo Estado. Enquanto isso, a soberania estatal demonstra o interesse particular de revisitar a escravização necessária, marcada nos pés algemados de descendentes de africanos em sua maioria. Se o fogo disparado pelo armamento policial redime o impuro, o tiro nas pernas dá provas de que a intenção do Estado, pelo menos na ocasião do auto de flagrante, não era de matar. Por isso a manutenção da ordem pública decretou o ferro das tornozeleiras eletrônicas. O direito penal quer confirmar a sofisticada soberania do Estado no âmbito da vingança.

Cabe salientar o fato de que, nas audiências de custódia, por mais que o juiz ou o promotor público não acreditem ou até mesmo façam chacota do depoimento do flagranteado, ao estilo das interpretações subjetivas do direito, nenhum dos elementos de inquirição são juntados no processo. A Resolução nº 213, de 15/12/2015-CNJ, por exemplo, proíbe a utilização probatória do conteúdo da audiência de custódia. Da mesma forma, a deliberação do magistrado diz respeito estritamente às legalidade e manutenção da prisão, do cabimento ou não da liberdade provisória, bem como as medidas cautelares diversas da prisão.

O juiz da vara considera o pedido de cada parte e a validade processual do pleito. Cabe a ele adotar as providências e, em caso de indícios de tortura e maus-tratos. aproveitar a presença do Ministério Público, pois os impedimentos do magistrado começam em quaisquer iniciativas da prisão nessa fase judicializada. No caso, as tornozeleiras eletrônicas operam no caminho a ser mortificado. Como diria Foucault, produz no corpo os efeitos individualizantes de docilização. O Estado passa a transmitir a imagem de que esse poder exercido sobre os indivíduos é benevolente e que, supostamente, pretende apenas dar uma segunda chance para a pessoa flagrada.

A MONITORAÇÃO ELETRÔNICA

Muito próximo à marca histórica da escravização, persiste no país a tecnologia bio-lógica agrupada por efeitos em massa voltados para a população que sofrerá com restrições e desorganização psíquica. Às vezes, falta energia elétrica do fornecedor clandestino ou da própria companhia de fornecimento de luz na hora da vigilância condicionada por ansiedades ritualísticas do Estado Democrático de Direito.

Acompanhei as audiências de custódia, presenciei a instalação das tornozeleiras eletrônicas e concordo que a monitoração, segundo o Tribunal de Justiça da Bahia, tem custo médio mensal ínfimo comparado ao do preso do Complexo Penitenciário Lemos de Brito. A pessoa internada custa aos cofres públicos aproximadamente R$ 2.900 por mês, ao passo que a tornozeleira eletrônica custa entre R$ 200 e R$ 800. Apesar do baixo custo, o Mato Grosso, por exemplo, onera o próprio monitorado.

Não é difícil suspeitar: são as mães de família que têm aumentado o trabalho imaterial de monitorar os filhos no uso diligente do equipamento. São jovens recém saídos da adolescência que não sabem ler as instruções; há deficientes visuais monitorados; casos identificados de meninos de dezenove, 18 anos com a dificuldade, embora o Serviço tente instalar mais sinalizações com cores, o que facilitaria os que não tiveram acesso à educação. Além disso, são as trabalhadoras compulsórias, mães de família, que são oneradas no pagamento da conta de energia elétrica, senão seus filhos serão recapturados, por não recarregarem o celular e a tornozeleira.

Sobre o fato, vale resgatar as memórias da investigação durante a audiência de custódia, tendo em vista que caso o flagranteado não possuísse um celular no momento da decretação de monitoramento eletrônico, permaneceria detido na Central de Flagrantes por tempo indeterminado. Se egresso do sistema prisional, ficar sem celular para comunicação com a central de monitoramento, o flagranteado continua com a liberdade restrita. Durante o trabalho de campo, observei casos nos quais o não pagamento da fiança por parte das mães de família provocou a perda

"É FRAGRANTE FOJADO DÔTOR VOSSA EXCELÊNCIA"

da liberdade de filhos, irmãos e maridos, mas depois, ao conseguirem a instalação da tornozeleira eletrônica, persistiu o ônus dessa modalidade de aprisionamento. O equipamento tem um rastreador que sinaliza o rompimento, a violação do perímetro fixado na ata ou a interrupção de sinal. O alarme dispara onde estiver, caso a bateria esteja descarregada, e o monitoramento é interrompido, em seguida a polícia é acionada. Ou seja, cada monitorado existe na "matrix" como se fosse um ciborgue. Também no trabalho de campo observei casos de jovens monitorados driblarem a boa vontade da mãe, dessa vez incrédula após os delitos do filho supostamente resguardado por seus cuidados domésticos. Para além da perseguição do Estado, os monitorados são acusados e capturados em casa, mediante o relatório da tornozeleira eletrônica. Depois das audiências de custódia, confirmei a evasão do monitorado e de outros jovens relapsos que simplesmente não deram atenção devida à necessidade de recarregar o equipamento. Cada monitorado representa um código de eminente evasão; quaisquer violações do equipamento levam à sua recaptura. Ao deixar de carregar a bateria da tornozeleira eletrônica, longe da esfera de vigilância, a pessoa custodiada desobedece à ordem de manter o aparelho em funcionamento, passa a ser fugitiva da polícia, tornando-se ameaça à ordem pública. No futuro, pela falta grave e evasão, onde estiver será submetida ao vexame das algemas nas mãos opostas aos pés escondidos.

As tornozeleiras são bastante rentáveis e, no fim das contas, configuram as relações produtivas do capitalismo racista aliadas à cadeia da criminalização de pessoas consideradas mão de obra inapta ao trabalho. Porém, esta população monitorada será aquela selecionada para prestar serviços precarizados, sem vínculo empregatício. É esta população que o Estado deixa viver, porém sem poder de escolha, sofrendo as punições da vigilância ininterrupta promovida pela tecnologia de alcance.

A legislação não indica que a pessoa em cumprimento de medida de monitoração eletrônica deverá deixar de trabalhar, estudar, frequentar es-

A MONITORAÇÃO ELETRÔNICA

paços de sociabilidade comunitária. Mas famílias negras evitam problemas com a justiça, portanto a pessoa monitorada nessas condições de liberdade cautelar acaba sendo ainda mais punida ao mudar rotinas não previstas.

Desse modo, a população monitorada perde a identidade, e a cultura é vencida pelo fechamento do corpo, limitado, então, pela própria comunidade. O short da jovem é substituído por longos vestidos, a bermuda do garoto perde a vez para a calça jeans a qualquer hora do dia. Tais modalidades de enclausuramento são adotadas pelo medo do estigma da tornozeleira e do patrulhamento das bases comunitárias.

Por outro lado, quem usa a tornozeleira eletrônica está reposicionado na condição de trabalhador a ser contratado por empresas de terceirização para a entrega de mercadorias, que o exploram através do engodo da ressocialização de quem nunca esteve devidamente colocado na sociedade. Nesse caso, as liberdades provisórias impulsionam a geração de motoboys, ciclistas, motoristas e demais trabalhadores associados a aplicativos de uberização.[7]

A lógica da uberização funciona em associação com o exército industrial de reserva de mão de obra monitorada, gerando lucro que beneficia o empresariado com a garantia benevolente do Estado. O monitoramento recruta trabalhadores vigorosos, possibilitando maiores contratações de jovens eficientes e dispostos às reestruturações produtivas de vagas temporárias com "selo da diversidade". A inclusão dos monitorados em atividades rentáveis, não discriminatórias, é reforçada pela mais-valia do mercado de absorção dos ilegais, a exemplo do monitorado. Vejamos o que diz José da Bola:

> Assumo a palavra, porque a gente é muito homem, não vai deixar de mandar um dinheiro, um leite pra seus filhos. Você passa a ser a família da esposa, rapá! E não é capaz de mandar um leite? Sei lá... De trabalhar? Mas trabalho não tá assim fácil, passo constrangimento, bico todo mundo faz, mas aí já mistura com outra coisa que, além de manter a família, tem o vício, tá entendendo? Aí a cabeça não quer uma coisa só, aí você acaba fazendo besteira.

"É FRAGRANTE FOJADO DÓTOR VOSSA EXCELÊNCIA"

Para garantir a dignidade de filhos, maridos e irmãos, com as respectivas inserções das pessoas monitoradas nas relações produtivas, as mães de família protagonizam soluções frente à pauperização singular das famílias negras. Elas assumem, então, as responsabilidades monetárias para evitar o uso do transporte público pelo filho em idade escolar, bancam sem ter condições a motocicleta e o aplicativo de transporte. As mães de família bem sabem que as instituições a qualquer momento podem apresentar represálias aos seus familiares quando a tornozeleira eletrônica descarrega, o que acionará o alerta de evasão e a consequente busca policial. Desde que a decisão judicial tenha sido lavrada, o flagranteado passa a comparecer à Central. Na sequência, passa a receber o apoio de equipes do sistema integrado da Vara de Execução de Custódia, atuantes por meio de processos metodológicos que agregam instrumentalidades do serviço social, da psicologia e do direito, nos raros indivíduos monitorados e acompanhados pela Central de Alternativas Penais (CIAP). Este acompanhamento é fruto do convênio existente entre o Tribunal de Justiça (TJ), o Governo do Estado e o Governo Federal, através do Ministério da Justiça. A CIAP tem por finalidade assessorar e instrumentalizar o trabalho jurídico e psicossocial por meio do acompanhamento das pessoas que, ou estão dentro do sistema penitenciário respondendo a processos, ou saem das audiências de custódia com medidas cautelares diversas à prisão, isto é, precisam comparecer periodicamente às varas para assinatura de presença É durante o trabalho de assimilação das medidas cautelares que essas pessoas têm contato com o andamento do processo. Ao certificarem o cumprimento ou descumprimento das regras, a equipe procura diversas formas de validar uma infração justificada, quando há ausência dessas pessoas processadas. A composição das demandas identificadas ao longo dos atendimentos é multifacetada, como pude observar durante o percurso metodológico do trabalho de campo.

A MONITORAÇÃO ELETRÔNICA

Retomando a análise da tornozeleira, este equipamento usa tecnologia GPS, o que possibilita o rastreio preciso da localização do indivíduo. Geralmente, a área delimitada pelo juiz é ocupada por policiais. Todas as informações são criptografadas pela engenhosa democracia jurisprudente. Trata-se de cosmovisão europeia, preconizada por um ideário de posse escravocrata do outro racializado, disciplinado por monitoramento eletrônico ininterrupto.

Ao ratificar o perigo bio-lógico vivido por homens e mulheres que perderam o destino por onde Ogum deveria passar, a raça da pessoa monitorada se inscreve no caminho de idas e vindas, com pés algemados, submetendo pessoas à condição de corpos úteis e docilizados. Trata-se de uma tecnologia de aprisionar a vida, independente do encarceramento, de uma população para quem o Estado, pela legislação constitucional, deveria garantir seguridade social, previdência e saúde. Até porque, a saúde perpassa o bem-estar físico, mental, social e espiritual, inobservado em populações vítimas da patologia racismo.

Durante a escravização, os negros precisavam adaptar-se às duras condições de trabalho, às longas jornadas, à alimentação precária, aos maus-tratos e, principalmente, aos terríveis castigos que frequentemente sofriam. Adaptavam-se às condições em que viviam como cativos, seguindo regras básicas de sobrevivência que implicavam trabalhar e obedecer. Como dispositivo para a reprodução da exploração do trabalho, os castigos impostos aos escravizados ocorrem agora com a sofisticação das tornozeleiras, previnem as infrações do território e mantêm docilizados, passivos e disciplinados os corpos.

A população negra pauperizada tanto passa pela audiência de custódia, com vistas à prisão preventiva, quanto tem o caminho de liberdade monitorado, o que limita a capacidade de consagrar as avenidas das identidades por onde passa Ogum, deidade yorubá de vibração desbravadora para abertura de caminhos. Ogum atravessa a vida errante, sobretudo ao ser

"É FRAGRANTE FOJADO DÔTOR VOSSA EXCELÊNCIA"

interpelado pelas histórias de fracasso do homem negro, que clama por triunfos necessários para equilibrar a potência paritária do masculino em cada trabalho braçal, na lida com a enxada, com o facão, faca e armas-símbolos das atividades associadas ao ferro e à tecnologia da vida abundante. A pobreza mora do lado ocidental, dificilmente arrancará os significados de abundância e trabalho presentes no DNA dos africanos em diáspora.

O espetáculo não ficou para trás. As operações militares, quando filmadas, comprovam as políticas de inimizades tratadas por Achille Mbembe, promovem o acompanhamento da execução da pena, no limiar do suplício do século XVII, da reforma penal do século XVIII, o que reforça o arquétipo da vigilância aumentada através do juiz encarnado de deus que diz: "dessa vez vou lhe dar essa chance, você irá responder um processo, ficará com uma tornozeleira eletrônica." Foucault, com certeza, concordaria que estamos diante do projeto arquitetônico do panóptico, apresentado em 1785 pelo filósofo britânico Jeremy Bentham.

Apesar de a audiência de custódia tornar excepcional a conversão do flagrante em prisão preventiva, a conversão em liberdade, com ou sem aplicação de medida cautelar, comumente incorre nos requisitos legais que, inobservados, deixam de promover uma análise individualizada e fundamentada da situação da pessoa monitorada, sua moradia, saúde, vínculos familiares, energia elétrica e pauperização das mulheres e populações circunvizinhas. Anterior à materialização da cena colonial, pouco se questionou a decisão dos governos, do Ministério da Justiça e da Segurança Pública de fazer um investimento de mais de 50 milhões em monitoração eletrônica que, sem dúvidas, movimenta as engrenagens da economia, do racismo punitivista e da liberdade condicionada.

Ao apreciar o relatório de monitoração eletrônica no Brasil, elaborado pelo Ministério da Justiça e Segurança Pública, constatamos que o discurso de desencarceramento a partir da aplicação da monitoração eletrônica na fase de instrução penal representa tão somente 20,02% dos serviços de

A MONITORAÇÃO ELETRÔNICA

medida cautelar (17,19%) e medida protetiva de urgência (2,83%). A Lei nº 12.258 alterou a LEP–Lei de Execução Penal nº 7.210/84, introduzindo a possibilidade de aplicação do monitoramento eletrônico em dois casos estritos:

a) saída temporária do preso que estiver cumprindo pena em regime semiaberto (art. 146-B, inciso II);

b) quando a pena estiver sendo cumprida em prisão domiciliar (art. 146-B, IV).

A Lei nº 12.403/11 alterou o Código de Processo Penal, admitindo a monitoração como medida cautelar diversa da prisão, sendo a última opção elencada no referido dispositivo jurídico. Isso indica que a monitoração eletrônica deve conter o encarceramento em massa, tanto é que a Lei nº 12.403/11 apresenta nove medidas cautelares diversas da prisão preventiva:

I - comparecimento periódico em juízo, no prazo e nas condições fixadas pelo juiz, para informar e justificar atividades;

II - proibição de acesso ou frequência a determinados lugares quando, por circunstâncias relacionadas ao fato, deva o indiciado ou acusado permanecer distante desses locais para evitar o risco de novas infrações;

III - proibição de manter contato com pessoa determinada quando, por circunstâncias relacionadas ao fato, deva o indiciado ou acusado dela permanecer distante;

IV - proibição de ausentar-se da Comarca quando a permanência seja conveniente ou necessária para a investigação ou instrução;

V - recolhimento domiciliar no período noturno e nos dias de folga quando o investigado ou acusado tenha residência e trabalho fixos;

VI - suspensão do exercício de função pública ou de atividade de natureza econômica ou financeira quando houver justo receio de sua utilização para a prática de infrações penais;

"É FRAGRANTE FOJADO DÔTOR VOSSA EXCELÊNCIA"

VII - internação provisória do acusado nas hipóteses de crimes praticados com violência ou grave ameaça, quando os peritos concluírem ser inimputável ou semi-imputável (art. 26 do Código Penal) e houver risco de reiteração;

VIII - fiança, nas infrações que a admitem, para assegurar o comparecimento a atos do processo, evitar a obstrução do seu andamento ou em caso de resistência injustificada à ordem judicial;

IX - monitoração eletrônica.

No país quinto do mundo em feminicídio, crime hediondo que vitima predominantemente mulheres negras, reconheço a colaboração do crime organizado para este cenário. Mães, irmãs e filhas são vistas como propriedades de traficantes, são mortas, têm seios mutilados, sobrancelhas raspadas, cabelos cortados, sem que as lutas antirracistas e feministas participem da coibição de crimes por meio de agendas discursivas, sem exercer o compromisso ético de alertar os segmentos neoidealistas sobre as feridas internas da colonização dos afetos de e para as pessoas negras. Por consequência, um grande quantitativo de homens negros passam a utilizar tornozeleiras eletrônicas devido à aplicação da Lei Maria da Penha, como medida protetiva de urgência. Esse é o perfil dos custodiados em cumprimento de medida cautelar e também dos presos provisórios com direito à monitoração eletrônica, não porque sejam criminosos natos, mas porque, ao contrário dos homens brancos, não contam com as redes de proteção policial na hora do flagrante, o chamado pacto narcísico da branquitude.

Segundo o relatório de monitoração eletrônica no Brasil, anteriormente citado, a localização georreferenciada é um recurso conectado ao telefone do monitorado, o que permite calcular a latitude e longitude do aparelho através de informação enviada por satélites. Um dos métodos de geolocalização triangula a posição do indivíduo, baseando-se na sua localização relativa às diferentes torres da operadora. A tornozeleira deve

A MONITORAÇÃO ELETRÔNICA

ser utilizada durante todo o tempo em que durar a medida cautelar. Ela emite sinais de forma contínua e envia dados de geolocalização pessoal à central, permitindo verificar se o indivíduo está ou não na área de circulação permitida pelo Juiz da Vara de Audiência de Custódia. O equipamento é alimentado por bateria recarregável e emite sons.

O Estado sabe que a tornozeleira é um peso suportado por poucos. Durante o trabalho de campo, entrevistei a assistente social "Evaristo", servidora lotada na Central de Monitoramento de Pessoas (CEMEP), onde é feita a instalação da tornozeleira. Como já foi dito, a medida cautelar é uma maneira de evitar o encarceramento de pessoas sem antecedentes criminais. Geralmente é alguém em quem o Estado resolve intensificar o uso discriminatório da tornozeleira até que haja a reincidência no crime ou a resposta à manutenção da ordem pública. Reproduzo a seguir o que disse a servidora Evaristo:

> O preconceito existe e a gente sabe. Até os colegas quando a gente começou a fazer o curso, eles usaram a tornozeleira, foram pra farmácia e mercado, disseram que se sentiram assim o pior dos homens, porque as pessoas discriminaram, sim. Eles colocaram bermudas também pra ver a reação, aí eles iam de bermuda pra mostrar mesmo e as pessoas não queriam nem ficar na fila perto, até o próprio doutor juiz superior não usou na perna, mas levou o equipamento pra testar e ver se alguém via o equipamento e fez algumas coisas pra ver se o sistema avisa. Isso foi um teste interessante e os colegas decidiram: vamos colocar na perna, doutor, e ele não quis. A ideia era colocar pra fazer uma simulação e ver como é uma discriminação muito grande.

A central atua em duas vertentes, em uma com os indivíduos que saem dos presídios, geralmente com uma progressão de regime, daí o Juiz pede a instalação da tornozeleira. Essa medida só não é feita no regime aberto,

"É FRAGRANTE FOJADO DÔTOR VOSSA EXCELÊNCIA"

mas nos demais regimes ocorre sem impedimentos. A segunda vertente acontece após a audiência de custódia, quando o Juiz avaliou e decidiu que fosse instalado o equipamento no flagranteado.

Com a implantação do monitoramento eletrônico na Bahia, o serviço social apresentou a necessidade de haver uma equipe multiprofissional, sem a qual o acompanhamento de indivíduos que sofrem com problemas de ordem social e econômica fica inviabilizado. A equipe, composta por assistente social e técnicos, relata que, às vezes, jovens negros não têm celular para que seja feita a instalação e ficam na dependência de a família providenciar. Devido a problemas econômicos, portanto, vivem a reclusão por alguns dias.

A maioria dos custodiados é homem em situação de extrema pobreza, monitorado por violência doméstica ou tráfico de drogas, morador de periferia, desempregado, sem moradia fixa, que abusa do uso de drogas, entorpecentes e álcool. Esses atores jurídicos aumentam a pauperização após as medidas cautelares. Devido à sociedade moderna primar pela cosmovisão ocidental, eles são discriminados ao andarem com o pé monitorado, sofrem preconceitos, estigmas e inferiorização. Nas palavras da entrevistada, isso está evidente:

> Teve um rapaz que ele trabalhava com manutenção de equipamentos de ar-condicionado, ele trabalhava, quando ele foi preso e começou a usar a tornozeleira. Houve uma mudança no sinal, ele dá uns apitos sonoros quando tem interferências, aí o supervisor dele ouviu e perguntou o que era aquilo, por que ele não falou que estava usando a tornozeleira. Eu não sei se esse processo de demissão foi por conta dele não falar que estava usando, ou se foi por conta mesmo do uso da tornozeleira, porque não queria ninguém usando. Aí eu não sei lhe dizer, mas, quando ele viu e perguntou e ele explicou o que era, aí o supervisor disse que ele não teria condições de permanecer.

A MONITORAÇÃO ELETRÔNICA

O protocolo é comparecer à sala do monitoramento, onde é instalado o equipamento. Depois de instalado, o serviço social medeia o acesso às políticas públicas, como as de transferência de renda. No momento do trabalho de campo em Salvador, ainda não existia equipe multidisciplinar com psicólogos, advogado e no mínimo um psiquiatra. A referida assistente social que entrevistei realiza a anamnese social, preenche a ficha de admissão, faz a coleta dos dados pessoais, dados emocionais, dados sociais e psicológicos. Prossegue com o levantamento da vida pregressa. A profissional explica para o assistido não ser necessário se preocupar, apesar da quantidade de perguntas. É a partir dali que a equipe começará a trabalhar demandas trazidas que, de fato, podem ter dificultado o processo educacional, profissional e comunitário da pessoa monitorada.

> Aí ele vai dizer que não tem moradia, que não tem condições de ter uma moradia, que não vai ter condições de pagar um aluguel, que paga, mas provavelmente com o uso da tornozeleira o dono da casa não vai querer que ele permaneça. Então essa questão que a gente tá abordando tem que ter esse cuidado e esse olhar, porque muitos, o dono, o proprietário, fala "eu não quero você mais aqui", dão prazo e ele tem que sair... aí ele me liga. Quantas e quantas vezes eu já fiz...

Vale salientar que, independente desta política tão eficiente de continuidade do aprisionamento dos corpos negros, as pessoas monitoradas são descendentes da população negra abandonada à própria sorte desde 1888, na ocasião da falsa abolição da escravatura. Permaneceram fora do planejamento estatal/governamental, não por falta de sistemática cobrança da sociedade interessada em políticas inclusivas de educação e de ofertas de vagas de emprego. Desde as idades mais tenras até o ensino de níveis médio e superior, permanecem excluídas de programas que potencializem frentes de trabalho decente, com salários dignos para as mães, além

"É FRAGRANTE FOJADO DÔTOR VOSSA EXCELÊNCIA"

de creches pedagogicamente estruturadas, aperfeiçoamento e ampliação do SUS, urbanização humana dos espaços de moradia com saneamento básico e outros equipamentos de cultura e lazer, pensados, projetados e gestados pela sociedade civil.

Este conjunto de medidas deveria fazer parte do conceito de segurança pública, onde o investimento sofra um drástico deslocamento, não na beligerância das polícias, sobretudo, militar, não em equipamentos de aprisionamento dos corpos, mas focado nos exemplos ilustrados que traduzem políticas de promoção de igualdade e ser humano, preferenciando, neste sentido, a população negra.

Duas décadas se passaram desde a publicação do artigo *Demarginalizing the Intersection of Race and Sex: A Black Feminist Critique of Antidiscrimination Doctrine, Feminist Theory and Antiracist Politics* [Desmarginalizando a intersecção entre raça e sexo: uma crítica feminista negra à doutrina antidiscriminação, à teoria feminista e às políticas antirracistas], de Kimberlé Crenshaw. A inauguração do termo interseccionalidade neste texto traz primeiro uma localização histórica. O recorte temporal de 1989 para cá impregna a própria ancestralidade africana que está vivendo nas Américas, com significados peculiares sobre autoria e reconhecimento da produção intelectual das mulheres negras situadas no Norte global, cujas viagens de prestígio acadêmico são possíveis na presença cartografada pelo sistema--mundo colonial. No sentido oposto da raça e do gênero hegemônicos, são atravessados obstáculos para a validação científica dos negros que não são homens e das mulheres que não são brancas.

Particularmente, pude apreender questões importantes com a jurista Crenshaw quando ela esteve na Escola de Pensamento Feminista Negro Decolonial, em 2018, na cidade de Cachoeira, na Bahia. Trocamos pontos de vista sobre as geopolíticas em torno do conceito, para uma melhor

A MONITORAÇÃO ELETRÔNICA

compreensão desta ferramenta teórico-metodológica e prática do campo das ciências sociais e das ciências jurídicas. Após o colóquio, fui tomada pela inquietação hermenêutica provocada pelo termo interseccionalidade sem o qual a pesquisa que apresento ficaria prejudicada.

As identidades são interseccionais. "Branquitudes acríticas" experimentam a posicionalidade de norma, gendrada e informada por letramentos conservadores da classe e do poder instalados pela brancura das burocracias reproduzidas em expedientes de trabalho. Esta realidade se impõe na prestação do serviço e prejuízo de direitos da população negra, moradora de territórios criminalizados, expostas ao racismo institucionalizado.

Acho pouco provável encontrarmos condições de transformar a interseccionalidade em esquema somatório de marcadores sociais positivos para jovens negros, desempregados, usuários de substâncias, flagranteados na capital baiana. Porém não ignoro o lugar de sensibilidade analítica proporcionada pelo conceito, especialmente pelo seu potencial identitário que visibiliza negros, mulheres e homens, que ajuda a desmistificar sofismas que embasam pesquisas e políticas públicas distorcidas.

Ao conduzir a análise, entendi ser necessário afirmar a importância da epistemologia feminista negra para o confronto com os atores jurídicos da audiência de custódia, para questionar práticas não palpáveis da "colonialidade do saber". Todo meu percurso teórico-metodológico demandou uma revisão dos significados da justiça moderna que não beneficiam pessoas negras. Isto fica claro, principalmente, na lida com os relatórios densos desenvolvidos por pesquisadoras do direito, capazes de explicar a prevalência de determinados tipos penais nas audiências de custódia, sendo o tráfico de drogas, por exemplo, quase a metade das passagens de pessoas da raça negra, ainda que o roubo majorado resulte no percentual mais expressivo de conversões em prisões preventivas.

Nessa direção, a advogada Deise Benedito, mestra em direito pela Universidade de Brasília (UnB) e perita do Mecanismo Nacional de Prevenção

"É FRAGRANTE FOJADO DÔTOR VOSSA EXCELÊNCIA"

e Combate à Tortura, defende que a Declaração Universal de Direitos Humanos não atinge as existências jurídicas de negros e indígenas. Segundo explica, tal ausência de direitos faz parte da engrenagem escravocrata a que são submetidos os "despossuídos de humanidade". A sociedade, segundo compreende, entra em atrito com a barbaridade, ignora as marcas do longo castigo impingido aos escravizados e que serviram para produzir sofrimento incalculável. Ao que sabemos das audiências de custódias, muitas das denúncias são invalidadas, exatamente por falta de materialidade do crime aos olhos ocidentais, havendo aplicação de castigo apenas para estampar a desumanização contra quem pode ser castigado.[8]

No entanto, a maioria dos crimes praticados pelos mais jovens flagranteados sequer emprega armas de fogo. Do ponto de vista biopolítico, não é raro as audiências de custódia estarem desapoiadas em flagrantes. A irregularidade das aparições dos representantes públicos do Estado nas audiências de custódia confirma o apoio à versão do registro policial. Tal conduta repercute na desvalorização da conquista jurídica de proteção integral aos direitos humanos e nas providências não tomadas mediante a triangulação do direito penal.

As ausências do promotor correspondem ao apoio dado às arbitrariedades da polícia. No Relatório do Instituto Baiano de Direito Processual Penal (IBADPP),[9] 78% das decisões analisadas não mencionaram a resposta da pessoa conduzida quanto a um eventual abuso policial sofrido, prejudicando o reconhecimento de que as prisões são ilegais e os policiais, representantes do abuso e do racismo institucionalizados.

As lentes da interseccionalidade, conforme Kimberlé Crenshaw conceitua, reconhecem a existência de visões particulares sobre o conceito que contribuem para superarmos as espoliações disciplinares, políticas e epistemicidas do direito. É importante situarmos bem a importância desse conceito. Através dele, fiz análises reconhecendo os limites da *práxis* jurídica e do seu léxico para exame de algumas das condições políticas e

A MONITORAÇÃO ELETRÔNICA

retóricas do Estado na Vara de Audiência de Custódia. As questões empíricas que encontrei saem das dualidades sobre gênero–raça que feministas negras discutem no ambiente acadêmico.

Abordo a interseccionalidade para avançar no argumento dentro da lei e do ordenamento jurídico de desencarceramento da população negra, procuro interrogar as ditas benesses do direito em sua relação com o poder social. Ademais, à medida que a interseccionalidade atravessa a discussão, procuro adaptá-la aos problemas concretos e não retóricos, quase incognoscíveis para os territórios e populações quando escutam falar sobre lavratura dos autos, materialidade do delito, contraditório, garantismo... Ao fazê-lo, exponho as consequências da política de identidade de pessoas brancas, apreciando a liberdade ou a revogação de indivíduos que não são apenas jovens flagranteados masculinos, são pessoas negras. A apreciação da pessoa flagrada traz a especificação do tipo penal sem acrescentar as maneiras específicas pelas quais as estruturas de raça flagram as pessoas beneficiando outras, uma vez que o crime é um fato social. Somente pelas lentes da interseccionalidade é possível capturar o problema superincluindo identidades. A metáfora da encruzilhada discursiva capta os aspectos estruturais e dinâmicos da discriminação interseccional, imposta às populações alvo do chamado fragrante forjado.

Fragrante (com "r") para compreender a inteligência africana mais frequente que a escolaridade do português formal. Concordo com os chamados éticos da cultura e espiritualidades ancestrais sob o ponto de vista do Bàbáláwó Ifáyómí Adèlóná Ṣàngówàlé Isólá Egúngújobi Isénbáyé: "É necessário lançar mão de uma outra grafia da vida, um outro léxico que nos faça retornar aos nossos legados africanos de presença no mundo." Neste sentido, o projeto intelectual feminista negro prioriza o compromisso com um vocabulário capaz de dar conta das intenções teóricas, articulações e experiências políticas. A ética do cuidado fala da necessidade de, em trabalhos como esse, ter atenção para não transfor-

"É FRAGRANTE FOJADO DÔTOR VOSSA EXCELÊNCIA"

mar pessoas em objetos de estudo ou meros depoimentos tristes. A nossa linguagem faz parte do nosso projeto de emancipação como povo.

Por esse motivo valido, junto a Lélia Gonzalez, o lugar de fala das mães de família, cientes do "probrema" com a justiça, confortáveis em seus corpos que falam em voz alta e gesticulações, na linguagem de quem explica para o juiz o "fragrante fojado". Assim, reconheço o exercício da intelectualidade da Mãe de família vítima do epistemicídio. Apesar do sociólogo Gilberto Freyre romantizar a mãe preta, deslocar seu significado africano para aprisioná-la no lugar de cuidadora das crianças brancas embaladas pelo encontro das raças (conforme escreveu em *Casa-grande e Senzala*), Lélia Gonzalez defende que o lugar da mãe preta favoreceu a resistência linguística do *pretoguês*, porque a presença desse "r" no lugar do "l" é marca linguística do idioma africano, no qual o "l" inexiste. bell hooks,[10] por sua vez, ao "ensinar a transgredir" discute a necessidade dos povos diaspóricos de superar as hierarquias linguísticas participantes do modelo de razão ocidental, incapazes, segundo assevera, de encontrar palavras apropriadas ao exprimir a carga de sentimento da realidade negra sem os vernáculos do inglês, ou do português no nosso caso.

Ao confiar nas desobediências epistêmicas de Gonzalez e de hooks, percebi o mesmo fenômeno linguístico quando as mães de família obrigavam o inglês e o português a se renderem, que entendo como uma forma de libertação por meio da língua falada, conforme assinala o pesquisador Niyi Tokunbo Mon'a-Nzambi:

[...] quando passamos para os níveis sintáticos e fonológicos, a normatividade da língua portuguesa acaba imprimindo sua régua punitiva nomeando nosso "sotaque kimbundu" como erro, diferentemente do que acontece com o sotaque francês ou o inglês que são bem-vistos, porque não são africanos. Um dos exemplos de nosso sotaque Kimbundu que é bem estigmatizado é notado na pronúncia da letra "g" em palavras como

A MONITORAÇÃO ELETRÔNICA

igual, ignorante, igreja, mendigo que nós, povo africano, especialmente os menos escolarizados, pronunciamos "ingual, ingnorante, ingreja, mendingo". Ora, em nossa língua Kimbundu não existe a letra "g" do português, mas temos uma letra aproximada que é "ng". Logo, quando tivemos que aprender a língua portuguesa, trouxemos nossa referência fonológica para esse nosso novo falar diaspórico rompendo com uma estrutura da língua portuguesa e estabelecendo nosso sotaque, da mesma maneira que os franceses, por exemplo, fazem ao falar português pronunciando letras que não existem em francês de maneira aproximada às letras que existem em francês. Infelizmente na escola, o corpo docente não tem preparo para abordar essa diversidade linguística com o devido respeito por ser um contributo da composição étnica do país, mas acaba reprimindo nosso sotaque Kimbundu. Isso sem falar em outros sotaques que temos, como o yorubá, por exemplo.

Reafirmar a língua africana nas maneiras de empregarmos as palavras do português autoriza a reconfiguração identitária da ancestralidade que carregamos, pois a noção simplória de maternagem projetada nas mães não consegue realizar tal posicionalidade em nós, com a educação, ensinamento de valores, cultura, cantigas e assistência amorosa. As mães pretas, bem como as mães de família, não somente fizeram, como deram um golpe linguístico no colonizador português, segundo Lélia Gonzalez. Mães, sob a perspectiva africana e diaspórica, transmitem maneiras efetivas de resistirmos sangrando às correntes d'água e de leite esvaídos.

Nesse sentido, somos posicionadas na encruzilhada estrutural. Como pesquisadora, banco a escolha desse significante criado por intelectuais negras, marcada que fui pela habilidade herdada para o preparo de oferendas analíticas capazes de fazer prevalecer as nossas maneiras de lutar frente à matriz de poder. Essa encruzilhada produziu o impulso metodológico dissidente pelo qual a boca de Exú cospe a experiência moderna, a afirmar

"É FRAGRANTE FOJADO DÔTOR VOSSA EXCELÊNCIA"

a oralidade e a traduzir o impacto do sequestro africano, o apagamento dos nossos verdadeiros nomes, a imposição dos códigos de perseguição aos caminhos com o advento das tornozeleiras eletrônicas e dos retratos falados, exemplificados com o "baralho do crime," marcas indizíveis de raça, gênero, classe, lugar e escolaridade dentre outras variáveis.

CAPÍTULO 5.
O JUIZ: PENSANDO COMO UM BRANCO

A análise do material coletado durante a pesquisa de campo faz sentir os tentáculos da tecnologia do racismo. Sob a batuta da democracia administrada pelos Estados-nações, nada escapa ao engodo de corrigir as desordens éticas comportamentais causadas pela experiência pós-escravista.

Extinta do ponto de vista jurídico, a escravização passou à condição de colonialidade moderna, na qual a liberdade da população excedente vive em suspenso. Dito noutras palavras, a encruzilhada estrutural corresponde à administração colonial moderna, que atravessa territórios onde negros, mães de família e pauperizados são alcançados pelo poder disciplinar da prisão em flagrante rumo às oitivas da audiência de custódia.

Uma leitura interseccional joga luz aos enredos de raça que não se encerram na cena colonial da audiência de custódia, mas abrangem todo o ordenamento jurídico e exercem controle sobre a população. O juiz, protagonista, conduz o desfecho dado à vida da pessoa flagranteada, o inimigo do Estado. O papel de "deus da toga" tanto pode relaxar a prisão quanto converter a sentença em preventiva.

Sem a benevolência do juiz, o caminho do negro é sucumbir aos tropeços do julgamento do Estado. A partir do momento em que o colonialismo reorientou a encruzilhada, ao mesmo tempo retirou o direito de decidirmos qual rota tomar nas avenidas dispostas pelos ancestrais vendidos pelo capitalismo racista. Sabe-se que as mães pretas foram estupradas para que fizessem o trabalho de parir mercadorias humanas. Se o povo africano confiava nas leis de Ogum, deidade yorubá responsável pelos caminhos de conquista da liberdade, o negro da diáspora africana confia nele monitorado por tornozeleira eletrônica.

Deus calhou de ser cultuado como o juiz de direito em sua benevolência cristã, que autoriza a decisão má de encarcerar provisoriamente o negro ou dar mais uma chance de escapar da penitência. No ritual da audiência de custódia, somos incorporados à cena colonial: o juiz é o todo-poderoso, ator jurídico, assentado na posição de brancura e das performances jurídicas que sequestraram as leis e justiças africanas.

Depois do contato estabelecido demoradamente por meio de conversas simpáticas e nem sempre formais, posso descrever o juiz da Vara de Audiência de Custódia como um homem cis, heteroclassificado e branco. Jurista polido e generoso com uma feminista negra, figura dramática de papel menor no teatro, por isso, menos ansiosa que os estudantes de direito. O antagonista, papel do flagranteado, responde às perguntas de praxe durante a apresentação e essa é a sua oportunidade de trazer à baila a sua versão dos fatos, independente do que foi narrado nos autos.

Em seguida, o flagrado passa a ser falado. "É caso de relaxar", dirá um recém-formado: "doutor, é preciso considerar o histórico de atos infracionais", "a meu ver a prisão foi ilegal". Longe de mim desautorizar a extensão do conhecimento fora da sala de aula, a participação em estágio extracurricular ou voluntário. Esses casos, sem dúvida, favorecem aos operadores de direito maior comprometimento com a justiça, quiçá com o abolicionismo penal, mas o juiz é quem, em si, guarda o poder da decisão divina.

Sá de Sá é juiz de direito em Roraima desde 2001, quando aprovado no concurso. Posteriormente, aprovado em outro, passou a exercer a magistratura no Estado da Bahia, onde já passou por diversas comarcas no interior, até 2013, quando retornou à terra natal. Anteriormente, foi procurador de um banco, advogado e professor da Universidade Federal

O JUIZ: PENSANDO COMO UM BRANCO

da Bahia, com atuação na área criminal, na área cível e defesa do consumidor. Ao ser entrevistado sobre a condição de branco e as interfaces da atuação no território onde os flagranteados são majoritariamente negros, declarou-se baiano. Ele me disse:

> Eu sou parecido com meu avô, já meu pai é mais moreno que eu. Meu pai teve uma oportunidade de viajar para o exterior, lá a pessoa o confundia com Árabe por causa disso. Eu sou parecido com meu avô, mas eu não me considero branco, eu sou baiano, e como baiano eu sou fruto dessa miscigenação que tá aqui.

Ora, sem raça não existe racismo institucionalizado. A ideologia é materializada no procedimento coletivo do Estado, no sentido gramsciano, formado pelos aparatos estatais repressivos dotados de hegemonia. O racismo é a prova cabal do fracasso da civilização que se pretende justa e igualitária. Portanto, causa certo desconforto as branquitudes desconhecerem a História, tendo todas as chances para examinarem as identidades escondidas no discurso de *somos todos humanos*.

O distanciamento dos operadores do direito em relação ao pensamento crítico progressista colabora para que os negros percebam a ausência do Estado Democrático de Direito em suas vidas, especialmente quando perguntados sobre agressão policial durante o auto de prisão em flagrante. De posse do entendimento, homens e mulheres, independentemente das raças, pertencem à espécie *Homo sapiens*, única que tem a capacidade de estabelecer interações sociais, daí ser correto afirmar que a raça de todos os seres humanos é a raça humana. Entretanto, a concepção persistente no pseudocientificismo do século XIX produziu a hierarquização racial dos seres humanos a partir do fenótipo, potencializando as diferenças da cor da pele dos indivíduos, o formato da face, a estatura e a moldura do crânio, atendendo à ideologia dos segmentos brancos. No Brasil, a

"É FRAGRANTE FOJADO DÓTOR VOSSA EXCELÊNCIA"

jurisprudência esteve e ainda está a serviço dos descendentes de europeus, considerados mais evoluídos que os demais.

Cabe aqui alguns apontamentos sobre branquitude, a partir do ponto de vista das pensadoras Liv Sovik e Grada Kilomba. É quase consenso que existe racismo no Brasil e que a branquitude é um lugar de privilégio. Apenas pessoas cínicas, ingênuas ou desinformadas, sem letramento crítico e racial, conseguem se esconder atrás do discurso do "somos todos humanos". Diante de tantas arbitrariedades que levaram o Estado a reconhecer a dívida histórica com a população negra, que motivou a criação do Estatuto da Igualdade Racial, chega a ser pueril acreditar que existam dúvidas sobre autodeclaração. A ação afirmativa produz ocupação de cargos estratégicos, pautados nas políticas de cotas raciais, e deixar de reconhecer a raça atrapalha a identificação das práticas imateriais do racismo.

Assim age a branquitude. Segundo Liv Sovik,[1] essa é uma prática social reforçada e reproduzida pelas instituições, esconder a brancura é o lugar de fala dos brancos brasileiros. Marca procedimental dos olhos que sabem muito bem enxergar os Outros, enquanto impedem que esses Outros enxerguem a condição/relação de igualdade versus diferença, aumentando a virulência da patologia da identidade branca ao se colocar como norma humana, universal, abordada pioneiramente no Brasil por Guerreiro Ramos.

A explicação de Sovik corresponde ao que dr. Lourenço Cardoso nomeou "branquitude crítica", o poder do branco mediado pelo elogio à mestiçagem, ocultando a hegemonia branca e as hierarquias sociais. Em 1957, Guerreiro Ramos chamou de "patologia branca no Brasil" a utilização do negro como tema por pesquisadores brancos, com vistas a assegurar a brancura difundida na contemporaneidade como branquitude.

A branquitude faz parte do teatro de entretenimento da cena colonial jurídica. Mais que isto, estabelece uma prática jurídica permeada por discursos de afeto em prol da hierarquia racial do negro. Segundo Sovik,

O JUIZ: PENSANDO COMO UM BRANCO

a linha de fuga se esconde no discurso de mestiçagem, que nega haver negros ou brancos para excluir os negros da tal nação mestiça. A branquidade, como prefere a tradição estadunidense, é um comportamento psicológico materializado na conduta das pessoas envoltas e revestidas pela brancura. A branquitude acrítica, segundo o dr. Lourenço Cardoso, faz vistas grossas ao racismo e à supremacia branca, como se o negro não sofresse discriminação em qualquer lugar do mundo.

Na ausência de criticidade, o racismo é retroalimentado por normas, expedientes, ignorância e falta de atenção. Acontece é que acaba sendo confortável para o branco se dizer mestiço ou baiano sem deixar de discriminar quem é negro. O negro é encarado como diferente e, como diria Grada Kilomba,[2] a diferença é uma relação de poder. O branco na presença do negro é o diferente, como o negro somente pode ser interpretado como o outro na presença do branco. Infelizmente, a cosmovisão ocidental estabeleceu com os olhos as diretrizes possíveis de humanidade, por isso dificilmente o direito moderno vai conseguir realizar o Estado Democrático de Direito apagando a substância e o significante raça.

A branquitude herdou a colonialidade do poder e coloniza o ser e os saberes fora do escopo da modernidade. Entretanto, defender a centralidade da classe social não camufla o privilégio da cor da pele ou das teorias desenvolvidas pela intelectualidade europeia sobre a revolução socialista.

O capitalista é, simultaneamente, racista e patriarcal. Ao resgatarmos o colonialismo imposto aos africanos sequestrados, nós, negros, falamos desde a condição de pobreza estrutural: não estamos negros, somos os pobres. Ademais, a institucionalização do racismo vislumbra que a farda do prestador de serviço mortifique a identidade particular, seja ela qual for, para que seja executada a missão do artefato jurídico.

Contrariamente, ao negro faltaria poder de discriminar racialmente o outro, pois inexiste racismo reverso capaz de impedir o acesso dos brancos aos bens e serviços. Por fim, ao negro cabe exercitar o status jurídico de ser

"É FRAGRANTE FOJADO DÔTOR VOSSA EXCELÊNCIA"

humano fora do racismo estrutural, pois, fardado, deixa o lugar de sujeito, com preconceitos, caindo inadvertidamente no lugar discriminatório institucionalizado, a reproduzir a vontade política do alto escalão branco, identidade racial coincidentemente a mesma dos juízes. Segundo Sá de Sá:

> Eu já ouvi dizer que a Polícia Militar é racista, já ouvi isso aqui dentro, eu digo: gente, como é que Polícia Militar pode ser racista, quando na sua maioria de policiais são negros? Aí me argumentaram que o racismo é institucionalizado; gente, eu não consigo entender isso, racismo institucionalizado, eu não sei se isso existe, sinceramente, mas eu acho estranho vocês acusar os negros de terem preconceito contra negros, que os negros são racistas, até por que quando você fala de racismo seria um preconceito de uma raça em relação a outra, é pelo menos assim que eu entendo, sem ser estudioso do caso, então não existiria racismo. Agora se a gente parar pra pensar, talvez exista um preconceito social e não racial, aí seria mais fácil entender por que a maioria dos jovens que a gente atende aqui é na sua maioria de classe baixa.

Em contraponto a este pensamento, é útil aplicarmos o conceito de "pacto narcísico da branquitude", desenvolvido pela dra. Maria Aparecida Pinto, tendo em vista encontrarmos a negação, com vistas à manutenção de privilégios raciais, que gera a projeção do branco sobre o negro. É lugar de privilégio racial, econômico e político, no qual a racialidade, não nomeada como tal, carregada de valores, experiências, identificações afetivas, atua institucionalmente na preservação de hierarquias raciais. Logicamente, os saberes são situados, e como feminista e pesquisadora negra não consigo esconder o engajamento de minha abordagem.

A greve dos policiais militares em 2019 trouxe uma situação peculiar a respeito da oralidade das pessoas negras, porque trinta e uma pessoas flagranteadas por policiais fizeram uma narrativa quase única. A maioria

O JUIZ: PENSANDO COMO UM BRANCO

estava dentro do mercado saqueado, tentando furtar o estabelecimento comercial. As trinta e uma pessoas foram ouvidas, cada uma fez seu relato. Algumas admitiram que foram ali porque o mercado tinha sido arrombado e estava aberto, outras foram ali realmente na intenção de furtar e de pegar mantimentos e alimentos. Houve aquelas que disseram que estavam apenas passando por ali, sem ter nada a ver com o ocorrido e foram colocadas para dentro pela polícia, como os jovens mencionados no capítulo um. Disseram ainda que, com o movimento paredista dos policiais, aquela tratava-se de uma situação excepcional de segurança pública. Estavam acontecendo arrastões na comunidade, por isso foram à procura de filhos, de familiares e irmãos de santo, que passaram ali pela mesma situação e foram colocados para dentro do mercado. Foram recolhidas, portanto, trinta e uma oralidades igualmente incompatíveis com o auto de flagrante escrito por três policiais.

Ou seja, no dia em que foi anunciada a greve da instituição, que faz parte da segurança pública do estado, as pessoas resolveram fazer um levante contra o próprio Estado ampliado, expropriando do mercado as mais-valias obtidas à custa de outros trabalhadores. Aproveitaram o momento em que os interesses políticos corporativistas de parlamentares e policiais estavam em voga, duelando com o governo da Bahia, para reorientar a ordem pública. Foi um caso de grande repercussão na mídia com impacto no empresariado. A meu ver, o juiz Sá de Sá ficou em situação delicada. Ele então adotou a individualização das condutas para aqueles que deram a palavra, admitiram de fato que estavam ali para cometer o delito. Aplicou-se nestes casos a prisão preventiva como forma de garantia de ordem pública e de reprimir a conduta reprovável. Compreendi que foi uma tentativa de separar as condutas de uns em relação a outros e promover a solução. Por isso, algumas pessoas receberam prisão preventiva, algumas mulheres, tornozeleira, enquanto outras foram afiançadas, e também houve fiança com tornozeleira. Preocupado com o fato de talvez não somente eu, mas a

"É FRAGRANTE FOJADO DÔTOR VOSSA EXCELÊNCIA"

sociedade também observar o marcador de gênero, ele viu a necessidade de dar uma atenção especial àquele grupo de mulheres envolvidas na situação. Todas tinham filhos menores de idade, infelizmente não consegui entrevistá-las. A fiança foi de dez salários mínimos, e houve também monitoração eletrônica. Apenas três pessoas conseguiram pagar e depois instalaram a tornozeleira. Quem não conseguiu pagar, foi certificado nos autos e feita a distribuição das penalidades. Assim me contou Jumar de Osun:

> Se minha família tivesse tido condições de pagar os R$ 10 mil, eu não teria sido transferido, mas constrangedor, a revista, ter que ficar nu, tem que se abaixar três vezes pra os policiais gritando "bora vagabundo, passe ladrão" é constrangedor, porque eu nunca tinha vivenciado isso. Pra mim, foi algo muito estranho, tanto que eu acabei perdendo todos os sentidos normais de um ser humano, não sabia o que era fome, não sabia o que era sentir calor, sentir frio, eu só fazia chorar, só queria sair daquele lugar, então eu não comia, eu conversava muito pouco com as pessoas que estavam próximas a mim. Eu estava numa cela com outro homossexual, que também estava envolvido nesse acontecido, e ele me deu força pra comer, porque eu não queria comer, tanto que, quando eu passei pelas enfermeiras pra fazer os exames que faz pra descer pro presídio, uma delas disse: você tá muito pálido.

Percebamos, em tempo, que famílias de axé costumam realmente ter o cuidado e afeto com pessoas iniciadas recentemente na filosofia de terreiro, a razão do Bàbá ou Pai, solicitar dos irmãos de santo a responsabilidade de encontrar um para com os outros. Segundo Vaval de Logun:

> Eu encontrei algumas pessoas dentro do presídio como Jumar que foi um menino que foi preso comigo, ele é iniciado ao Orixá Odé, teve uma iniciação perturbada, saiu da casa de axé e foi pra outra casa. Passou sete

dias entre a Central de fragrantes e GAPI, na Central de triagem, aí conversamos muito. Ele foi preso comigo e colocou a tornozeleira também, e a gente conversava muito, ele prometeu ao santo que iria parar de usar maconha, que ele iria parar de fazer coisas que pra sociedade é errado, como usar cocaína e outras coisas. Quando a gente chegou no presídio que ele se encontrou com tudo isso, ele acabou se jogando, acabou se dando, ele voltou a usar maconha, agora ele voltou a usar cocaína e é muito fácil tudo muito próximo e de graça, e eu sentado com ele, junto com um rapaz de Logunedé que também era iniciado, falamos com ele e eu lembro que ele falou não se meta na minha vida...

Para ficar ainda mais explícito a convergência do direito aos interesses da classe hegemônica, percebam que dezessete pessoas tiveram prisão preventiva após terem dado a palavra. Ensina a ancestralidade africana que "quem fala a verdade não merece castigo". Logo após egressos da prisão, entrevistei cada um desses jovens recém-saídos da adolescência. Eles narraram o terror de estar em uma prisão. Fugindo da neutralidade axiológica durkheimiana, senti fortes dores de cabeça toda vez que o filho de Osun, o camisa cinco da ala onde estivera preso com outros filhos de santo, repetia veementemente ter mantido a fé indubitável em seus orixás.

Acredito ser necessário dar ênfase a esse episódio, pois, sendo militante acadêmica, percebo que a fé pública dos policiais mereceu do juiz uma nota de verdade maior que a palavra dos filhos de santo. Nas famílias de terreiro, sabe-se, os mais velhos cuidam dos mais jovens. Os filhos de santo com certeza foram procurar seus irmãos na rua, com receio de que devido à greve dos policiais sofressem violências do racismo, na ocasião, ocorrência levada ao auto de flagrante por estarem no lugar errado.

Sobre a conduta do direito, é preciso mencionar que, após o pagamento da fiança, foram instaladas as tornozeleiras e o Centro de Observação

Penal (COP) foi comunicado. Esse procedimento ocorre porque a pessoa custodiada pode pertencer a uma determinada facção em seu bairro de origem e evita-se encaminhá-la para uma unidade que seja de outra facção. Em razão da minha insistência durante a entrevista, o juiz Sá de Sá expressou seu descontentamento:

> Você sabia que tinham alguns deles que trabalhavam de carteira assinada? Tinham alguns que tinham segundo grau completo, na verdade eles foram movidos pela situação coletiva, devia ter gente que poderia tá passando alguma necessidade ali, mas muita gente ali que não tinha necessidade, foi no coletivo, foi movido pela psiquê coletiva do pensamento coletivo da massa, e foram juntos com a massa. Dizem que a multidão cria um pensamento próprio, tem uma personalidade própria e não é a soma de cada um dos indivíduos que está nelas. Leia psicologia das multidões, é uma boa leitura.

Conforme argumento das juristas negras Lívia Vaz Santana e Chiara Ramos, em *A Justiça é uma mulher negra*,[3] obra publicada em 2021, o direito brasileiro é caracterizado, antes de tudo, pelo "epistemicídio jurídico", explicado pelas pensadoras como apagamento da própria fundamentação jurídica, uma vez que a tradição positivista e colonizada do direito promoveu o isolamento de outras epistemologias ancestrais. A encruzilhada é um exemplo de metáfora para os encontros e as possibilidades de "escrevivências"[4] e de autorias de mulheres negras.

As juristas estão convencidas de que a hermenêutica do Brasil se confunde com um pacto político e jurídico no direito, que é através da instrumentação brancocêntrica que o patrimonialismo da monarquia burguesa consegue dar continuidade a políticas, ações, leis e interpretações do ponto de vista jurídico de Portugal, reforçada pela concepção do sujeito universal cis-hetero-cristão-masculino.

O JUIZ: PENSANDO COMO UM BRANCO

O próprio surgimento da polícia do Império demonstra as raízes escravo-cratas e a natureza racialmente seletiva das instituições criadas em torno do direito penal brasileiro, o que atualmente se conhece como Polícia Militar teve a sua origem na chegada da família real portuguesa ao Brasil em 1808, acontecimento que levou à criação da Intendência Geral da Polícia da Corte e do Estado do Brasil, em 10 de maio do mesmo ano, tendo como principal função a manutenção da segurança e do sossego público na sequência também em decorrência da transferência da família real, foi estabelecida por meio do Decreto de 13 maio de 1809, uma força policial de tempo integral: a Divisão militar da Guarda Real da Polícia do Rio de Janeiro. Esta, desde a sua criação, já se dedicava à captura de escravas/os, fugidas/os e ataques aos quilombos, tarefas que também eram realizadas pelos chamados capitães do mato, caçadores de recompensa que atuavam desde o século XVII no controle de escravizadas/os.[5]

Admiro o pensamento do dr. Luís Eduardo Soares, intelectual pioneiro no estudo sobre segurança pública no Brasil, que a partir de uma perspectiva progressista e corajosa criticou a esquerda pela sua afinidade com a violência letal, produzida igualmente pelo aumento do encarceramento no atual governo ultraconservador. É importante levar em conta que os objetivos do aparato de segurança, na prática, sustentam a segurança do Estado, tomando a interseccionalidade para cruzar efeitos na biopolítica e na necropolítica.

Acrescenta-se à pauta de desmilitarização proposta pelo dr. Soares a guerra declarada pelo Estado contra os suspeitos de envolvimento com o tráfico de drogas, impondo execuções extrajudiciais, criminalizações de forma arbitrária, a aplicação dos filtros de classe e território imbricados no processo de reprodução das assimetrias sociais.

Se hoje em dia temos a prevalência de jovens entre os flagranteados e nas audiências de custódia, presos preventivos, isso reflete o processo

"É FRAGRANTE FOJADO DÔTOR VOSSA EXCELÊNCIA"

histórico do Brasil. O contexto social após ter sido juridicamente extinta a escravização africana revela crianças enjeitadas, independentemente de serem brancas ou não. No entanto, a vulnerabilidade social ao serem colocadas na "roda dos expostos",[6] instituída em Salvador em 1726, demarca a cor da pele como importante critério para reforçar as polaridades etnicorraciais.

Volpi[7] argumenta que é possível perceber a estratégia jurídica do Estado em estabelecer critérios raciais à imputabilidade do segmento infantojuvenil, pois a criação do Código de Menores em 1927 explicita que havia uma preocupação da sociedade política com um perfil preferencial de adolescentes. Por conseguinte, no século XXI dão a configuração penal de jovens com histórico de cumprimento de medidas socioeducativas como problema de segurança pública, haja vista as "institucionalizações" atingirem as famílias vulnerabilizadas, outrora enquadradas na "situação de irregulares" ou sem vínculos familiares. Entretanto, ao considerar o fim da escravização, a população negra de todas as faixas etárias ficou desassistida pela sociedade política. Logo, é possível inferir a pigmentação racial dos adolescentes, jovens, adultos e idosos que ofereceriam risco à sociedade.

O defensor público na cena colonial da audiência de custódia reconhece as engrenagens de raça, gênero e classe do assistido. Faço a entrevista com três servidores, o que me deu maior nitidez sobre o papel desse ator jurídico, que é de realmente restabelecer a liberdade do preso. O papel então será o de prestar orientação ao flagrado, a fim de zelar pela liberdade.

A Defensoria Pública geralmente tem mais vitórias do que advogados particulares. Pude observar que o flagranteado é orientado em uma linguagem acessível a trazer sua versão do auto de prisão em flagrante nas audiências. É orientado com base na manifestação do Ministério Público e da decisão do Juiz em casos similares. É comum o flagranteado ter receio de falar contra a polícia, por isso recebe instruções sobre o que

O JUIZ: PENSANDO COMO UM BRANCO

falar, como falar, independente da gravidade do crime, mostrar-se arrependido, emocionado, desfazer-se da masculinidade hegemônica através do choro. Em casos de acusação de envolvimento com o tráfico, percebemos que, na verdade, quase sempre se trata de usuários de maconha. A orientação então é pedir ajuda em relação à dependência da substância, contando com o suporte do "Programa Corra para o Abraço". Percebi que, quando há envolvimento efetivo com o tráfico, tais questões devem ser omitidas ou deve-se contar apenas o que aconteceu. A apreciação do juiz será individualizada, pois não existe padrão de orientação, uma vez que as decisões têm similaridades, mas cada caso tem suas peculiaridades. Existem pessoas flagranteadas com a vida pregressa "imputável", porém o objetivo da audiência não é a inquirição, por isso a orientação dada pelo defensor público é ficar em silêncio.

Nos casos da Lei Maria da Penha acontece da mesma forma, ainda que o flagranteado seja representado pela Defensoria Pública. A violência contra a mulher é um crime grave, porém a Defensoria argumenta até a última instância pela liberdade do flagranteado. Por outro lado, a Defensoria não se opõe às medidas cautelares de afastamento, uso da tornozeleira eletrônica ou o recente botão do pânico, por exemplo.

O botão do pânico é um recurso a mais. Quando o Juiz entende que precisa solicitar esse botão do pânico, quem aceita ou não é a própria vítima. Então o ator jurídico compreende, por exemplo, que, se o seu assistido mora com a vítima, é preciso que ele providencie um endereço alternativo, decidindo pelo afastamento do lar, com o que a Defensoria Pública, por regra, colabora. Quando o próprio flagrado é o dono da casa, tem que deixar o domicílio em um primeiro momento, mas isso não significa que vai perder sua casa. Já nos casos de colocar a tornozeleira eletrônica, na situação específica enquadrada na Lei Maria da Penha, percebi a empatia com a vítima, pois, teoricamente, existem chances de estar vulnerável ao seu agressor dentro de casa.

"É FRAGRANTE FOJADO DÔTOR VOSSA EXCELÊNCIA"

Durante o trabalho de campo e a análise dos arquivos de atuação da Defensoria, não houve registro de flagranteados por lesbofobia, homofobia ou transfobia. Acredito que isso se deve ao fato de a violência contra mulheres ser tipificada como crime não hediondo, comparado a outras modalidades. No entanto, nenhum flagrante em relação à homofobia ou ao racismo leva a acreditar que esses crimes, no auto de flagrante, afetam as tecnologias de proteção e afetos de policiais, delegados e agressores. A sociedade encara os danos contra a ordem pública como uma lesão contra a si.

As autoridades não possuem letramento para lidar com o racismo e com a homofobia. Ao ser questionado neste sentido, o defensor público mais progressista entre os três entrevistados concordou que existiam casos de racismo e de LGBTfobia que não chegaram a ser acompanhados, isso por conta da própria dinâmica sexista, racista e LGBTfóbica das instituições e do trâmite da ocorrência nas delegacias. Nas palavras do defensor Fagundes Justino:

> A tentativa de homicídio contra o público LGBT, já vi alguns aqui. Mulheres trans como autoras de um homicídio que elas alegavam como legítima defesa, e tiveram um tratamento proporcional com elas; deram a liberdade provisória pra ela poder provar se era legítima defesa ou não. Realmente os crimes de racismo da Lei nº 7716, eu nunca vi nenhum que é discriminação mesmo e proibição de circulação de acesso, ou incitação. Eu acho que eu já vi um injúria racial aqui, de um shopping de loja, um caso muito isolado que já mostra que o sistema não tá selecionando essas condutas. A recente criminalização da homofobia por analogia ao racismo, não vi nenhum caso acontecer aqui e chegar até aqui; mas, da injúria racial já vi sim, que agora o STF entendeu que é imprescritível do mesmo jeito que as outras formas de racismo. Mas porque aqui, o que é que acontece: nós estamos lidando com prisões em auto de flagrante,

esses crimes podem também ser investigados em outros âmbitos, podem ser investigados sem o flagrante delito, por portaria e ação de polícia regular; mas de fato eles quase não chegam aqui.

Esse entendimento da linha de conduta dos agentes públicos na classificação do fato encontra amparo na concepção de outro defensor público, mas vale ressaltar que o mesmo jovem negro que é penalizado por usar a maconha não é assistido pelo Estado na mesma intensidade quando chamado de "macaco"; portanto, quando é vítima de racismo. A mesma lógica que prende uma mulher trans só a atende quando ela precisa reagir, porque alguém não pagou o programa e atentou contra sua vida. Mas o homem branco que comete crimes de trânsito e assume o dolo de dirigir embriagado sequer costuma passar pelas audiências de custódia. Assim me contou a defensora Marina Beauvoir:

> Eu acredito que pela dificuldade mesmo de fazer um ato de prisão em flagrante em relação a esse tipo de imputação. Agora me veio à cabeça, também tem muita coisa que vem, aqui pra baixo que eu falo aqui na delegacia e, outras delegacias, que o delegado entende que pode liberar a pessoa. Por exemplo, tem casos de trânsito, que eles entendem que, ou estabelecem uma fiança e a pessoa já é liberada da delegacia, ou que ele entende que a pessoa não tem culpa no que aconteceu, não tem uma materialidade, não tem aquela culpabilidade e aí já libera na própria delegacia. É capaz de existirem casos em que houve um flagrante de homofobia ou de racismo e o delegado pode ter entendido que não chegou no nível de gravidade pra se passar por uma audiência de custódia, porque aqui na audiência de custódia eu nunca vi.

Na concepção da defensora Marina Beauvoir, os crimes de trânsito têm a mesma alcunha de proteção de classe e das políticas de afeto entre os indivíduos hegemônicos poupados da apresentação ao juiz, em posição diametralmente oposta à dos pobres, negros usuários de substâncias. Sendo assim, Thiago Teixeira,[8] intelectual brilhante, suscita alguns incômodos quando apresenta, dentro da filosofia do direito, a urgência da decolonização de valores para uma regimenta desvinculada de respostas positivistas, pois, segundo pensa, falta uma ética que inclua os Outros e que saia da modalidade moral restritiva sistêmica, pautada nas representações dos segmentos falidos em direitos humanos, uma moral que duvide da subalternidade sistêmica de pessoas negras, mulheres, pessoas não heteronormativas, pessoas com deficiências e demais grupos não hegemônicos. Concordo com o argumento de Teixeira sobre a fabricação do silêncio e da desimportância dos outros sujeitos. Nesse sentido, o autor conclui que o desejo incessante de centralidade branca, cis, heterossexual, masculina produz uma atmosfera genocida.

A este respeito, a defensora Beauvoir ainda pontua que:

> Primeiro, a gente tem um volume muito maior de tráfico de drogas e muito menor de trânsito, segundo tem a própria questão da seletividade mesmo, nós somos da Defensoria Pública e atendemos às pessoas hipossuficientes, sempre atendendo os mais pobres. Os crimes de trânsito, muitos são afiançáveis, têm condições de pagar na delegacia e não vêm pra cá. Muitos têm carros, têm advogados e não vêm pra gente, os que vêm pra gente é uma parcela ínfima que é pra Defensoria atender, e são poucos em comparação ao tráfico de drogas.

É importante observar a modalidade de racismo institucional analisada por Vilma Reis[9] ao considerar que no modelo de segurança pública da Bahia há um perfil preferencial de violência destinada aos jovens negros dos bairros periféricos. A autora analisa que, no período entre 1991 e 2001, o modelo interventivo da polícia baiana assemelhava-se ao de Nova York; já antes do período indicado, os homens negros chegavam feridos aos hospitais, no decorrer da década de noventa passaram a chegar mortos. A mídia tem um papel crucial nesse quadro, uma vez que impõe suas verdades, estabelece uma hierarquia noticiosa abordada como "racismos institucionalizados", analisados por Varjão,[10] e interage com as informações dadas pela polícia em detrimento de ouvir a versão dos fatos dada pelo flagranteado, supostamente culpado.

Segundo Varjão, a notícia depende da troca de informações entre os comunicadores e os policiais que, mesmo na condição de injustos, podem transformar em fatos a suposta criminalidade dos indivíduos negros, pois a polícia detém um capital simbólico que valida a política não oficial de extermínio de pessoas marcadas por características raciais e socioeconômicas.

5.1. A FÉ PÚBLICA POLICIAL

"Eles me xingaram com bastante palavrões, vagabunda, puta, mulher de traficante, usuária de drogas, perguntou que tipo de pó que eu usava, se era escama se era o quê, e eu negando a todo momento. Aí eles perguntaram dos caras que eu conhecia e botaram saco e tira saco e bota saco e tira saco me sufocando, tomei tapa, amarraram meu pescoço, aí como meu cabelo é grande, eles amarraram meu cabelo no meu pescoço começaram a me enforcar tanto que, quando eu cheguei lá na Central, eu estava com meus braços bem machucados não estava nem pra usar as algemas. Aí passei pelo corpo de delito que é necessário, mas mesmo assim eles foram bem brutais comigo, falaram que ia me levar pra não sei aonde, que ia me matar, aquele negócio todo. Passaram pela delegacia do Mirantes, ali os policiais vieram e fizeram a mesma coisa me apertando, tirando fotos e eu negando, e eles não queriam ouvir."

(Anita, entrevistada usuária de tornozeleira eletrônica)

"É FRAGRANTE FOJADO DÔTOR VOSSA EXCELÊNCIA"

Para o povo africano e para os negros da diáspora, a palavra é a força vital de condução aos caminhos de sorte e abundância. A palavra está impregnada de valores ético-morais dos antepassados ligados ao corpo vivo. Em famílias de terreiro de candomblé, a conduta exemplar conduzida pela filosofia da ancestralidade recomenda o "tomar a bença" às pessoas mais velhas, independentemente dos vínculos sanguíneos ou etários. Ao proferir as palavras "minha mãe te abençoe" ou "meu pai te abençoe", as sábias e os sábios estão evocando todo o patrimônio cultural, espiritual e ético da genialidade africana dos seus antepassados. Estão protegendo a experiência vivida não somente dos infortúnios, mas também dos evitáveis comportamentos prejudiciais à comunidade. Neste caminho de sorte e abundância através da palavra, existem ligações suficientes entre comunidades da vida material e famílias habitantes dos céus.

O pensador Hampâté Bâ compreende a força linguística dos mais velhos como repertório ético da ancestralidade africana. Na publicação do escritor, aprendemos que a partida de um mais velho equivale a perder uma biblioteca. A fala "pode criar a paz, assim como pode destruí-la".[11] A palavra é cosmossentida, nela há força de comunicação com o sagrado através da reza, *oriki*, prece, cantiga, silêncio... No entanto, a colonialidade moderna criou a sensação de que a escrita é mais importante do que a oralidade e supôs que somos um povo sem escrita, a despeito de o Antigo Egito dispor do patrimônio hieróglifo, do pioneirismo na ciência, arquitetura e medicina, dentre as tecnologias de saber protagonizadas por povos antigos. No entanto, a autoridade oral carece de valor na modernidade. Lidamos o tempo inteiro com apagamentos das narrativas da antiguidade sobrepostas à colonialidade do saber, contrária ao povo africano, em busca de algum registro escrito capaz de testemunhar o progresso em devir. Coexistimos em escrita e oralidade, duas desobediências epistêmicas na cronologia das ocorrências. A oralidade traz força. Nós damos a nossa palavra.

O JUIZ: PENSANDO COMO UM BRANCO

Nas audiências de custódia, a escrita do policial está carregada genericamente da crença dogmática católica. De todo modo, falta consenso na literatura jurídica sobre os policiais realmente gozarem de fé pública. Contudo, a meu ver, o texto da Constituição de 1988 deixa brechas para que os policiais sejam lidos como verossímeis entes do Estado, para que exerçam o poder disciplinar, baseados no princípio da fé pública,[12] e decidam se um jovem negro será levado para a cadeia ou não, se será detido de imediato ou não, tendo em vista a prisão em flagrante.

Ainda que essas acusações sejam feitas tomando como base interesses particulares, depoimentos de policiais, especialmente na era do governo Bolsonaro,[13] possuem presunção de veracidade, pois os autos de flagrantes gozam de presunção de materialidade, motivo pelo qual a palavra escrita nos boletins de ocorrência repercute de forma mais legítima que a oralidade da pessoa flagranteada.

Durante o trabalho de campo, longe de ser exceção à regra, assisti nas audiências de custódia a inúmeros casos de jovens cujos relatos são de "fragrantes fojados" ocorridos após a respectiva mãe de família ter rompido um relacionamento afetivo-sexual com um policial. Os autos de flagrantes são o principal meio de represália a mulheres submetidas aos "baculejos"[14] que vitimam filhos, já destituídos da configuração penal de usuários de drogas, passados à condição de traficantes. É esse o momento em que a violência de gênero provoca a dor da mãe de família que vê seu filho capturado por enredos punitivistas passíveis de investimento maior da literatura feminista e antirracista.

A meu ver, uma vez que o movimento antirracista desconsidera o movimento feminista negro em sua atuação, perdemos insumos para construção da anticolonialidade, com certa tendência a descartar a importância das abordagens durante as quais raça, classe e gênero interagem, perdendo a oportunidade de um ajuste democrático que criasse limites para a ação da polícia.

"É FRAGRANTE FOJADO DÔTOR VOSSA EXCELÊNCIA"

Sabe-se que a arquitetura ideológica da segurança pública herda aspectos políticos do sequestro e amputação de biografias. A ditadura militar ofereceu ao policial condições legais de assumir a cara do "estado de exceção", um artefato impeditivo da democracia afeito às governanças conservadoras da administração pública. Com isso, no Brasil, as chances de o Estado Democrático de Direito funcionar estão obstruídas, sopesando o fato de a constituição cidadã alçar os policiais militares às forças auxiliares de reserva do exército, submetidas a níveis hierárquicos rígidos, ao papel de atender à missão de combater os inimigos, adotando as "políticas de inimizade" que tornam possível o emprego de ações bélicas destinadas à defesa do Estado, contra os territórios dos indesejáveis negros.[15]

O promotor de justiça ou o juiz da vara não teria motivo para questionar a palavra escrita do policial condutor do flagrante, uma vez que, em tese, este é dotado de fé pública. A culpabilidade, por mais insuficiente que seja, dá lastro para a instalação da tornozeleira eletrônica e para o flagranteado responder a um processo. O relato policial é "juízo de probabilidade" antes de juntadas as provas da certeza do crime. O incentivo do Estado, por um lado, e os interesses de carreira política, por outro, aumentam a suposta busca por "eficiência" policial em defesa da ordem pública. Características corporais estigmatizadas encontradas no flagranteado dão argumento para a subjetividade de servidores públicos. Nesta direção, as narrativas policiais se apoiam em ideações racistas, com base em preconceitos inconscientes, segundo explica o entrevistado defensor público Duarte Capinoto:

> Primeiramente existe o preconceito, eu brinco aqui com eles de que quem se tatua não pode ir preso, por que tem muita gente tatuada de classe média, de classe alta. Não passam por esse preconceito. Como eles estão em situação vulnerável de morar em favela, de tá totalmente inserido no sistema cruel da sociedade, nas periferias, viverem à margem da sociedade,

> então isso pesa pra eles, pesa também na decisão do Juiz. Eu vejo mais especificamente no caso do tráfico, que as facções se marcam mesmo nas sobrancelhas. Tem algumas tatuagens chaves pra dizer que matam policiais, tipo gueixa, tipo a carpa, a tatuagem cortada se identificando como uma facção. Então eu entendo aqui que a gente precisa pelas histórias serem muito parecidas. Qual é a história parecida que eu estou falando? Que "eles estavam usando. Chegou a polícia e aí botou mais do que estavam", "ou então eu estava sem nada a polícia que forjou tudo".

Adicionem-se logo, neste diálogo, dados das pesquisas extremamente reveladoras da dra. Maria Gorete Marques de Jesus. De fato, as instituições brasileiras trabalham segundo a ótica da produtividade do capital. Os servidores públicos são incentivados pela política a bater a meta do órgão e os policiais fazem parte da empreitada, elevando os números de prisões em flagrante.

Na Bahia,[16] passaram a vigorar em 2021 aspectos probatórios dessa manobra necropolítica. Houve mudança no decreto que regulamenta o Prêmio Especial pago por arma de fogo apreendida em operações policiais. Tanto os policiais militares quanto os civis passaram a receber anteriormente quatro vezes o valor pago por esse tipo de apreensão, pois o objetivo da governança de esquerda é valorizar a produtividade policial. O prêmio pela apreensão de armas de fogo de uso permitido subiu de R$ 300 para R$ 1.200 atendendo à lógica de combater o crime organizado, concedendo valores mais expressivos para apreensão de armas do tipo fuzil, metralhadoras e artefatos explosivos.

Para tornar mais nítido o entendimento, a lógica institucional é a da guerra às drogas, ao mercado paralelo das armas e da violência letal ensejada nas disputas por território, onde a polícia tem a rubrica de atestar se a droga apreendida era para uso, qual era a quantidade e a função da pessoa flagranteada na cadeia produtiva. O delegado, por sua vez, é outro

"É FRAGRANTE FOJADO DÔTOR VOSSA EXCELÊNCIA"

servidor público partícipe da política de corporação, é quem faz carreira em cima das operações militares. O percurso do flagrante até a fé pública encontra-se apoiado por atores jurídicos da audiência de custódia, conforme admite a defensora pública Carolina de Jesus:

> Aí é o que mais se tem e o que mais se ouve são os juízes e promotores, em 99% das vezes, dando credibilidade muito à versão apresentada pelos policiais com o argumento que eles têm a fé pública, e quem tá do outro lado, sempre contam a mesma história, não acreditam, se eles contam a mesma história todos os dias é que isso tá mesmo acontecendo. É ao contrário, é o policial que tem fé pública, "eles que contam pra todo mundo a mesma historinha".

A constatação da defensora pode ser observada nesta entrevista com a promotora Suzana Germant:

> Eu não acredito, observem que aqui nas audiências de custódia, eles alegam que a polícia forjou o flagrante, eles alegam sempre flagrante forjado, eles sempre alegam que o flagrante tá forjado e eu já tenho passagem. Mesmo que não tenha passagem nenhuma, eles alegam que foram forjado pela polícia. Eu não parto do pressuposto que a polícia está faltando com a verdade, pelo contrário, eu valorizo o trabalho da polícia, eu parto do pressuposto de que o policial está agindo de boa-fé, o policial tem fé pública, é um servidor público, tem um trabalho extremamente duro, trabalho físico, trabalho de risco, não sabe nem se vai voltar pra casa, então eu parto do pressuposto que ele sempre tem fé pública sempre.

A esse respeito, frente ao eurocentrismo das leis, a advogada e pesquisadora baiana Juliana Souza sugere o protagonismo dos colonizados

O JUIZ: PENSANDO COMO UM BRANCO

à "torrente ancestral", posto que as vidas negras não importam. Ora, os policiais estão acima de qualquer suspeita em relação à condução da verdade jurídica produzida. "No Brasil as pessoas negras são portadoras de uma humanidade negociável. Sim, portadoras, como algo que não lhes pertence em definitivo, que pode lhes ser transferido, retirado, minorado, ignorado, a depender das circunstâncias."[17]

Tais aspectos penais enviesam as decisões produzidas na legalidade da prisão em flagrante, passam a requerer o controle judicial dos mais notórios casos de medidas cautelares. "Segundo os policiais civis e os militares entrevistados, não é preciso realizar investigações nos flagrantes de tráfico de drogas porque eles já apresentam tudo: a autoria, comprovada pelos próprios policiais que efetuaram a prisão; a materialidade, que corresponde à droga apreendida."[18]

O próprio incentivo institucional e dos governos parece provar que existem crimes forjados com o intuito de obter vantagens pecuniárias, políticas e midiáticas para a polícia. Na audiência de custódia, os apelos midiáticos prejudicam negros, transexuais, lésbicas e outras "comunidades não", podem surpreender juízes parciais, mas não o juiz da vara de audiência, nas palavras do próprio entrevistado: "Alguém se atrapalhou um pouquinho, alguém pode ter se deixado levar pela mídia."

Durante o trabalho de campo, acompanhei um caso envolvendo uma flagranteada jovem, trabalhadora, negra, lésbica, professora de escola particular em Salvador. A audiência de custódia ocorreu após auto de flagrante segundo o qual ela estaria aliciando uma criança (11 anos, 11 meses e 29 dias), juridicamente constituída como pessoa vulnerável na redação do Estatuto da Criança e do Adolescente (ECA). A mídia sensacionalista impressa, o rádio e a televisão deram julgamento popular ao auto de flagrante, imputando para a assistida o crime 241, de aliciar, assediar, instigar e constranger por meio de mensagens e fotos suas, com o fim de praticar pornografia com a criança.

"É FRAGRANTE FOJADO DÔTOR VOSSA EXCELÊNCIA"

A partir do momento em que ficou comprovado não se tratar de criança, mas sim de uma adolescente, tornou-se impossível materializar o crime e a prisão foi relaxada. Um dos elementos essenciais no artigo desse tipo penal é que a vítima seja criança, caso contrário a redação da lei torna-se nula para o auto de flagrante. Parece certo que na prisão ilegal da jovem lésbica negra trabalhadora, ela acabou julgada moral e profissionalmente, perdendo por justa causa o vínculo trabalhista, além de sofrer execração pública, o que produziu sofrimento na adolescente que, nutrindo afeto pela mesma, tentou suicídio. Isto tudo diante da circunstância da delegada usar de maneira incorreta o direito penal, criando crimes sem redação correspondente.[19] A conduta da delegada, dando infâmia à flagranteada, contribuiu, ao mesmo tempo, para que a suspeição do aspecto garantista da audiência de custódia se tornasse a suspeição de pedofilia. A sanha de punição dos magistrados geralmente não é compatível com uma ética antipatriarcal. "Por isso consideramos que uma ética antirracista decolonial e insurgente recusa as bases individualistas, universalistas, abstratas, não localizadas e incorpóreas. Estas que dão sustentação às perspectivas morais da branquitude e dos eixos de manutenção do poder."[20] Nas palavras do juiz Sá de Sá:

> No meu entender, primeiro eu não tenho nada contra se a pessoa for lésbica, se for gay, hetero, bi, trans, não tem nada no meu entendimento. Como eu vou poder julgar se você gosta de homem, se você gosta dos dois, eu tenho que cuidar da minha vida, eu acho isso um absurdo! As pessoas dão tanta importância pra isso, eu acho que cada um precisa cuidar da sua vida. Vai ser feliz desde que você não esteja machucando, ferindo a vida das pessoas. Você pode fazer o que você quiser! Ela, uma jovem professora, ainda em formação, uma jovem ainda, ela assediar, propor uma outra adolescente... não condiz essa postura, até porque essa não é e não deve ser uma prática do professor, tanto é que na mesma hora a escola foi e demitiu, porque isso não é aceitável para um professor. A punição foi essa, não precisa colocar ela presa, até porque, se a gente

parar pra pensar, houve algum prejuízo sério para essa adolescente? Não, elas estavam curtindo uma paquerinha lá, é uma fase da vida de tantas mudanças, de tantas incertezas... Mas o que interessa como aplicadores do direito é que temos que se apegar ao que tá na lei, quando se fala em direito penal. É isso aqui o tipo de direito penal.

Essa modalidade de corrupção sistêmica praticada por policiais e delegados não é apurada pelas corregedorias. Jorge da Silva fez uma análise sobre isso em seu artigo *Corrupção policial e a teoria das maçãs podres*, originalmente *Fighting Police Corruption in Brazil: The Case of Rio de Janeiro*. No texto ele faz um apanhado sobre corrupção, que pode ser estendido às audiências de custódia, analisando o mau uso da fé pública, a tendência de presunção de verdade quando o agente de interesse no contraditório é pessoa negra, trabalhadora, moradora de territórios criminalizados.

O bairro Engenho Velho da Federação atualmente é território equiparado a Itapuã, Cidade Baixa, nas mediações do Elevador Lacerda, Valéria, Periperi, Fazenda Grande do Retiro e Pernambués que têm quantidade absurda de pessoas em audiências de custódia. São comunidades que chamam atenção mais pelo fato de dificilmente receberem o prestígio da versão policial, pois a palavra do Estado está justaposta ao empresariado burguês, imobiliário e de agentes parlamentares envolvidos em corrupção. "O policial não é um indivíduo com problema de caráter, a sua conduta faz parte de aspecto ético-moral da corrupção, porém concentram-se na sua forma sistêmico-organizacional."[21]

E, por falar em fé, no tamanho de algo sentido de olhos fechados por nós, pessoas africanas, fica cada vez menos provável confiar na polícia e na boa-fé dos policiais. E para tornar o sistema-mundo cristão ainda mais diabólico, de um modo geral, o narcotráfico é comandado por evangélicos. Segundo o pesquisador Henrique Oliveira,[22] está estampada a autoridade das facções "Bonde de Jesus", "Tropa do Arão", "Tropa de

"É FRAGRANTE FOJADO DÔTOR VOSSA EXCELÊNCIA"

Moisés", "Tropa de Josué", entre outros artefatos institucionalizados por militares ocupantes de cadeiras no judiciário, executivo e legislativo, que invadem terreiros de candomblé, usando o racismo religioso para validar o capital e vender as drogas com frases bíblicas. O pesquisador exemplifica: o pacote de maconha vem acompanhado do Gênesis 1:29, "Tenho dado todas as ervas que produzem sementes, as quais se acham sobre a face de toda a terra, bem como todas as árvores em que há fruto que dê semente, ser-vos-ão para mantimento"; no pacote de cocaína, Gênesis 3:19, "do pó viemos, ao pó voltaremos"; no pacote de crack, João 8:1-11, "quem dentre vós não tiver pecado, atire a primeira pedra".

Enquanto escrevo este livro, o caso de Yago Corrêa de Souza[23] repercute. Jovem negro de 21 anos foi preso em flagrante após ter corrido da polícia durante uma operação policial violenta. A polícia alegou envolvimento com o tráfico de drogas, posse de 30 gramas de cocaína e 150 de maconha, totalmente contrária à versão do custodiado, de ter ido comprar pão. O argumento da fé pública do policial convenceu o juiz da audiência de custódia, que decretou a prisão preventiva. Não fossem as investidas quase solitárias da mãe de família para ter acesso às imagens das câmeras, que comprovariam a inocência do filho, o delegado assistente da 19ª DP (Praça da Bandeira), Marcelo José Borba Carregosa, dificilmente teria admitido que o jovem estava no lugar errado na hora errada. Nem o juiz teria decretado a liberdade sob cautelares, mantendo a mancha do processo na vida negra, sobretudo, quando se deparar de novo com mais abordagens policiais.

Como foi possível perceber até aqui, a polícia não tem como cumprir as leis de Ogum, nem os princípios de Maat. A epistemologia da ética africana é pelo certo, mesmo que vá doer. Apesar de, na Bahia, o senso comum mencionar Ogum como o protetor dos policiais, acredito que a epistemologia do deus do ferro não aprova estas armas de amputação das dignidades dos homens negros. Xangô, em sua epistemologia da justiça, não pode balancear para o outro lado.

CAPÍTULO 6.
A SAÍDA DE ÌYÀWÓ OU CONSIDERAÇÕES FINAIS

Na diáspora africana, o legado matripotente das famílias de terreiro de candomblé recolhe a divindade cabeça para iniciar a fase do encantamento pelos valores éticos, arrancados durante a colonização escravocrata. A ritualística visa promover a aparição pública, onde a pessoa renascida apresenta seu verdadeiro nome, despertada pelas forças "cardiografadas" dos ancestrais africanos.

Para tratar da produção de um texto desafiador, no lugar de parto, prefiro falar do recolhimento no roncó, útero sagrado do território epistêmico africano. A família situada nesse lugar de anticolonialidade restabelece as sensações, as coragens intelectuais, logo quando as dúvidas são tiradas com as orí-entadoras, elas também, forças que não passam a mão pela cabeça.

A saída do roncó significa dar início a um ciclo mais encorpado da ìyàwó consagrada pelo sistema filosófico, com vínculos salutares a serem assistidos pela comunidade negra. Nessa hora, o silêncio dá passagem às cantigas decoloniais, às rezas insurgentes, às oferendas analíticas, aos ebós epistêmicos. Muita coisa se passa no roncó. A cabeça colonizada chega a acreditar estar fingindo ser o que não é. Um ser pensante, posto de tal modo, sabota as magias literárias ou deixa a razão prevalecer sobre os sentidos quase obstruídos, contra a vontade espiritual.

Na cabeça, o *ekòdidé* faz menção ao poder das grandes mães, ao sangue menstrual, ao respeito que uma sociedade patriarcalizada deveria ter com

"É FRAGRANTE FOJADO DÔTOR VOSSA EXCELÊNCIA"

as mulheres e com os mais novos. É a magia que se faz contrária ao sangue de tantas vítimas lá fora. Evidencia-se, na ocasião, que o orí pode realizar atividades intelectuais importantes e prosseguir com a aprendizagem.

Ciente das epistemologias ancestrais e da necessária ruptura com a colonialidade do saber, dou meu brado, sendo ainda nova divindade, portanto assentada no "começo, meio e começo" de Nego Bispo, cheia de condutas metodológicas para serem revistas, falhas de tempo e obrigações instrumentais descumpridas. Aqui é apenas um *ilá* discursivo que, com certeza, abrirá a possibilidade de mais barcos de iyawôs conectarem-se ao território discursivo, opondo-se ao encarceramento, à tortura e ao racismo institucionalizado, que encontram nas audiências de custódia portas de entrada.

O ordenamento jurídico tem, sem dúvida, potencial para levar a população negra a enfrentar, minimamente, a casa-grande, a Academia, as senzalas e o auto de flagrantes produzidos pelo Estado através de *ejós* ou mentiras a respeito das nossas condutas tidas como perigosas, submetidas aos *fragrantes fojados* da polícia. A oralidade dos negros não pode perder a força teórica diante das versões escritas por instituições punitivistas. Para nós, a escrita nunca terá validade superior à da palavra dada. O texto militante acadêmico é palavra colocada, gritada na praça, convocando todas e todos comprometidas e comprometidos com a verdade, a justiça, a igualdade, para a incorporação dos valores de Maat, das epistemologias dos bantu, dos cosmossentidos yorubá e da fé pública em comunidades de terreiro.

Acredito na língua de Exú, boto fé! É possível despacharmos nas encruzilhadas discursivas do antirracismo antipatriarcal anticapitalista o segregacionismo das audiências de custódia. Porque nada depositado em termos de lei e de justiça moderna conseguirá satisfazer os preceitos de Ogum em sua liberdade majestosa. A Carta Africana de Direitos Humanos e dos Povos encarna o único modelo de justiça africana ativo no mundo.

A SAÍDA DE ÌYÀWÓ OU CONSIDERAÇÕES FINAIS

Nenhuma inovação jurídica pode realizar o Estado Democrático de Direito enquanto o caminho estiver monitorado por tornozeleiras eletrônicas, enquanto os ferros marcarem a tortura do senhor branco, realizada pelos capitães do mato.

Se fosse para insistir na literatura do direito, até diria: estou apresentando uma petição alegando que todas as pessoas flagranteadas, sobretudo julgadas pelas leis e pelos manejos jurídicos do Estado Democrático de Direito, precisam passar novamente pelos julgamentos dos sistemas filosóficos dos antigos. Precisam ser apresentadas a Xangô, nosso juiz, à Oyá, pois, conforme escreveram as doutoras Livia Vaz e Chiara Ramos, a justiça é uma mulher negra.

De modo geral, o impulso teórico metodológico epistêmico deste texto diz axé ao projeto intelectual feminista negro, radicalmente comprometido com o pensamento da periferia, com as mães de família, com as raízes de todos aqueles e aquelas que tiveram a humanidade sequestrada.

Agradecimentos

Agradeço ao meu *orí* e à família espiritual assentada em Opará, Xangô, Oyá e Ogum. Modupé pela lealdade de vocês, faltou pouco para eu abandonar este compromisso político de escrever sobre justiça e matri-potência. Não carrego meus orixás, sou carregada. Sinto a presença de Makota Valdina, Lélia Gonzalez, Luiza Bairros, Beatriz Nascimento, Abdias Nascimento, Carolina de Jesus — mulheres e homem que jamais perderam uma batalha discursiva, famílias celestiais que me dão forças para enfrentar o medo da ridicularização. De modo geral, na condição de mulher negra, particularmente no lugar epistêmico de feminista negra, reconheço a importância de sempre agradecer.

Agradeço a Exú.

Agradeço imensamente às minhas orientadoras Márcia Macedo e De-nise Carrascosa por terem segurado a minha mão, como Iyás apoiadoras da abiã com aqueles receios e autossabotagem. À Denise Carrascosa por dar força à minha saúde mental, ir ao médico comigo, revisar meu texto cobrando as linhas. Por ter dedicado empenhos, aconselhamentos e justiças aquecidas pelos ímpetos intelectuais de Oyá.

À minha orientadora, Márcia Macedo, personagem fundamental em minha vida acadêmica, alguém admirável, inspiradora colega de profissão, pensadora que acompanha meus passos desde a graduação. Costumo dizer que, porque ela é libriana e eu tenho um Plutão em Libra, na casa nove, a casa do ensino superior, minha orientadora

"É FRAGRANTE FOJADO DÔTOR VOSSA EXCELÊNCIA"

suscita os assuntos mais desafiadores em termos de investigação, para quebrar as estruturas.

Agradeço ao frasista Agnaldo Pereira por ter chegado a minha vida para convocar a força do "eu te amo", restabelecendo a maciez das palavras em dias difíceis. Também por trazer um toque fraterno, o incentivo do "Você vai conseguir, és uma metralhadora discursiva".

Agradeço aos meus pais, dona Célia e senhor Carlos, pelas orações, bem como aos meus irmãos pelas mensagens de "Vai dar tudo certo!". Agradeço às pessoas de quem não sei o nome, mas sinto as forças baterem no meu ombro: "Carla, confio em você." Agradeço aos livros que foram enviados aos montes para me instrumentalizar. Aos técnicos, servidores, colaboradores, especialmente Carlos Augusto. Sou grata à equipe lotada na Vara de Audiência de Custódia.

Agradeço à irmã Daniela Brito, assistente de pesquisa retada na transcrição das entrevistas. À Gabi Monteiro, minha Oyasse, mandando energia positiva com as mãos e os aconselhamentos. Sou grata ao Tribunal de Justiça da Bahia, ao desembargador Moacyr Montenegro, pelo deferimento da pesquisa; à Defensoria Pública, por compartilhar comigo todos os documentos relativos ao meu trabalho de campo.

À filha de Ogum Katiúscia Ribeiro, que compartilhou textos sobre Maat e alimenta a todas nós com sua descolonização teórica.

Agradeço ao dr. Antônio Lobo, porque sem o Serviço Médico Universitário Rubens Brasil (SMURB) e seus ansiolíticos eu estaria vivendo um pesadelo. O afeto e a descontração foram essenciais.

À família de Sàngó de Ifayemi Awobidemi.

À mãe Irene de Osun e Mãe Angelita de Oxum por aquietar meu Orí nas águas.

Ao bàbá Rodney William. Foram semestres de convites para ajudar a concluir a tese e eu nada...

Aos amigos Djamila Ribeiro, Fabiana Oliva e Brenno Tardelli, por me ajudarem com mensagens de "Termina logo!"

AGRADECIMENTOS

Ao meu eterno professor Valdo Lumumba, por suas letras, generosas trocas e cada citação.

Às mães de família. Às maconheiras e aos maconheiros deste mundo, saúdo a dignidade de vocês.

À minha psicanalista de toda hora, Roberta Jordana.

Pelo suporte teórico, agradeço ao grande Renato Noguera e a Uá Flor, Jocivaldo Anjos, Deise Fatuma, Marinho Soares, Liz Almeida, Amanda Cunha, Bruna Rocha, Luanda Maat, Camila Fiuza e Denílson Oluwafemi.

Pela revisão, agradeço a vocês, Jéssica Teixeira, Livia Vianna, Thadeu Santos, Mariana Barros e Carla Gisele.

Notas

INTRODUÇÃO

1. Conforme define o babalorixá Sidnei de Xangô, a ideia de "epistemologia de Xangô" está associada à natureza ancestral de Xangô e remete ao modo como a própria comunidade se apropria e se nutre desse saber histórico. Nesse sentido, a episteme de Xangô estabelece na própria comunidade um senso de justiça, de verdade, de compromisso, de ética coletiva e de pertença associada ao bem comum. Xangô, tanto na Yorubalândia como fora dela, é conhecido como o orixá da Justiça e, também por isso, a sua presença e atuação sociais se edificam no grupo como aquele que cuida, protege, mantém a ordem e mantém a Justiça entre todos aqueles que se reconhecem parte de um sistema maior que é o próprio Xangô. Entre os yorubá, todos, quando justos, são o corpo expandido de Xangô; é nele, por que é através dele que a Justiça se faz.

CAPÍTULO 1. FUNDAMENTO DE ABERTURA DO CAMINHO METODOLÓGICO

1. Molefi Kete Asante, "Afrocentricidade em questão – Entrevista", 2012.
2. Conceituada pelo sociólogo peruano Aníbal Quijano, a "colonialidade do saber" discorre sobre as limitações das ciências sociais latino-americanas e da ciência política, ao deixarem de usar seus próprios lugares epistêmicos e geográficos de periferia-mundo no estabelecimento de contra narrativas ao sistema do conhecimento ocidental e sua localização universalizante. *Ver* Aníbal Quijano, "Colonialidade do poder, eurocentrismo e América Latina", 2005.
3. Sergio São Bernardo, *Kalunga e o Direito*, 2016, p. 70.
4. *Outsider within*: a tradução corresponde a "forasteira de dentro", lugar intelectual mediado pela desobediência aos estilos literários eurocêntricos e das maneiras de dialogar com a universidade, a "Casa-grande". A "preta da casa" existe sem compor o poder constituído pela "Casa". *Ver* Patricia Hill Collins, *Pensamento feminista negro*, 2019.
5. Zelinda dos Santos Barros, "Ensino de história e cultura afro-brasileiras nas escolas", 2015, p. 76.

"É FRAGRANTE FOJADO DÔTOR VOSSA EXCELÊNCIA"

6. Frantz Fanon, *Peles negras, máscaras brancas*, 2008

7. Rodney William, *Apropriação cultural*, 2019.

8. Odu equivale ao destino, diz respeito às particularidades, ocorrências e marcas no caminho do ser humano. Segundo este odu, estas circunstâncias são decididas pelo *orí* de cada um e impregnadas na experiência de vida da pessoa na terra, o Aiyê.

9. Da palestra de Oyèrónkẹ́ Oyèwùmí sobre seu livro *A invenção das mulheres*, na II Jornada Feminismos Decoloniais, promovida pela Bazar do Tempo, na cidade de São Paulo, em 2023. Nessa oportunidade, conheci pessoalmente a intelectual. A autora não utiliza mais o termo "oxunismo", prefere pautar o poder de Ìyá Oxum, desfazer o sufixo "ismo" e qualquer relação com identidade construída pelo antirracismo, feminismo, mulherismo, dentre as outras denominações feitas por identidade de costas a identidade política contracolonial.

10. Bunseki Fu-Kiau, *Self Healing Power and Therapy*, 1991, p. 111.

11. Patricia Hill Collins, *op. cit.*, 2019.

12. Lélia Gonzalez, "A categoria político-cultural da amefricanidade", 1988.

13. *Abya Yala* faz contraponto ao nome *América*, expressão usada pela primeira vez, em 1507, pelo cosmólogo Martin Wakdseemüller. A expressão *Abya Yala* é consagrada a partir de finais do século XVIII e início do século XIX como modo das elites crioulas se afirmarem em contraste aos conquistadores europeus. *Ver* Carlos Walter Porto-Gonçalves, "Abya Yala" [verbete], Enciclopédia Latino-Americana, [on-line], s/p.

14. Segundo a socióloga Heleieth Safiotti, a simbiose de classe, raça e gênero não diz respeito à soma das categorias, mas sim à contradição entre capital e trabalho; entre gênero masculino e feminino; e entre diferentes raças/etnias. Essas são as três contradições básicas para explicar a realidade brasileira. *Ver* Heleieth Saffioti, "Entrevista com Heleieth Saffioti", 2011.

15. Carlos Moore, *O marxismo e a questão racial*, 2010.

16. Kevin B. Anderson, *Marx nas margens*, 2019.

17. Carlos Moore, *op. cit.*, 2010.

18. *Ibidem.*

19. W. E. B. Du Bois, *Black Reconstruction in America*, 2014.

20. Márcia Macedo, "Mulheres chefes de família e a perspectiva de gênero", 2008.

21. A categoria de classe marca quaisquer experiências não idênticas a do homem branco heterossexual cristão burguês.

22. Segundo Pierre Bourdieu, o efeito da distribuição das formas de capital se dá em termos de reconhecimento ou de valor social, é um poder atribuído àqueles que obtiveram reconhecimento suficiente, ou seja, capital simbólico, para ter condição de impor o seu reconhecimento. *Ver* Pierre Bourdieu, "Capital simbólico e classes sociais", 2013.

23. Segundo Angela Davis, no capitalismo, africanos passaram a condição de mercadorias humanas; mulheres negras, aos olhos ocidentais dos proprietários, tornaram-se instrumentos do trabalho reprodutivo que garantiu a ampliação da força de trabalho escravizada. *Ver* Angela Davis, *Mulheres, raça e classe*, 2016.

NOTAS

24. Patricia Hill Collins e Sirma Bilge, *Interseccionalidade*, 2021.
25. São os brancos antirracistas, segundo dr. Lourenço Cardoso. Reconhecem os privilégios da supremacia branca, mas estão ancorados em fortalecer a luta contra o racismo estrutural. *Ver* Lourenço Cardoso, "Retrato do branco racista e anti-racista", 2010a; *ver também* Lourenço Cardoso, "Branquitude acrítica e crítica", 2010b.
26. Boaventura de Sousa Santos e Maria Paula Meneses (orgs.), *Epistemologias do sul*, 2009.
27. Sueli Carneiro, *A construção do outro como não ser como fundamento do ser*, 2009.
28. Walter D. Mignolo, *Histórias locais, projetos globais*, 2003.
29. Djamila Ribeiro, *Lugar de fala*, 2019.
30. Grada Kilomba, *Memórias da plantação*, 2019.
31. Achille Mbembe, *Necropolítica*, 2018.
32. *Idem, Crítica da razão negra*, 2017a.
33. Há 25 mil anos, os leucodérmicos surgiram da despigmentação dos seres humanos melanodérmicos, cuja cor da pele deu origem aos primeiros seres humanos provenientes das regiões quentes e antecede, portanto, o fluxo migratório da chegada dos leucodérmicos, seres humanos brancos e amarelos de variação adaptativa genética e geográfica. *Ver* Carlos Moore, *Racismo e sociedade*, 2007.
34. Wanderson Flor do Nascimento, "Sobre os candomblés como modo de vida", 2016, p. 168.
35. bell hooks, "Love as the Practice of Freedom", 2006.
36. Patricia Hill Collins, *op. cit.*, 2019.
37. Compreendo ao ler Marx que, sem a percepção do trabalhador sobre o fato de ele sofrer a exploração por parte da classe burguesa, não será possível mudar a estrutura. Não será possível empatia, afeto ou união entre os proletariados.
38. A proposta da francesa Daniele Kergoat é usar a consubstancialidade em vez da interseccionalidade por imputar à interseccionalidade uma maior ênfase à imbricação de gênero e raça em detrimento da classe.
39. Sophie Olúwọlé, *Socrates and Ọ̀rúnmìlà*, 2017.
40. Luiza Bairros, "A mulher negra e o feminismo", 1990. *Ver também* Luiza Bairros, *O feminismo do Brasil*, 2008.
41. Barbara Christian, "A disputa de teorias", 2002.
42. Otele Olivette, *Europeus africanos*, 2020, p. 179.
43. Richard Delgado e Jean Stefancic, *Teoria crítica da raça*, 2021.
44. *Ibidem*, p. 29.
45. Muniz Sodré, *Pensar nagô*, 2017.
46. Audre Lorde, *Irmã outsider*, 2019.
47. Kwasi Wiredu, "As religiões africanas desde um ponto de vista filosófico", 2010.
48. Denise Carrascosa, "Eu sou o Herói", 2014.
49. Henrique Freitas, *O arco e a arkhé*, 2016.
50. Muniz Sodré, *op. cit.*, 2017.

"É FRAGRANTE FOJADO DÔTOR VOSSA EXCELÊNCIA"

51. Sergio São Bernardo, "Kalunga e o Direito", 2018.
52. *Ibidem*, p. 116.
53. Achille Mbembe, *op. cit.*, 2017a.
54. Grada Kilomba, *op. cit.*, 2019.
55. Muniz Sodré, *op. cit.*, 2017.
56. Glória Anzaldúa e Cherríe Moraga (orgs.), *This Bridge Called my Back*, 1983.
57. Houria Bouteldja, "Raça, classe e gênero", 2016.
58. Kimberlé Crenshaw, "Documento para o encontro de especialistas em aspectos da discriminação racial relativos ao gênero", 2002.
59. Rodney William, *op. cit.*, 2019.
60. O Grupo Modernidade/Colonialidade surge formado exclusivamente por intelectuais da América Latina, nos anos 1990, com a ruptura epistemológica do pós-colonial no continente e fazendo opção de "giro decolonial".
61. Alex Ratts e Flávia Rios, "A perspectiva interseccional de Lélia Gonzalez", 2010, p. 393. *Ver também* Alex Ratts e Flávia Rios, *Lélia Gonzalez*, 2010.
62. Erving Goffman, *Estigma*, 1981.
63. Em junho de 2013, Rafael Braga Vieira, na época com 25 anos, reciclador, estava no território dos protestos sem participar deles. Foi abordado por dois policiais civis na Rua do Lavradio, no bairro da Lapa. Segundo os agentes, o jovem carregava dois frascos em suas mãos, "aparentemente semelhante[s] ao coquetel molotov", um "com odor semelhante ao de álcool e o outro preenchido com substância de odor muito forte, embora não identificado". Posteriormente, o laudo do esquadrão antibomba da Polícia Civil atestou que os frascos de pinho sol e água sanitária tinham uma ínfima capacidade explosiva e seriam pouco efetivos no preparo de coquetel molotov. Rafael Braga ficou preso por cinco meses no Complexo Penitenciário de Japeri, até dezembro de 2013, quando foi condenado em primeira instância. A sentença do jovem foi de cinco anos em regime fechado por porte de material explosivo.
64. Kimberlé Crenshaw, *op. cit.*, 2002.
65. Sobre criminologia crítica antiprisional teorizada por mulheres negras no Brasil, *ver* Vilma Reis, *Atucaiados pelo Estado*, 2005; Denise Carrascosa, *Técnicas e políticas de si nas* margens, 2008; Ana Flauzina, *Corpo negro caído no chão*, 2006; Thula Pires (org.), *Vozes do cárcere*, 2018; Deise Benedito, *A favelização do Complexo do Curado e a ilicitude da existência*, 2019; Juliana Borges, *Encarceramento em massa*, 2019; e Preta Ferreira, *Minha carne*, 2021.
66. Angela Davis, *A democracia da abolição*, 2019.
67. As superinclusões definidas acontecem quando uma categoria, a exemplo de raça, esconde um conjunto de problemas que envolvem território, gênero ou geração.
68. Felipe da Silva Freitas, *Racismo e polícia*, 2020.
69. Renato Noguera, *Mulheres e deusas*, 2017.
70. Angela Davis, *op. cit.*, 2019

NOTAS

71. Henrique Antunes Cunha Júnior, "NTU", 2010.
72. Daniel Nicory do Prado, *A prática da audiência de custódia*, 2017, p. 21.
73. Adilson José Moreira, *Pensando como negro*, 2019.
74. É um programa governamental, multidisciplinar de redução de danos no Estado da Bahia, que atua na promoção de direitos das pessoas em situação de uso abusivo de drogas e vulnerabilidade social.
75. Alinne de Lima Bonetti, "Etnografia, gênero e poder: antropologia feminista em ação", 2009
76. Hélio R. S. Silva, "A situação etnográfica", 2009.
77. Ricardo Cappi, "A 'teorização fundamentada nos dados'", 2017.
78. Maxwell K. Owusu, "Rumo a uma crítica africana da etnografia africana", 2016.

CAPÍTULO 2. FONTES TEÓRICAS: ROMPER COM AS BASES EPISTÊMICAS DOS SISTEMAS EUROCÊNTRICOS

1. Bunseki Fu-Kiau, *Self Healing Power and Therapy*, 1991, p. 2.
2. Walter Rodney, *Como a Europa subdesenvolveu a África*, 1975.
3. Wanderson Flor do Nascimento e Denise Botelho, "O currículo de filosofia brasileiro entre discursos coloniais", 2009, p. 82.
4. Aza Njeri, "Educação afrocêntrica como via de luta antirracista e sobrevivência na Maafa", 2019.
5. Abdias do Nascimento, *O quilombismo*, 2002, p. 41.
6. Frantz Fanon, *Pele negra, máscaras brancas*, 2008.
7. Toni Morrison, *O olho mais azul*, 2019.
8. Aimé Césaire, *Discurso sobre o colonialismo*, 2020.
9. Enrique Dussel, *A produção teórica de Marx*, 2012, p. 20.
10. Walter Rodney, *op. cit.*, 1975.
11. *Ibidem.*
12. Tamires Eidelwein *et al*, "Os princípios constitucionais do respeito à *Pachamama (Madre Tierra)* e do *suma qamaña (buen vivir)* a partir de uma experiência etnográfica na Comunidade Yumani – Isla del Sol (Bolívia)", 2020, p. 5.
13. H. Odera Oruka, "Quatro tendências da atual Filosofia Africana", 2002.
14. De origem yorubá, a palavra Ofó no Brasil quer dizer força, capacidade de encantamento através da energia transmutada espiritualmente no que se diz.
15. Abdias do Nascimento, "Padê de Exu libertador", 1983, p. 31. "Ofereço-te Exu/ o ebó das minhas palavras/ neste padê que te consagra."
16. Em seu livro, o dr. Sergio São Bernardo critica o ecletismo jurídico e a formação do estado brasileiro estruturado pelo racismo institucional, o *modus operandi* do direito e da criminalização racial da população selecionada para sofrer seus efeitos de punição e encarceramento. Apesar de a maioria do contingente populacional ser negra e a nação

"É FRAGRANTE FOJADO DÔTOR VOSSA EXCELÊNCIA"

surgir pela marca e presença dos indígenas, as "leis" de Têmis são privilegiadas para as decisões da justiça fundada em valores etnocêntricos. Segundo o dr. responsável por iniciativas jurídicas as quais tive contato por trabalho profissional, há "imperativos categóricos" das leis de Xangô precisando de revisitação e eco na cultura brasileira de punir, julgar e dar liberdades como garantias processuais. *Ver* Sergio São Bernardo, *Kalunga e o Direito*, 2016.

17. Renato Noguera, *O ensino de filosofia e a Lei 10639*, 2015.
18. Giselle Marques Camara, *Maat*, 2011.
19. Émile Durkheim, "O que é um facto social?", 2004.
20. A CPI da Covid-19, também chamada de CPI da Pandemia, CPI do Coronavírus, ou simplesmente CPI da Covid, foi uma comissão parlamentar de inquérito, que teve andamento na República Federativa do Brasil, investigando de quem é a responsabilidade pelos procedimentos inadequados de autoridades ou pela omissão delas no controle e combate à citada crise sanitária mundial, no âmbito do nosso país.
21. Poder 360, "Oposição critica Bolsonaro por foto com 'CPF cancelado'", *Poder 360*, 25 abr. 2021
22. O reconhecimento hoje pelo Estado brasileiro, através do decreto-lei 6.040 de fevereiro de 2007, dos Povos Tradicionais de Terreiro é resultado da luta do segmento.
23. Arturo Escobar, *O lugar da natureza e a natureza do lugar*, 2005.
24. Walter D. Mignolo, *Histórias locais, projetos globais*, 2003
25. O *Livro para sair à luz do dia* ficou conhecido como *Livro dos mortos*, em 1842, quando Karl Richard Lepsius, egiptólogo alemão, publicou *Das Todtenbuch der Ägypter*, adaptando o nome para se referir ao livro que ficava junto ao morto, em árabe, *kitab al-mayitūn*, ou seja, "livro do defunto".
26. Keydy Narelly Costa Matias, "Contra a morte definitiva", 2017, pp. 234-235.
27. Luís Thiago Freire Dantas, *Filosofia desde África*, 2020.
28. Reginaldo Prandi, *Segredos guardados*, 2005.
29. Mogobe Ramose, "A importância vital do 'Nós'", 2010, p. 12.
30. Wande Abimbola, "A concepção iorubá da personalidade humana", 1971.
31. Henrique Antunes Cunha Júnior, "NTU", 2010.
32. Raul Ruiz de Asús Altuna, *A cultura tradicional banto*, 1985.
33. Joseph Ki-Zerbo, *História Geral da África I*, 2010.
34. Tomando como exemplo a família de candomblé, a mãe ou iyá, tem uma centralidade que não pode ser equiparada estruturalmente ao patriarcado, no entanto, a matrilinearidade retrata a linhagem materna e as heranças da ancestralidade por parte das mulheres.
35. O tamanho físico, mental e espiritual dô ser humano.
36. Audre Lorde, *Irmã outsider*, 2019.
37. Sobonfú Somé. *O espírito da intimidade*, 2007.
38. María Lugones, "Rumo a um feminismo descolonial", 2014, pp. 937-938.
39. Irene Dias de Oliveira apud Sebastião Fernando da Silva, *A filosofia de Òrúnmìlà-Ifá e a formação do bom caráter*, p. 20.

NOTAS

40. Compreendo Orun equivalente aos céus, moradia da família, vinculada ao Aiyê, a terra. *Ver* Wande Abimbola, *op. cit.*, 1971.
41. Jorge Conceição, *Negritude*, 2012.
42. Bunseki Fu-Kiau, *op. cit.*, 1991.
43. Cheikh Anta Diop, *The African Origin of Civilization*, 1974.
44. Mário Milheiros, *Etnografia angolana*, 1951.
45. Luiz Antonio Simas e Luiz Rufino, *Fogo no mato*, 2018.
46. Placides Temples, *La Philosophie bantoue*, 2018.
47. Muniz Sodré, *Pensar nagô*, 2017.
48. Bunseki Fu-Kiau, *op. cit.*, 1991
49. Zygmunt Bauman, *Globalização*, 1999, p. 31.
50. Tiganá Santana Neves Santos, *A cosmologia africana dos bantu-kongo por Bunseki Fu-Kiau*, 2019.
51. Luiz Antonio Simas e Luiz Rufino, *op. cit.*, 2018.
52. Vilma Piedade, *Dororidade*, 2019.
53. Silvio Almeida, *Racismo estrutural*, 2019.
54. Segundo o Monitor da Violência, as mulheres negras lideram o índice de feminicídios. No primeiro semestre de 2020, 1.890 mulheres foram mortas de forma violenta. Na pandemia, houve aumento de 2% em relação ao mesmo período de 2019.
55. Luiz Antonio Simas e Luiz Rufino, *op. cit.*, 2018.
56. bell hooks, *Ensinando a transgredir*, 2017, pp. 56-57.
57. Adilson José Moreira, *Pensando como negro*, 2019.
58. Tiganá Santana Neves Santos, *op. cit.*, 2019.
59. Denise Carrascosa, "O 'hediondo' da lei dos crimes hediondos", 2010.
60. *Idem*, "Técnicas e políticas de si nas margens", 2009, p. 129.
61. Olegário Paulo Vogt e Roberto Radünz, "Condenados à força", 2012.
62. *Ibidem*.
63. Luciana da Cruz Brito, *Temores da África*, 2016, p. 162.
64. Kleber Luís da Costa Leitão, "Prisão & racismo", 2001, p. 24.
65. Nila Batista, *Introdução crítica ao direito penal brasileiro*, 2004.
66. Eugenio Raúl Zaffaroni, *Em busca das penas perdidas*, 2017.
67. Art. 310, I, do Código de Processo Penal.
68. Art. 310, III, do Código de Processo Penal.
69. Art. 310, II, parte final, e art. 319 do Código de Processo Penal.
70. Michelle Alexander, *A nova segregação*, 2018.
71. Vilma Reis, *Atucaiados pelo Estado*, 2005.
72. Riccardo Cappi e Poliana da Silva Ferreira, "Como se conta quem morre? Estratégias metodológicas para o estudo de práticas institucionais em direito", 2017, p. 27.
73. Alessandro Baratta, *Criminologia crítica e crítica do direito penal*, 2002.
74. Eugenio Raúl Zaffaroni, *op. cit.*, 2017.

"É FRAGRANTE FOJADO DÔTOR VOSSA EXCELÊNCIA"

CAPÍTULO 3: CENAS COLONIAIS

1. Achille Mbembe, *Políticas de inimizade*, 2017.
2. Maria Aparecida da Silva Bento, *Pactos narcísicos no racismo*, 2002.
3. Erving Goffman, *Estigma*, 1981.
4. Ture Kwame e Charles V. Hamilton, *Black power*, 2021, p. 39.
5. Achille Mbembe, *op. cit.*, 2017.
6. Ana Luiza Pinheiro Flauzina, *Corpo negro caído no chão*, 2008.
7. Poliana da Silva Ferreira, *Justiça e letalidade policial*, 2021.
8. A ação policial desastrosa no bairro do Cabula, em 2015, matou 12 jovens negros. O governador Rui Costa (PT) declarou que as mortes traduzem a natureza da jogada "de um artilheiro em frente ao gol". Cidinha da Silva, "Quando a execução é legitimada como gol no campeonato de extermínio", *Ponte*, 12 fev. 2015.
9. Poliana da Silva Ferreira, *op. cit.*, 2021.
10. Michel Foucault, *Em defesa da sociedade*, 2005.
11. *Ibidem.*
12. *Ibidem*, p. 3.
13. *Ibidem.*
14. Assad Haider, *Armadilha da identidade*, 2019.
15. Achille Mbembe, *op. cit.*, 2017.
16. Achille Mbembe, *op. cit.*, 2017.
17. A Convenção Americana sobre Direitos Humanos (Pacto de São José da Costa Rica) entrou em vigor, para o Brasil, em 25 de setembro de 1992. O Brasil se comprometeu a respeitar os direitos e liberdades nela reconhecidos e a garantir seu livre e pleno exercício a toda pessoa que esteja sujeita à sua jurisdição, sem discriminação alguma por motivo de raça, cor, sexo, idioma, religião, opiniões políticas ou de qualquer outra natureza, origem nacional ou social, posição econômica, nascimento ou qualquer outra condição social.
18. Juliana Borges, *Encarceramento em massa*, 2019.
19. Evanis Talon, "Excesso de prazo na prisão preventiva e habeas corpus" [vídeo], 2016.
20. *Ibidem.*
21. Michel Foucault, *op. cit.*, 2005.
22. O professor Samuel Vida é um destacado militante antirracista brasileiro, filho de Sàngó, professor de direito da UFBA, coordenador do PDRR – Programa Direito e Relações Raciais, mestre em Direito, Estado e Constituição. A oralidade do intelectual está guardada na memória de rodas de conversas sobre masculinidades negras, em Salvador.
23. Advogado e mestre em direito penal, coordenador do EDUCAFRO-Bahia e gestor em Segurança Pública, Marinho Soares é autor de *Exército na segurança pública*, 2010.
24. Loïc Wacquant, *As duas faces do gueto*, 2008.
25. Alessandro Baratta, *Criminologia crítica e crítica do direito penal*, 2022.

NOTAS

26. Cesare Beccaria, *Dos delitos e das penas*, 2017.
27. Achille Mbembe, *Necropolítica*, 2018.
28. Susana Varjão, *Micropoderes, macroviolências*, 2008.
29. Lélia Gonzalez, *A categoria politico-cultural da amefricanidade*, 1988.
30. Maria Aparecida da Silva Bento, *op. cit.* 2002.
31. Grada Kilomba, *Memórias da plantação*, 2019.
32. Oyèrónké Oyěwùmí, "Conceituando o gênero", 2004.
33. Sotunsa Mobolanle Ebunoluwa, "Feminismo", 2009, p. 7.
34. Patricia Hill Collins, *Pensamento feminista negro*, 2019.
35. Henrique Antunes Cunha Júnior, "NTU", 2010.
36. O Projeto Coletivo Corpos Indóceis e Mentes Livres, iniciativa coordenada pela dra. Denise Carrascosa, desenvolve ações no Conjunto Penal Feminino em Salvador, a partir de narrativas de vida de mulheres encarceradas, remição através da leitura, bem como assistência e empoderamento de narrativa sobre a criminalização de mulheres das camadas populares.
37. Ramón Grosfoguel, "Para descolonizar os estudos de economia política e os estudos pós-coloniais", 2008.
38. Eli Bartra, "Acerca de la investigación y la metología feminista", 2012.
39. Kimberlé Crenshaw, "Demarginalizing the Intersection of Race and Sex", 2020.
40. Achille Mbembe, *op. cit.*, 2017, p. 78.
41. Denise Carrascosa, "O 'hediondo' da lei dos crimes hediondos", 2010.
42. Luciana Boiteux de Figueiredo Rodrigues, *Controle penal sobre as drogas ilícitas*, 2006.
43. Gresham Sykes questiona até que ponto as prisões podem ter sucesso em seu controle de todas as facetas da vida – ou se os fortes laços entre os presos tornam-se impossíveis de serem administrados na prisão sem encontrar maneiras de adaptar os custodiados aos expedientes do microcosmo. A obra identificou as "dores de prisão" experimentadas pelos cativos. *Ver* Gresham Sykes, *The Society of Captives*, 1958.
44. Luciana Costa Fernandes, "Drogas", 2015.
45. "Autodano": escutei essa expressão do defensor público dr. Daniel Nicory.
46. Néfi Cordeiro e Nilton Carlos de Almeida Coutinho, "A audiência de custódia e seu papel como instrumento constitucional de concretização de direitos", 2018.
47. A "metralhadora discursiva" caracteriza-se como uma ferramenta verbal da oratória. Através da contribuição de determinado repertório aliado a veloz concatenação e articulação de ideias ditas ou verbalizadas de forma contínua, quase ininterrupta e num curto espaço de tempo, a "metralhadora" tem como intuito potencializar ou maximizar a fala da palestrante e impactar a audiência ou os ouvintes de forma a captar a atenção, anuência e concordância da plateia.
48. Deivison Faustino Nkosi, "O pênis sem o falo", 2014, p. 80.
49. Marcia Q. de Carvalho Gomes, Márcia Santana Tavares e Cecília M. B. Sardenberg, *A aplicação da Lei Maria da Penha em foco*, 2010.

"É FRAGRANTE FOJADO DÔTOR VOSSA EXCELÊNCIA"

50. Carolina Salazar L'Armée Queiroga de Medeiros e Marília Montenegro Pessoa de Mello, "O que vale a pena? O impacto da Lei Maria da Penha no encarceramento de 'agressores' e seus efeitos colaterais sobre a mulher vítima de violência doméstica e familiar", 2014.
51. Ana Luiza Pinheiro Flauzina, "Lei Maria da Penha", 2015.
52. Deivison Faustino Nkosi, *op. cit.*, 2014.
53. *Ibidem*, p. 84.
54. Luiza Pinheiro Flauzina, "Lei Maria da Penha", 2015, p. 65.
55. bell Hooks, *Erguer a voz*, 2019, p. 185.

CAPÍTULO 4. A MONITORAÇÃO ELETRÔNICA

1. Tiganá Santana Neves Santos, *A cosmologia africana dos bantu-kongo por Bunseki Fu-Kiau*, 2019.
2. Achille Mbembe, *Políticas da inimizade*, 2017b, p. 27.
3. Heinrich Kramer e James Sprenger, *O martelo das feiticeiras*, 2020, p. 406.
4. Giorgio Agamben, *Estado de exceção*, 2004, p. 42.
5. Thula Pires, "Do ferro quente ao monitoramento eletrônico", 2015.
6. *Ibidem*, pp. 67-68.
7. De acordo com Ludmila Costhek Abílio, doutora em ciências sociais pelo Instituto de filosofia e Ciências Humanas da Universidade Estadual de Campinas, a uberização pode ser compreendida como tendência global em curso de consolidação do trabalhador como autogerente subordinado disponível, desprovido de garantias e direitos. Trata-se do gerenciamento do algorítimico do trabalho.
8. Deise Benedito, *Da pena à pena*, 2015.
9. Ver o Relatório do Instituto Baiano de Direito Processual Penal, após Acordo de Cooperação Técnica com o Tribunal de Justiça para a realização de estudos e pesquisas dirigidos ao aperfeiçoamento e consolidação das atividades desenvolvidas pelo Núcleo de Prisão em Flagrante de Salvador, a partir da implementação das audiências de custódia, previstas na Resolução CNJ nº 213, em vigor desde 2016. Segundo apresenta, nas audiências de custódia realizadas em Salvador, após os autos de flagrantes, tivemos 47% das decisões sobre o tráfico de drogas, depois o delito de roubo majorado, com 172 (29%) decisões, seguido de roubo simples (67 casos - 11%), furto qualificado (47 casos, 8%), furto simples (22 casos, 4%) e roubo qualificado/latrocínio.
10. bell hooks, *Ensinando a transgredir*, 2017.

CAPÍTULO 5. O JUIZ: PENSANDO COMO UM BRANCO

1. Liv Sovik, *Aqui ninguém é branco*, 2009.
2. Grada Kilomba, *Memórias da Plantação*, 2019.
3. Lívia Vaz Santana e Chiara Ramos, *A Justiça é uma mulher negra*, 2021.

NOTAS

4. A renomada escritora e intelectual Conceição Evaristo afirma que a escrita é uma traição do corpo, porque a escrita não traduz o corpo. A escrita é silenciosa, adverte, requer que o outro sujeito saiba ler para percebê-la. O texto oral é dado pelo olhar, gestos, lágrimas, sensações não cabidas no dicionário e que integram a chamada vivência escrita da maneira mais poética possível.

5. Lívia Vaz Santana e Chiara Ramos, *op. cit.*, 2021, p. 150.

6. A Roda dos Expostos tinha como objetivo caritativo-assistencialista recolher crianças abandonadas. A Roda era um cilindro de madeira que girava em torno de um eixo e era repartida ao meio ou em quatro partes. Sendo colocada dentro da parede de um prédio, ou mesmo em um muro, permitia a introdução das crianças, sem que o depositário e o recebedor fossem vistos e, portanto, reconhecidos. *Ver* Diana Campos de Resende, *Roda dos expostos*, 1996.

7. Mario Volpi, *O adolescente e o ato infracional*, 1997.

8. Thiago Teixeira, *Decolonizar valores*, 2021.

9. Vilma Reis, *Atucaiados pelo Estado*, 2005.

10. Susana Varjão, *Micropoderes, macroviolências*, 2008.

11. Amadou Hampâté Bâ, *História Geral da África I*, 2010, p. 185.

12. Definida, a veracidade e legalidade atribuídas pelo Estado Democrático de Direito, à presunção destes requisitos em decorrência do atributo, com relação às certidões, atestados, declarações, informações dotadas da idêntica fé pública. *Ver* Maria Sylvia Zanella Di Pietro, *Discricionariedade administrativa na Constituição de 1988*, 2010.

13. Os decretos do governo Bolsonaro para flexibilizar o acesso a armas e o "Pacote Anticrime", segundo o Núcleo de Estudos da Violência da Universidade de São Paulo (NEV--USP) e o Fórum Brasileiro de Segurança Pública, aumentaram a violência no último triênio, além disto, Pesquisador da Human Rights Watch, César Muñoz, a polícia, em 2019, matou 6.357 pessoas no país, uma das maiores taxas de mortes pela polícia no mundo – e quase 80% das vítimas eram negras.

14. "Baculejo": revista feita por policiais que consiste em colocar a pessoa suspeita em averiguação, em via pública, e inspecionar o corpo em busca de entorpecentes, armas ou produtos de atividade ilegal.

15. Luiz Eduardo Soares, *Desmilitarizar*, 2019.

16. "A nossa polícia trabalha com inteligência e determinação. Portanto, merece nosso reconhecimento e valorização. Estamos multiplicando por quatro o valor do prêmio que é pago por apreensão de armas na Bahia, com o objetivo de estimular este trabalho fundamental no enfrentamento da criminalidade", afirmou o então governador da Bahia Rui Costa. Correio, "Valor pago a policiais da Bahia por apreensão de armas aumenta de R$ 300 para R$ 1.200", *Correio*, 15 out. 2021.

17. Juliana Brito de Souza, *Torrente ancestral, vidas negras importam?*, 2021, p.73.

18. Maria Gorete Marques de Jesus, *A verdade jurídica nos processos de tráfico de drogas*, 2018, p. 8.

19. *Ver* Correio, "Professora suspeita de aliciar aluna de 13 anos é liberada", *Correio*, 6 set. 2019.

20. Thiago Teixeira, *Decolonizar valores*, 2021, p. 28.

21. Jorge da Silva, *Fighting Police Corruption in Brazil*, 2005, p. 11. Tradução minha.

22. Henrique Oliveira, "NarcoEvangélicos: um conto não tão distópico sobre o Brasil", *Smoke Buddies*, 26 jul. 2020.

23. O jovem Yago Corrêa, de 21 anos, foi preso no Jacarezinho, comunidade da zona norte do Rio de Janeiro, no dia 6 de fevereiro de 2022. Com um saco de pão na mão, ele foi detido em uma farmácia depois de uma confusão que envolveu policiais militares e outro suspeito. Rafaela Oliveira, "Jovem negro é preso com saco de pão no Jacarezinho; entenda o caso", *R7*, 8 fev. 2022.

Referências ou Paó

ABIMBOLA, Wande. "A concepção iorubá da personalidade humana". Colóquio Internacional a Noção de Pessoa na África Negra. Paris: Centre National de La Recherche Scientifique, 1971. Tradução de Luiz L. Marins. Disponível em: <www.filosofia-africana.weebly.com/uploads/1/3/2/1/13213792/wande_abimbola_-_a_concep%C3%A7%C3%A3o_iorub%C3%A1_da_personalidade_humana.pdf>. Acesso em: 18 out. 2023.

ALCOFF, Linda Martín. "Uma epistemologia para a próxima revolução". *Sociedade e Estado*. Brasília, 2016. Tradução de Cristina Patriota de Moura. Disponível em: <www.periodicos.unb.br/index.php/sociedade/article/view/6082/5458>. Acesso em: 18 out. 2023.

ALEXANDER, Michelle. *A nova segregação: racismo e encarceramento em massa*. São Paulo: Boitempo, 2018.

ALMEIDA, Silvio Luiz de. *Racismo estrutural*. Coleção Feminismos Plurais. São Paulo: Pólen, 2019.

ALTUNA, Raul Ruiz de Asús. *A cultura tradicional banto*. Luanda: Secretariado Arquidiocesano de Pastoral, 1985.

ANDERSON, Kevin B. *Marx nas margens: nacionalismo, etnia e sociedades não ocidentais*. São Paulo: Boitempo, 2019.

ANDRADE, Vera Regina Pereira de. "Minimalismos, abolucionismos e eficienticismo: a crise do sistema penal entre a deslegitimação e a expansão". *Sequência Estudos Jurídicos e Políticos*. Florianópolis, 2006. Disponível em: <www.periodicos.ufsc.br/index.php/sequencia/article/view/15205>. Acesso em: 18 out. 2023.

ANZALDÚA, Glória; MORAGA, Cherríe (orgs.). *This Bridge Called my Back: Writings by radical Women of Color*. Nova York: Kitchen Table: Women of Color Press, 1983.

ASANTE, Molefi Kete. "A ideia da alma no Antigo Egito". Tradução de Abibiman Shaka Touré. Povo Preto, Pan-Africanismo e Poder Preto. 2009. Disponível em: <ewe.branchable.com/index/LIVROTEKA_PRETA/Molefi_Kete_Asante_-_A_Ideia_da_Alma_no_Antigo_Egito.pdf>. Acesso em: 18 out. 2023.

_____. "Afrocentricidade em questão – Entrevista". [Entrevista concedida a] Maurício Pestana. *Afrocentricidade*. 2012.

"É FRAGRANTE FOJADO DÔTOR VOSSA EXCELÊNCIA"

BAIRROS, Luiza. "A mulher negra e o feminismo". In: COSTA, Ana Alice Alcantara e SARDENBERG, Cecilia Maria B. (orgs). *Relatório do Seminário Nacional: O feminismo no Brasil – reflexões teóricas e perspectivas.* Salvador: NEIM / UFBA, 1990.

_____. *O feminismo do Brasil: reflexões teóricas e perspectivas.* Salvador: NEIM / UFBA, 2008.

BARATTA, Alessandro. *Criminologia crítica e crítica do direito penal: introdução à sociologia do direito penal.* Rio de Janeiro: Revan, 2002.

BARBOSA, Muryatan. *A razão africana: breve história do pensamento africano contemporâneo.* São Paulo: Todavia, 2020.

BARRA, Kélcio Bandeira. "Fé pública no estado democrático de direito e inconstitucionalidade da medida provisória nº 876/2019 (Delegação da Fé Pública notarial a advogados e contadores)". Associação dos Notários e Registradores do Brasil, 2019. Disponível em: <www.anoreg.org.br/site/wp-content/uploads/2019/05/FE%CC%81--PU%CC%81BLICA-NO-ESTADO-DEMOCRA%CC%81TICO-DE-DIREITO-1. pdf>. Acesso em: 18. out. 2023.

BARROS, Zelinda dos Santos. "Ensino de história e cultura afro-brasileiras nas escolas: rumo ao desvinculamento epistêmico". *Revista da Associação Brasileira de Pesquisadores/ as Negros/as.* Curitiba, 2015, pp. 69-91. Disponível em: <abpnrevista.org.br/site/article/ view/115>. Acesso em: 19 out. 2023.

BARTRA, Eli. "Acerca de la investigación y la metología feminista". *Investigación Feminista: Epistemología, Metodología y Representaciones Sociales,* pp. 67-77. México: UNAM, 2012. Disponível em: <www.biblioteca.clacso.edu.ar/Mexico/ceiich-unam/20170428032751/ pdf_1307.pdf>. Acesso em: 18 out. 2023.

_____. "Eli Bartra: caminhos formadores no feminismo e na arte popular". [Entrevista concedida a] Edla Eggert e Amanda Motta Castro. Unisinos, Porto Alegre, 2015.

BASAGLIA, Franco (coord.). *A instituição negada: relato de um hospital psiquiátrico.* Rio de Janeiro: Edições Graal, 1985.

BATISTA, Nilo. *Introdução crítica ao direito penal brasileiro.* Rio de Janeiro: Revan, 2004.

BAUMAN, Zygmunt. *Globalização: as consequências humanas.* Tradução de Marcus Penchel. Rio de Janeiro: Editora Jorge Zahar, 1999.

BECCARIA, Cesare. *Dos delitos e das penas.* São Paulo: Edipro, 2017.

BENEDITO, Deise. "Da pena à pena: racismo, prisão tortura: ofícios da resistência". Rio de Janeiro, 2015. Mimeografado.

_____. *A favelização do Complexo do Curado e a ilicitude da existência: uma faceta das violações de direitos humanos no sistema penitenciário brasileiro.* Dissertação (Mestrado em Direito) – Faculdade de Direito, Universidade de Brasília. Brasília, 2019.

BENTO, Maria Aparecida da Silva. *Pactos narcísicos no racismo: branquitude e poder nas organizações empresariais e no poder público.* Tese (Doutorado em Psicologia Escolar e do Desenvolvimento Humano) – Instituto de Psicologia, Universidade de São Paulo. São Paulo, 2002.

REFERÊNCIAS OU PAÓ

BERNARDES, Cleide; CABRERA, Julio. "A ética da libertação de Enrique Dussel: entre as éticas europeias e o principialismo na bioética". *Bioethikos*. Brasília, 2014. Disponível em: <saocamilo-sp.br/assets/artigo/bioethikos/155567/A02.pdf>. Acesso em: 19 out. 2023.

BONETTI, Aline de Lima. "Etnografia, gênero e poder: antropologia feminista em ação". *Mediações – Revista de Ciências Sociais*. Londrina, 2009. Disponível em: <www.ojs.uel. br/revistas/uel/index.php/mediacoes/article/view/4509>. Acesso em: 19 out. 2023.

_____. "Etnografia, gênero e poder: antropologia feminista em ação". *Mediações - Revista de Ciências Sociais*, v. 14, n. 2. Londrina, 2009.

BORGES, Juliana. *Encarceramento em massa*. São Paulo: Sueli Carneiro/Pólen, 2019.

BOURDIEU, Pierre. "Capital simbólico e classes sociais". Tradução de Fernando Pinheiro. Introdução e notas de Loïc Wacquant. *Novos estudos CEBRAP*, n. 96. São Paulo, jul. 2013, pp. 105-115.

BOUTELDJA, Houria. "Raça, Classe e Gênero: uma nova divindade de três cabeças". *Cadernos de Gênero e Diversidade*, 2016. Disponível em: <www.periodicos.ufba.br/index. php/cadgendiv/article/view/20686>. Acesso em: 19 out. 2023.

BRANCAGLION Jr., Antonio *et al* (orgs.). "Semna – Estudos de Egiptologia II". *Seshat – Laboratório de Egiptologia do Museu Nacional*. Rio de Janeiro, 2015. Disponível em <www.seshat.museunacional.ufrj.br/wp-content/uploads/2019/12/Semna-%E2%80%93- -Estudos-de-Egiptologia-II-2019_02_28-17_14_54-UTC_compressed.pdf>. Acesso em: 19 out. 2023.

BRITO, Luciana da Cruz. *Temores da África: segurança, legislação e população africana na Bahia oitocentista*. Salvador: EDUFBA, 2016.

CAMARA, Giselle Marques. *Maat: o princípio ordenador do cosmo egípcio: uma reflexão sobre os princípios encerrados pela deusa no Reino Antigo (2686-2181 a.C.) e no Reino Médio (2055-1650 a.C.)*. Dissertação (Mestrado em História) – Instituto de Ciências Humanas e Filosofia, Departamento de História, Universidade Federal Fluminense. Niterói, 2011.

CAPPI, Riccardo. "A 'teorização fundamentada nos dados': um método possível na pesquisa empírica em Direito". In: MACHADO, Maíra Rocha (*org.*). *Pesquisar empiricamente o direito*. São Paulo: Rede de Estudos Empíricos em Direito, 2017.

CAPPI, Riccardo; FERREIRA, Poliana da Silva. "Como se conta quem morre? Estratégias metodológicas para o estudo de práticas institucionais em direito". In: DIAS, Felipe da Veiga; BUDÓ, Marília de Nardin; SANTOS, Gabriel Ferreira dos (orgs.). Criminologia, violência e controle social. Porto Alegre: Editora Fi, 2017.

CARDOSO, Lourenço. "Branquitude acrítica e crítica: A supremacia racial e o branco anti-racista". *Revista Latinoamericana de Ciencias Sociales, Niñez y Juventud*, v. 8, n. 1. Manizales, jan.-jun. 2010a, pp. 607-630.

_____. "Retrato do branco racista e anti-racista". *Reflexão e Ação*, v. 18, n. 1. Florianópolis, 2010b, pp. 46-76.

CARNEIRO, Aparecida Sueli. "Mulheres em movimento". Instituto de Estudos Avançados da Universidade de São Paulo, 2003. Disponível em: <www.doi.org/10.1590/S0103-40142003000300008>. Acesso em: 23 out. 2023.

CARNEIRO, Aparecida Sueli. "Sobrevivente, testemunha e porta-voz". [Entrevista concedida a] Bianca Santana. *Revista Cult*, São Paulo, 2017. Disponível em: <www.revistacult.uol.com.br/home/sueli-carneiro-sobrevivente-testemunha-e-porta-voz/>. Acesso em: 23 out. 2023.

_____. *A construção do outro como não-ser como fundamento do ser*. Tese (Doutorado em Educação) – Faculdade de Educação, Universidade de São Paulo. São Paulo, 2005.

_____. *Escritos de uma vida*. São Paulo: Pólen Livros, 2019.

CARNEIRO, Aparecida Sueli; CURY, Cristiane. "O poder feminino no culto aos orixás". In: NASCIMENTO, Elisa Larkin (org.). *Guerreiras de natureza: mulher negra, religiosidade e ambiente*. São Paulo: Selo Negro, 2008.

CARNEIRO, João Luiz. *Ética como extensão do diálogo: contribuições de Habermas para ética do discurso*. São Paulo: Arché Editora, 2012.

CARRASCOSA, Denise. "Eu sou o Herói: exercício de desleitura do massacre do Carandiru". In: OLIVEIRA, Marinyze Prates de; MATOS, Maurício; CARRASCOSA, Denise (orgs.). *Cartografias da subalternidade: diálogos no eixo sul-sul*. Salvador: EDUFBA, 2014.

_____. "O 'hediondo' da lei dos crimes hediondos". *Aletria: Revista de Estudos de Literatura*. Belo Horizonte, 2010, pp. 67-83. Disponível em: <www.periodicos.ufmg.br/index.php/aletria/article/view/18405>. Acesso em: 20 out. 2023.

_____. *Técnicas e políticas de si nas margens: seus monstros e heróis, seus corpos e declarações de amor*. Tese (Doutorado em Letras) – Universidade Federal da Bahia, Salvador, 2009.

CEAPA – Central de Apoio e Acompanhamento às Penas e Medidas Alternativas, Relatório Geral Breve Histórico, Dados Qualitativos e Quantitativos. Salvador, out. 2019.

CÉSAIRE, Aimé. *Discurso sobre o colonialismo*. São Paulo: Veneta, 2020.

CHRISTIAN, Barbara. "A disputa de teorias". Tradução de Liane Schneider. *Revista Estudos Feministas*. Florianópolis, 2002. Disponível em: <www.doi.org/10.1590/S0104-026X2002000100005>. Acesso em: 20 out. 2023.

COLLINS, Patricia Hill. *Pensamento feminista negro: conhecimento, consciência e a política do empoderamento*. São Paulo: Boitempo, 2019.

COLLINS, Patricia Hill; BILGE, Sirma. *Interseccionalidade*. São Paulo: Boitempo, 2021.

CONCEIÇÃO, Jorge. *Negritude: do espelho quebrado à identidade autêntica*. Salvador: Vento Leste, 2012.

CORDEIRO, Néfi; COUTINHO, Nilton Carlos de Almeida. "A audiência de custódia e seu papel como instrumento constitucional de concretização de direitos". *Revista de Estudos Constitucionais, Hermenêutica e Teoria do Direito*. Porto Alegre, 2018, pp. 76-88. Disponível em: <www.doi.org/10.4013/rechtd.2018.101.06>. Acesso em: 20 out. 2023.

CRENSHAW, Kimberlé. "Demarginalizing the Intersection of Race and Sex: A Black Feminist Critique of Antidiscrimination Doctrine, Feminist Theory and Antiracist Politics". Chicago: University of Chicago Legal Forum, pp. 138-167. set. 2020. Disponível em: <chicagounbound.uchicago.edu/cgi/viewcontent.cgi?article=1052&context=uclf>. Acesso em: 19 set. 2020.

REFERÊNCIAS OU PAÓ

_____. "Documento para o encontro de especialistas em aspectos da discriminação racial relativos ao gênero". Tradução de Liane Schneider. *Revista Estudos Feministas*. Florianópolis, 2002. Disponível em: <doi.org/10.1590/S0104-026X2002000100011>. Acesso em: 20 out. 2023.

_____. "Mapeando as margens: interseccionalidade, políticas de identidade e violência contra mulheres não-brancas". Tradução de Carol Correia. [*s.l.*], 2017, s/p. Disponível em: <www.geledes.org.br/mapeando-as-margens-interseccionalidade-politicas-de-iden-tidade-e-violencia-contra-mulheres-nao-brancas-de-kimberle-crenshaw%E2%80%8A--%E2%80%8Aparte-1-4/>. Acesso em: 20 out. 2023.

_____. "Porque é que a interseccionalidade não pode esperar". 2015. Tradução de Santiago D'Almeida Ferreira. Disponível em: <www.apidentidade.wordpress.com/2015/09/27/porque-e-que-a-interseccionalidade-nao-pode-esperar-kimberle-crenshaw/>. Acesso em: 20 out. 2023.

CUNHA JÚNIOR, Henrique Antunes. "NTU: introdução ao pensamento filosófico bantu". *Revista Educação em Debate*. Fortaleza, 2010, pp. 25-40. Disponível em: <www.repositorio.ufc.br/handle/riufc/15998>. Acesso em: 20 out. 2023.

CUSICANQUI, Silvia Rivera. *Ch'ixinakax Utxiwa: una reflexión sobre prácticas y discursos descolonizadores*. Buenos Aires: Tinta Limón, 2010.

DA SILVA, Jorge. *Fighting Police Corruption in Brazil: The Case of Rio de Janeiro*. In: SARRE, Rick *et al* (orgs.). *Policing Corruption: International Perspectives*. Maryland: Lexington Books, 2005.

DANTAS, Luís Thiago Freire. *Filosofia desde África: perspectivas descoloniais*. Rio de Janeiro: Forense Universitária, 2020.

DAVIS, Angela. *A democracia da abolição: para além do império das prisões e da tortura*. Rio de Janeiro: Difel, 2019.

_____. *A liberdade é uma luta constante*. São Paulo: Boitempo, 2018a.

_____. *Estarão as prisões obsoletas?* Rio de Janeiro: Difel, 2018b.

_____. *Mulheres, raça e classe*. São Paulo: Boitempo, 2016.

DELGADO, Richard; STEFANCIC, Jean. *Teoria crítica da raça: uma introdução*. São Paulo: Contracorrente, 2021.

DIAS, Claudenilson da Silva. *Identidades trans em candomblés: entre aceitações e rejeições*. Salvador: Devires, 2020.

DIOP, Cheikh Anta. *The African Origin of Civilization: Myth or Reality*. Nova York: Lawrence Hill & Co, 1974. Traduzido para o português a partir da tradução inglesa de Mercer Cook. Uso a tradução *A origem africana da civilização: mito ou realidade*, disponível em: <www2.unifap.br/neab/files/2018/05/Dr.-Cheikh-Anta-Diop-A-Origem-Africana-da--Civiliza%C3%A7%C3%A3o-ptbr-completo.pdf>. Acesso em: 23 out. 2023.

DU BOIS, W. E. B. *As almas da gente negra*. Rio de Janeiro: Lacerda, 1999.

_____. *Black Reconstruction in America*. Oxford: Oxford University Press, 2014.

DURKHEIM, Émile. "O que é um facto social?" In: DURKHEIM, Émile. *As regras do método sociológico*. Lisboa: Editorial Presença, 2004.

"É FRAGRANTE FOJADO DÔTOR VOSSA EXCELÊNCIA"

DUSSEL, Enrique. *A produção teórica de Marx: um comentário aos Grundrisse*. São Paulo: Expressão Popular, 2012.

EBUNOLUWA, Sotunsa Mobolanle. "Feminismo: a busca por uma variante africana". *The Journal of Pan African Studies*. 2009. Tradução de Luana Cristina Muñoz Roriz. Disponível em <www.filosofia-africana.weebly.com/uploads/1/3/2/1/13213792/sotunsa_mobolanle_ebunolwua_-_feminismo._a_busca_por_uma_variante_africana.pdf>. Acesso em: 23 out. 2023.

EIDELWEIN, Tamires; BORGES, Jóina Freitas; SILVEIRA, Gabriel Eidelwein. "Os princípios constitucionais do respeito à *Pachamama (Madre Tierra)* e do *suma qamaña (buen vivir)* a partir de uma experiência etnográfica na Comunidade Yumani – Isla del Sol (Bolívia)". 32ª Reunião Brasileira de Antropologia. Rio de Janeiro, 2020. Disponível em: <www.32rba.abant.org.br/arquivo/downloadpublic?q=YToyOntzO-jY6InBhcmFtcyI7czozNToiYToxOntzOjEwOiJJRF9BUlFVSVZPIjtzOjQ6IjMyN-DIiO30iO3M6MToiaCI7czozMjoiOWI1OGZiYWZkYWU0ZmUyMzQ4YzQ4-MjM3NzNlY2YwNTkiO30%3D>. Acesso em: 20 out. 2023.

ESCOBAR, Arturo. *O lugar da natureza e a natureza do lugar: globalização ou pós-desenvolvimento?*. Buenos Aires: Clacso, Consejo Latinoamericano de Ciencias Sociales, 2005

ESTADO DA BAHIA. *Relatório de Execução do Programa Corra pro Abraço*. Salvador, 2019. Mimeografado.

EVARISTO, Conceição. *Literatura negra: uma poética de nossa afro-brasilidade*. Dissertação (Mestrado em Letras) – Faculdade de Letras, Pontifícia Universidade Católica do Rio de Janeiro, PUC-Rio. Rio de Janeiro, 1996.

FANON, Frantz. *Pele negra, máscaras brancas*. Salvador: EDUFBA, 2008.

FERNANDES, Luciana Costa. "Drogas: proibicionismo, redução de danos, anti-proibicionismo e horizontes". *Captura Críptica: direito, política, atualidade*. Florianópolis, 2015, pp. 71-95. Disponível em: <ojs.sites.ufsc.br/index.php/capturacriptica/article/view/3088>. Acesso em: 20 out. 2023.

FERREIRA, Gabriella Rossetti (org.). *A Educação no Brasil e no mundo: avanços, limites e contradições 2*. Paraná: Atena Editora, 2019.

FERREIRA, Poliana da Silva. *Justiça e letalidade policial: responsabilização jurídica e imunização da polícia que mata*. São Paulo: Jandaíra, 2021.

FERREIRA, Preta. *Minha carne: diário de uma prisão*. São Paulo: Boitempo, 2021.

FLAUZINA, Ana Luiza Pinheiro. "Lei Maria da Penha: entre os anseios da resistência e as posturas da militância". In: FLAUZINA, Ana Luiza; FREITAS, Felipe; VIEIRA, Hector; PIRES, Thula. *Discursos negros: legislação penal, política criminal e racismo*, pp. 121-145. Brasília: Brado Negro, 2015.

FLAUZINA, Ana Luiza Pinheiro. *Corpo negro caído no chão: o sistema penal e o projeto genocida do estado brasileiro*. Dissertação (Mestrado em Direito) – Curso de Direito, Universidade de Brasília. Brasília, 2006.

REFERÊNCIAS OU PAÓ

_____. *Corpo negro caído no chão: o sistema penal e o projeto genocida do Estado brasileiro.* Rio de Janeiro: Contraponto, 2008.

FLAUZINA, Ana Luiza; FREITAS, Felipe; VIEIRA, Hector; PIRES, Thula. *Discursos Negros: legislação penal, política criminal e racismo.* Brasília: Brado Negro, 2015.

FLOR DO NASCIMENTO, Wanderson; BOTELHO, Denise. "O currículo de filosofia brasileiro entre discursos coloniais: colonialidade e educação". *Revista Sul-Americana de Filosofia e Educação.* Brasília, 2010, pp. 66-89.

FOUCAULT, Michel. *A verdade e as formas jurídicas.* Rio de Janeiro: NAU Editora, 2002.

_____. *Em defesa da sociedade.* São Paulo: Martins Fontes, 2005.

FREIRE, Paulo. *Pedagogia do oprimido.* Rio de Janeiro: Paz & Terra, 2001.

FREITAS, Felipe da Silva. *Racismo e polícia: uma discussão sobre mandato policial.* Tese (Doutorado em Direito) – Faculdade de Direito, Universidade de Brasília. Brasília, 2020.

FREITAS, Henrique. *O arco e a arkhé: ensaios sobre literatura e cultura.* Salvador: Ogum's Toques Negros, 2016.

FU-KIAU, Bunseki. *Self Healing Power and Therapy.* New York: Vantage Press, 1991. Uso aqui a tradução de Valdina O. Pinto, "A visão Bântu Kôngo da sacralidade do mundo natural", 2015, p. 7, disponível em: <estahorareall.files.wordpress.com/2015/07/dr--bunseki-fu-kiau-a-visc3a3o-bantu-kongo-da-sacralidade-do-mundo-natural.pdf>. Acesso em 3 nov. 2023.

FURTADO, Cláudio Alves; GOMES, Patrícia (orgs.). *Encontros e desencontros de lá e de cá do Atlântico: mulheres africanas e afro-brasileiras em perspectiva de gênero.* Salvador: EDUFBA, 2017.

GEERTZ, C. *A interpretação das culturas.* Rio de Janeiro: LTC, 1989 e 2008.

GIORGIO, Agamben. *Estado de exceção.* São Paulo: Boitempo, 2004.

GOFFMAN, Erving. *Estigma: notas sobre a manipulação da identidade deteriorada.* Rio de Janeiro: LTC, 1981.

GOMES, Fábio F. "Karibu Mwalimu Rodney: uma introdução a vida e obra de Walter Rodney". VI Congresso Internacional de História. Paraná, 2013. Disponível em: <www.cih.uem.br/anais/2013/trabalhos/255_trabalho.pdf>. Acesso em: 23 out. 2023.

GOMES, Marcia Q. de Carvalho; TAVARES, Márcia Santana; SARDENBERG, Cecília M. B. *A aplicação da Lei Maria da Penha em foco.* Salvador: NEIM/UFBA, 2010.

GONZALEZ, Lélia. "A categoria político-cultural da amefricanidade". *Tempo Brasileiro.* Rio de Janeiro, 1988, pp. 69-82. Disponível em: <www.negrasoulblog.files.wordpress.com/2016/04/a-categoria-polc3adtico-cultural-de-amefricanidade-lelia-gonzales1.pdf>. Acesso em: 23 out. 2023.

_____. *Por um feminismo afro-latino-americano: ensaios, intervenções e diálogos.* Organização de Flavia Rios e Márcia Lima. Rio Janeiro: Zahar, 2020.

GRAF, Norma Blazquez; PALACIOS, Fátima Flores; EVERARDO, Maribel Ríos (orgs.). "Investigación feminista: epistemología, metodología y representaciones sociales". *Clacso.* Colección Debate y Reflexión. México: Centro de Investigaciones Interdisciplinarias En

Ciencias y Humanidades – UNAM, 2010. Disponível em: <www.biblioteca.clacso.edu.ar/Mexico/ceiich-unam/20170428032751/pdf_1307.pdf>. Acesso em: 23 out. 2023.

GROSFOGUEL, Ramón. "Para descolonizar os estudos de economia política e os estudos pós-coloniais: transmodernidade, pensamento de fronteira e colonialidade global". *Revista Crítica de Ciências* Sociais. Coimbra, 2008, pp. 115-147. Tradução de Inês Martins Ferreira. Disponível em: <www.doi.org/10.4000/rccs.697>. Acesso em: 23 out. 2023.

HAIDER, Assad. *Armadilha da identidade: raça e classe nos dias de hoje.* Coleção Baderna. São Paulo: Veneta, 2019.

HAMPATÉ BÂ, Amadou. "A tradição viva". In: KI-ZERBO, J. (org.). *História geral da África I: metodologia e pré-história da África.* Brasília: UNESCO, 2010. Disponível em: <www.unesdoc.unesco.org/ark:/48223/pf0000042769_por>. Acesso em: 23 out. 2023.

HOOKS, bell. "Love as the Practice of Freedom". In: HOOKS, bell. *Outlaw Culture: Resisting Representations.* Nova York: Routledge, 2006. Usei aqui a tradução de Wanderson Flor do Nascimento, "O amor como a prática da liberdade". Disponível em: <www.medium.com/enugbarijo/o-amor-como-a-pr%C3%A1tica-da-liberdade-bell-hooks--bb424f878f8c>. Acesso em: 23 out. 2023.

_____. *Ensinando a transgredir: a educação como prática da liberdade.* São Paulo: Martins Fontes, 2017.

_____. *Erguer a voz: pensar como feminista, pensar como negra.* São Paulo: Elefante, 2019.

JESUS, Maria Gorete Marques de. *A verdade jurídica nos processos de tráfico de drogas.* Belo Horizonte: D'Plácido, 2018.

KAZEEM, Fayemi Ademola. "Sophie Oluwole's Hermeneutic Trend in African Political Philosophy: Some Comments". *Hermeneia: Journal of Hermeneutics, Art Theory and Criticism.* Romênia, 2013. Disponível em: <www.hermeneia.ro/wp-content/uploads/2014/02/13.--Fayemi-Ademola-KAZEEM.pdf?_x_tr_sch=http&_x_tr_sl=en&_x_tr_tl=pt&_x_tr_hl=pt-BR&_x_tr_pto=sc>. Acesso em: 23 out. 2023.

KILOMBA, Grada. *Memórias da plantação: episódios de racismo cotidiano.* Rio de Janeiro: Cobogó, 2019.

KI-ZERBO, J. (org.). *História geral da África I: metodologia e pré-história da África.* Brasília: UNESCO, 2010.

KRAMER, Heinrich; SPRENGER, James. *O martelo das feiticeiras.* Rio de Janeiro: Rosa dos Tempos, 2020.

KWAME, Ture (Stokely Carmichael); HAMILTON, Charles V. *Black Power: a política de libertação dos Estados Unidos.* São Paulo: Jandaíra, 2021.

LEITÃO, Kleber Luis da Costa. "Prisão & Racismo: o que é que a Bahia tem?". 24º Encontro anual da ANPOCS, 2001.

LIMA, Renato Brasileiro de. *Pacote Anticrime: Comentários à Lei nº 13.964/19 – Artigo por Artigo.* Salvador: JusPODIVM, 2020.

LOÏC, Wacquant. *As duas faces do gueto.* São Paulo: Boitempo, 2008.

_____. *As prisões da miséria.* Rio de Janeiro: Zahar, 2001.

REFERÊNCIAS OU PAÓ

LORDE, Audre. *Irmã outsider*. Tradução de Stephanie Borges. Belo Horizonte: Autêntica Editora, 2019.

LUGONES, María. "Rumo a um feminismo descolonial". *Revista Estudos Feministas*. Florianópolis, 2014, pp. 935-952. Disponível em: <www.doi.org/10.1590/S0104-026X2014000300013>. Acesso em: 26 out. 2023.

MACEDO, Márcia. "Mulheres chefes de família e a perspectiva de gênero: trajetória de um tema e a crítica sobre a feminização da pobreza". *Cadernos CRH*, v. 21, n. 53. Salvador, maio-ago. 2008, pp. 389-404.

MARIMBA, Ani. *Let the Circle Be Unbroken: The Implications of African Spirituality in the Diaspora*. Nova Jersey: Red Sea Pr, 1994.

_____. *Yurugu: uma crítica africano-centrada do pensamento e comportamento cultural europeus*. 2015. Disponível em: <www.estahorareall.wordpress.com/2015/08/07/dr-marimba-ani-yurugu-uma-critica-africano-centrada-do-pensamento-e-comportamento-cultural-europeu/>. Acesso em: 23 out. 2023.

MATIAS, Keydy Narelly Costa. "Contra a morte definitiva: o livro dos mortos como um guia de memória no além". *Hélade*. Niterói, 2017, pp. 228-241. Disponível em: <www.periodicos.uff.br/helade/article/view/10961>. Acesso em: 23 out. 2023.

MATIDA, Janaína. "O valor probatório da palavra do policial". 2020. Disponível em: <www.escoladecriminalistas.com.br/o-valor-probatorio-da-palavra-do-policial/>. Acesso em: 23 out. 2023.

MBEMBE, Achille. "As formas africanas de auto-inscrição". *Estudos Afro-Asiáticos*. FapUNIFESP (SciELO), São Paulo, 2001. Disponível em: <www.doi.org/10.1590/S0101-546X2001000100007>. Acesso em: 23 out. 2023.

_____. *Necropolítica*. São Paulo: N-1 Edições, 2018.

_____. *Crítica da razão negra*. Lisboa: Antígona, 2017a.

_____. *Políticas da inimizade*. Lisboa: Antígona, 2017b.

MEDEIROS, Carolina Salazar L'Armée Queiroga de; MELLO, Marília Montenegro Pessoa de. "O que vale a pena? O impacto da Lei Maria da Penha no encarceramento de 'agressores' e seus efeitos colaterais sobre a mulher vítima de violência doméstica e familiar". Congresso Nacional CONPEDI. Paraíba, 2014. Disponível em: <www.publicadireito.com.br/artigos/?cod=aaed7b69f91419f5>. Acesso em: 23 out. 2023.

MEDEIROS, Rodrigo A. Lima de; RADOMSKY, Guilherme F. W. "Territories of Difference: Place, Movements, Life, Redes". *Sociedade e Estado*. Brasília, 2010. Disponível em: <www.doi.org/10.1590/S0102-69922010000200011>. Acesso em: 23 out. 2023.

MIGNOLO, Walter D. *Histórias locais, projetos globais: colonialidade, saberes subalternos e pensamento liminar*. Belo Horizonte: Editora UFMG, 2003.

MILHEIROS, Mário. *Etnografia angolana: esboço para um estudo etnográfico*. Luanda: Mensário Administrativo, 1951.

MONTEIRO-FERREIRA, A. M. "Da ontologia à antropologia de Maat: a dimensão metafísica e ética da alma". *Gaudium Sciendi*. 2014. Disponível em: <www.doi.org/10.34632/gaudiumsciendi.2014.2738>. Acesso em: 23 out. 2023.

MOORE, Carlos. *O marxismo e a questão racial: Karl Marx e Friedrich Engels frente ao racismo e a escravidão*. Belo Horizonte: Nandyala, 2010.

_____. *Racismo e sociedade: novas bases epistemológicas para entender o racismo*. Belo Horizonte: Mazza Edições, 2007.

MORAES, Marcelo José Derzi. "Filosofia, ética e política de origem africana egípcia". *Voluntas – Revista Internacional de Filosofia*. 2019. Disponível em: <www.doi.org/10.5902/2179378639948>. Acesso em: 23 out. 2023.

MOREIRA, Adilson José. *Pensando como negro: ensaio de hermenêutica jurídica*. São Paulo: Contracorrente, 2019.

MORRISON, Toni. *O olho mais azul*. São Paulo: Companhia das Letras, 2019.

MOTTA, Daniele Cordeiro. "Desvendando Heleieth Saffioti". *Lutas sociais*. São Paulo, 2018. Disponível em: <revistas.pucsp.br/index.php/ls/article/view/46662/31125>. Acesso em: 23 out. 2023.

MÜLLER, Tânia Mara Pedroso; CARDOSO, Lourenço (orgs.). *Branquitude: estudos sobre a identidade branca no Brasil*. Curitiba: Appris, 2017.

NASCIMENTO, Abdias. "Padê de Exu libertador". In: NASCIMENTO, Abdias. *Axé do sangue e da esperança (orikis)*. Rio de Janeiro: Achiamé/Rio Arte, 1983. Disponível em: <www.ipeafro.org.br/?s=Pad%C3%AA+de+Exu+libertador>. Acesso em: 23 out. 2023.

_____. *O quilombismo*. Brasília/Rio de Janeiro: Fundação Cultural Palmares/OR Editora, 2002.

NASCIMENTO, Wanderson Flor do. "Sobre os candomblés como modo de vida: imagens filosóficas entre Áfricas e Brasis". *Ensaios Filosóficos*. Rio de Janeiro, pp. 153-170, 2016. Disponível em: <www.ensaiosfilosoficos.com.br/Artigos/Artigo13/11_NASCIMENTO_Ensaios_Filosoficos_Volume_XIII.pdf>. Acesso em: 23 out. 2023.

NJERI, Aza. "Educação afrocêntrica como via de luta antirracista e sobrevivência na Maafa". *Revista Sul-Americana de Filosofia e Educação*. Brasília, 2019. Disponível em: <www.doi.org/10.26512/resafe.vi31.28253>. Acesso em: 23 out. 2023.

NKOSI, Deivison Faustino. "O pênis sem o falo: algumas reflexões sobre homens negros, masculinidades e racismo". In: BLAY, Eva Alterman (org.). *Feminismos e masculinidades: novos caminhos para enfrentar a violência contra a mulher*. São Paulo: Cultura Acadêmica, 2014. Disponível em: <www.apublica.org/wp-content/uploads/2016/03/Feminismos_e_masculinidades-WEB-travado-otimizado.pdf>. Acesso em: 23 out. 2023.

NOGUEIRA, Sidnei. *Intolerância religiosa*. Coleção Feminismos Plurais. São Paulo: Pólen, 2020.

NOGUERA, Renato. *Mulheres e Deusas: como as divindades e os mitos femininos formaram a mulher atual*. Rio de Janeiro: HarperCollins, 2017.

_____. *O ensino de filosofia e a Lei 10639*. Rio de Janeiro: Pallas, 2015.

OLIVEIRA, Henrique. "NarcoEvangélicos: um conto não tão distópico sobre o Brasil". 2020. Disponível em: <www.smokebuddies.com.br/narcoevangelicos-um-conto-nao-tao-distopico-sobre-o-brasil/>. Acesso em: 23 out. 2023.

REFERÊNCIAS OU PAÓ

OLIVETTE, Otele. *Europeus africanos: uma história por contar*. Lisboa: Presença, 2020.

OLÚWQLÉ, Sophie. *Socrates and Òrúnmìlà: Two Patron Saints of Classical Philosophy*. Lagos, Nigeria: ARK Publishers, 2017.

ORUKA, H. Odera. "Four trends in current African philosophy". In: COETZEE, Peter H.; ROUX, Abraham P.J. (orgs.). *The African Philosophy Reader*. Nova York: Routledge, 2002. Uso tradução de Sally Barcelos Melo "Quatro tendências da atual Filosofia Africana".

OWUSU, Maxwell K. "Rumo a uma crítica africana da etnografia africana: a utilidade do inútil". In: LAUER, Helen; ANYIDOHO, Kofi (orgs.). *O resgate das ciências humanas e das humanidades através das perspectivas africanas*. Coleção Relações Internacionais. Brasília: FUNAG, 2016.

OYĚWÙMÍ, Oyèrónké. "Conceptualizing Gender: The Eurocentric Foundations of Feminist Concepts and the challenge of African Epistemologies". *African Gender Scholarship: Concepts, Methodologies and Paradigms*. CODESRIA Gender Series. African Books Collective, 2004. Disponível em: <www.filosofia-africana.weebly.com/uploads/1/3/2/1/13213792/oy%C3%A8r%C3%B3nk%C3%A9_oy%C4%9Bw%C3%B9m%C3%AD_-_conceitualizando_o_g%C3%AAnero._os_fundamentos_euroc%C3%AAntrico_dos_conceitos_feministas_e_o_desafio_das_epistemologias_africanas.pdf>. Acesso em: 23 out. 2023. Uso tradução de Juliana Araújo Lopes, "Conceituando o gênero: os fundamentos eurocêntricos dos conceitos feministas e o desafio das epistemologias africanas".

_____. "Desaprendendo lições da Colonialidade: escavando saberes subjugados e epistemologias marginalizadas". Tradução de Danielle Moraes. Seminário Internacional Decolonialidade e Perspectiva Negra. Brasília, 2016. Disponível em: <www.youtube.com/watch?v=zeFI9vTl8ZU>. Acesso em: 23 out. 2023. [Enviado para publicação].

_____. *A invenção das mulheres: Construindo um sentido africano para os discursos ocidentais de gênero*. Rio de Janeiro: Bazar do Tempo, 2021.

_____. *La Invención de las Mujeres: Una perspectiva africana sobre los discursos occidentales del género*. Bogotá: En la frontera, 2017.

_____. Laços familiares/ligações conceituais: notas africanas sobre epistemologias feministas. Tradução de Aline Matos da Rocha para uso didático de: OYĚWÙMÍ, Oyèrónké. *Family bonds/Conceptual Binds: African notes on Feminist Epistemologies*. In: Signs, 2000. Disponível em: <www.filosofia-africana.weebly.com/uploads/1/3/2/1/13213792/oy%C3%A8ronk%C3%A9_oy%C3%A8w%C3%BAmi_-_la%C3%A7os_familiares--liga%C3%A7%C3%B5es_conceituais._notas_africanas_sobre_epistemologias_feministas.pdf>. Acesso em: 23 out. 2023.

_____. Palestra. Cidade, 2021. Tradução de Danielle Campos de Moraes. Revisão Nathaly Calixto. Prelo.

_____. *What Gender is Motherhood?: Changing Yorùbá Ideals of Power, Procreation, and Identity in the Age of Modernity*. Basingstoke: Palgrave Macmillan, 2016.

PIEDADE, Vilma. *Dororidade*. São Paulo: Editora Nós, 2019.

"É FRAGRANTE FOJADO DÔTOR VOSSA EXCELÊNCIA"

PIMENTEL, Elaine; MORAIS, Elita (orgs.). "Mulheres, feminismos e interseccionalidade nas ciências criminais: escritos em homenagem a Sueli Carneiro". Maceió: EDUFAL, 2021.

PIRES, Thula. "Do ferro quente ao monitoramento eletrônico". In: FLAUZINA, Ana Luiza; FREITAS, Felipe; VIEIRA, Hector; PIRES, Thula. *Discursos negros: legislação penal, política criminal e racismo*. Brasília: Brado Negro, 2015.

PIRES, Thula; FREITAS, Felipe (orgs.). *Vozes do cárcere: ecos da resistência política*. Rio de Janeiro: Kitabu, 2018.

PRADO, Daniel Nicory do. *A prática da audiência de custódia*. Salvador: Faculdade Baiana de Direito, 2017.

PRANDI, Reginaldo. *Segredos guardados: orixás na alma brasileira*. São Paulo: Companhia das Letras, 2005.

QUIJANO, Aníbal. "Colonialidade do poder, eurocentrismo e América Latina". In: LANDER, Edgardo (org). *A colonialidade do saber: eurocentrismo e ciências sociais. Perspectivas latino-americanas*. Colección Sur Sur. Buenos Aires: Clacso, 2005, pp. 227–278.

RAMOS, Alberto Guerreiro. *Introdução crítica à sociologia brasileira*. Rio de Janeiro: Editora UFRJ, 1995.

RAMOS, Chiara; PRAZERES, Lucia dos; ARAÚJO, Márvila. "Justiça de Xangô: uma proposta ético-jurídica a partir da orixalidade". 2020. Disponível em: <www.cartacapital. com.br/justica/justica-de-xango-uma-proposta-etico-juridica-a-partir-da-orixalidade/>. Acesso em: 23 out. 2023.

RAMOSE, Mogobe. "A importância vital do 'Nós'". [Entrevista concedida a] Moisés Sbardelotto. *Revista do Instituto Humanitas Unisinos*. Porto Alegre, 2010. Tradução de Luís Marcos Sander. Disponível em: <www.ihuonline.unisinos.br/artigo/3688-mogobe--ramose>. Acesso em: 23 out. 2023.

RATTS, Alex; RIOS, Flávia (orgs.). *Lélia Gonzalez*. Rio de Janeiro: Selo Negro, 2010.

RATTS, Alex; RIOS, Flávia. "A perspectiva interseccional de Lélia Gonzalez". In: CHALHOUB, Sidney; PINTO, Ana Flávia Magalhães. (orgs.). *Pensadores negros – pensadoras negras: Brasil séculos XIX e XX*. Cruz das Almas: EDUFRB; Belo Horizonte: Fino Traço, 2016.

REIS, Vilma. *Atucaiados pelo Estado: as políticas de segurança pública implementadas nos bairros populares de Salvador e suas representações*. Dissertação (Mestrado em Ciências Sociais) – Faculdade de Filosofia e Ciências Humanas, Universidade Federal da Bahia. Salvador, 2005.

REPÚBLICA FEDERATIVA DO BRASIL. Decreto nº 592, 6 de jul. de 1992. Atos internacionais. Pacto internacional sobre direitos civis e políticos. Promulgação. Brasília, DF.

RESENDE, Diana Campos. *Roda dos Expostos: um caminho para a Infância Abandonada*. Monografia apresentada ao Curso de Especialização em "História de Minas – Século XIX" da FUNREI. São João del Rei, 1996.

RIBEIRO, Djamila. *Lugar de fala*. Coleção Feminismos Plurais. São Paulo: Jandaíra, 2019.

RODNEY, Walter. *Como a Europa subdesenvolveu a África*. Lisboa: Seara Nova, 1975.

REFERÊNCIAS OU PAÓ

RODRIGUES, Luciana Boiteux de Figueiredo. *Controle penal sobre as drogas ilícitas: o impacto do proibicionismo no sistema penal e na sociedade.* Tese (Doutorado em Direito) – Faculdade de Direito, Universidade de São Paulo. São Paulo, 2006.

SAFFIOTI, Heleieth. "Entrevista com Heleieth Saffioti". [Entrevista concedida a] Juliana Cavilha Mendes e Simone Becker. *Revista Estudos Feministas.* Florianópolis, 2011. Disponível em: <www.doi.org/10.1590/S0104-026X2011000100012>. Acesso em: 23 out. 2023.

SAGATO, Rita. *Crítica da colonialidade em oito ensaios: e uma antropologia por demanda.* Rio de Janeiro: Bazar do Tempo, 2021.

SANTOS, Boaventura de Sousa; MENESES, Maria Paula (orgs.). *Epistemologias do sul.* Coimbra: Almedina, 2009.

SANTOS, Carla Adriana da Silva (Carla Akotirene). *Ó pa í, prezada!: racismo e sexismo institucionais tomando bonde no Conjunto Penal Feminino de Salvador.* Dissertação (Pós-Graduação em Estudos Interdisciplinares em Mulheres, Gênero e Feminismo) – Universidade Federal da Bahia. Salvador, 2016.

SANTOS, Tiganá Santana Neves. *A cosmologia africana dos bantu-kongo por Bunseki Fu--Kiau: tradução negra, reflexões e diálogos a partir do Brasil.* Tese (Doutorado em Letras) – Faculdade de Filosofia, Letras e Ciências Humanas, Universidade de São Paulo. São Paulo, 2019.

SÃO BERNARDO, Augusto Sérgio dos Santos de. "Kalunga e o Direito: a emergência do Direito inspirado na ética afro-brasileira". *Revista Latino-americana de Direitos Humanos.* Pará, 2016. Disponível em: <novoperiodicos.ufpa.br/periodicos/index.php/hendu/article/view/6017>. Acesso em: 24 out. 2023.

_____. *Identidade racial e direito à diferença Xangô e Thémis.* Dissertação (Mestrado em Direito) – Faculdade de Direito, Universidade de Brasília. Brasília, 2006.

_____. *Kalunga e o Direito: a emergência de uma justiça afro-brasileira.* Tese (Doutorado em Direito) – Faculdade de Direito, Universidade Federal da Bahia. Salvador, 2018.

SILVA, Hélio R. S. "A situação etnográfica: andar e ver". *Horizontes Antropológicos.* Porto Alegre, 2009. Disponível em: <www.doi.org/10.1590/S0104-71832009000200008>. Acesso em: 23 out. 2023.

SILVA, Sebastião Fernando da. *A filosofia de Òrúnmìlà-Ifá e a formação do bom caráter.* Dissertação (Mestrado em Ciências Humanas) – Escola de Formação de Professores e Humanidades, Pontifícia Universidade Católica de Goiás. Goiânia, 2015.

SIMAS, Luiz Antonio; RUFINO, Luiz. *Fogo no mato: a ciência encantada das macumbas.* Rio de Janeiro: Mórula, 2018.

SOARES, Luiz Eduardo. *Desmilitarizar: segurança pública e direitos humanos.* São Paulo: Boitempo, 2019.

SOARES, Marinho. *Exército na Segurança Pública: uma guerra contra o povo brasileiro.* Curitiba: Editora Juruá, 2010.

SODRÉ, Muniz. *Pensar nagô.* Rio de Janeiro: Vozes, 2017.

SOMÉ, Sobonfú. *O espírito da intimidade: Ensinamentos ancestrais africanos sobre maneiras de se relacionar*. Rio de Janeiro: Livraria da Travessa, 2007.

SOUSA, Sandro de Oliveira. "Tornozeleira eletrônica: considerações sobre a Lei nº 12.258/10". Disponível em: <www.jus.com.br/artigos/18285/tornozeleira-eletronica--consideracoes-sobre-a-lei-n-12-258-10>. Acesso em: 24 out. 2023.

SOUZA, Juliana Brito de. *Torrente ancestral, vidas negras importam? Inquietações racializadas de uma mente preta dissonante*. Série Leituras Críticas Importam. São Paulo: Matrioska Editora, 2021.

SOVIK, Liv. *Aqui ninguém é branco*. Rio de Janeiro: Aeroplano, 2009.

SYKES, G. The Society of Captives: A Study of Maximum Security Prisons. Princeton: Princeton University Press, 1958.

TALON, Evinis. "Excesso de prazo na prisão preventiva e habeas corpus" [vídeo]. YouTube, 2018. Disponível em: <www.evinistalon.com/excesso-de-prazo-na-prisao-preventiva-e--habeas-corpus/>. Acesso em: 24 out. 2023.

TEIXEIRA, Thiago. *Decolonizar valores: ética e diferença*. Salvador: Devires, 2021.

TEMPLES, Placides. *La Philosophie Bantoue*. Portugal: Paulinas Editora, 2018.

TOKUNO, Niyi. "Entrevista com Niyi Tokunbo Mon'a-Nzambi". [Entrevista concedida a] Carla Akotirene. s.l., 2021.

VARJÃO, Suzana. *Micropoderes, macroviolências*. Salvador: EDUFBA, 2008.

VAZ, Lívia Sant'anna; RAMOS, Chiara. *A Justiça é uma mulher negra*. Belo Horizonte: Letramento, 2021.

VOGT, Olegário Paulo; RADÜNZ, Roberto. "Condenados à força: a escravidão e os processos judiciais no Brasil". *MÉTIS: História & Cultura*, v. 11, n. 2, jan./jun. 2012, pp. 209-228.

VOLPI, Mario (org.). *O adolescente e o ato infracional*. São Paulo: Cortez, 1997.

WILLIAN, Rodney. *Apropriação cultural*. Coleção Feminismos Plurais. São Paulo: Pólen, 2019.

WIREDU, Kwasi. "African Religions from a Philosophical Point of View". In: TALIAFERRO, Charles; DRAPER, Paul; QUINN, Philip L. (orgs.). *A Companion to Philosophy of Religion*. Nova Jersey: Wiley-Blackwell, 2010. Revisão de Wanderson Flor do Nascimento. Uso a tradução de Lana Ellen T. de Sousa, "As religiões africanas desde um ponto de vista filosófico", disponível em: <www.filosofia-africana.weebly.com/uploads/1/3/2/1/13213792/kwasi_wiredu_-_as_religi%C3%B5es_africanas_desde_um_ponto_de_vista_filos%C3%B3fico.pdf>. Acesso em: 23 out. 2023.

ZAFFARONI, Eugenio Raúl. *Em busca das penas perdidas: a perda de legitimidade do sistema penal*. Rio de Janeiro: Revan, 2017.

ZELEZA, Paul Tiyambe. "Gender Biases in African Historiography". In: OYĚWÙMÍ, Oyèrónké (ed.). *African Gender Studies A Reader*. Palgrave Macmillan US, 2005. Disponível em: <dx.doi.org/10.1007/978-1-137-09009-6_11>. Acesso em: 24 out. 2023.

ANEXO A –
ENTREVISTA COM O PESQUISADOR NIYI TOKUNBO

Primeiro se apresente. Fale sobre o seu ponto de vista epistêmico, espiritual e político no que se refere aos povos bantu e yorubá.

Bionegrafia:

Niyi Tokunbo Mon'a-Nzambi, 45 anos, filho de dona Delfina e sr. Zezito, nascido na Chapada do Rio Vermelho, em Salvador, Bahia. Formado pela Universidade de São Paulo, em Letras (habilitação língua chinesa), ex-aluno da Universidade Federal da Bahia, onde cursei Letras com habilitação em língua alemã. Hoje falo 12 idiomas, entre eles o kimbundu, o kikongo e o yorubá. Autor de *Kimbundu 1* e *Kimbundu 2*, pela editora Segundo Selo (editora que tem um proprietário negro). Atualmente estou escrevendo o terceiro livro dessa série de 6 livros que são suporte didático para o curso de kimbundu oferecido pelo Núcleo Permanente de Extensão em Letras da Universidade Federal da Bahia (NUPEL–UFBA), onde integro a coordenação colegiada.

Professor de kimbundu, já lecionei no terreiro Bate-Folha (Mansu Banduquenqué), no Nzo Tumbansi/ILABANTU (Instituto Latino-Americano de Tradições Afro-Bantu), no centro Angel Rama FFLCH/USP, Núcleo da Consciência Negra/USP, em minicursos e curso de extensão na Universidade Federal da Bahia (UFBA) e Universidade do Estado da

"É FRAGRANTE FOJADO DÔTOR VOSSA EXCELÊNCIA"

Bahia (UNEB), além de já ter dado aulas de idiomas em minicursos na Universidade Katyavala Bwila no Kwanza Sul, em Angola, como parte de um convênio entre esta Universidade e a Universidade de São Paulo.

Pesquisador do grupo *Yorubantu – Epistemologias Yorùbá e Bantu* nos Estudos Literários, Linguísticos e Culturais no Instituto de Letras da Universidade Federal da Bahia. Além de falar kimbundu, kikongo e yorubá, pesquiso outras línguas africanas trazidas para o Brasil, por exemplo, o fon (língua utilizada aqui na Bahia no candomblé, mais amplamente na nação jeje).

Sou criador da *Kalunga Idiomas & Experiências* (áreas da educação e turismo), que tem ensinado kimbundu online para estudantes em várias partes do mundo (China, EUA, América do Sul, Europa e África), além de oferecer experiências singulares na Bahia, como o tour Rota dos Malês (sobre o levante negro da história da Bahia). No curso de kimbundu, selecionei dezenas de negros em todo o Brasil e no exterior para fazê-lo gratuitamente, garantindo, assim, a potencialização, afirmação e retomada de nossa língua entre nosso povo. A Kalunga Idiomas está prestes a inaugurar o curso de yorubá também. Possuo uma marca de roupas africanas chamada *KIZWATU*, que traz tecidos direto de Angola e de alguns outros países africanos com o intuito de fazer o dinheiro circular entre nosso povo aqui, na diáspora e no nosso continente.

Acompanhei minhas tias, desde pequeno, em festas de candomblé, nas redondezas da minha casa. Desde minha infância com minhas mais velhas, guardo experiências dos cultos tradicionais do nosso povo, tendo ligação direta com diversas casas de candomblé: uma tia-avó era abiã de Mãe Menininha do Gantois, egbomi Luzia do Alaketu era outra tia-avó minha. Tenho um primo que é obá de Xangô do Afonjá, outro tio que é neto da fundadora do Cobre, além de uma iyalorixá prima minha de um terreiro menos conhecido, sem falar de outras pessoas da família que são de outros terreiros. Apesar de toda essa trajetória frequentando os diversos terreiros de Salvador, não sou iniciado em nenhuma casa, como muitos de meus amigos e familiares, algo

ENTREVISTA COM O PESQUISADOR NIYI TOKUNBO

comum aqui em Salvador. Atualmente tenho trazido a bagagem dessa convivência nesses espaços para pesquisar as diversas línguas que são utilizadas nos diferentes momentos dos rituais tradicionais, línguas como fon, ewe, grunce, tapa, hausa, yorubá, kikongo, umbundu, kimbundu. Inclusive, desenvolvo uma pesquisa no *Yorubantu* justamente sobre cantigas e rezas no kimbundu da nação Angola, algumas das quais extrapolam as fronteiras dos terreiros, se espraiando para outros movimentos negros, como o samba e a capoeira, nessa região africana que se chama Salvador e redondezas.

Sou muito afinado com o panafricanismo, apesar de não carregar a bandeira nem nunca ter me afiliado a nenhum movimento ligado a ele. As ideias de Garvey e Malcolm são muito parecidas com minha visão de mundo e de como atuar nele sendo um africano nascido em diáspora, a sexta região africana. Há décadas escrevo um livro sobre minha família e tenho descoberto coisas muito amplas sobre nossas raízes no continente. Já identifiquei cinco ancestrais nascidos em África e isso aumenta minha percepção de "interafricanidade", dessas várias Áfricas que se encontram aqui na Bahia e se cruzam formando essa cara nossa, essa cara de descendentes de África a partir dessa história que se reencontra desde lá nas diferentes migrações até o fenômeno de muita miscigenação interafricana que se deu na Bahia, por conta das muitas rotas que os europeus usaram pra trazer nossos ancestrais para o porto de Salvador.

1. Há uma Ética de Zazi ou de Xangô, imagino eu. Não sei se posso dizer que são os mesmos, mas até que ponto, incorporada como valor africano, daria bons resultados em nosso processo de conexão com a maneira de ser, pensar e agir fora da marca moderna colonial?

A ética que envolve Zazi me parece estar fundida com uma face tanto de Xangô quanto de Hevioso, um nkisi, um orixá e um vodun que

"É FRAGRANTE FOJADO DÔTOR VOSSA EXCELÊNCIA"

se inter-relacionam a partir de sua característica que é, no caso específico de Nzazi e Hevioso, serem cultuados como o próprio raio, que é justamente o significado dos nomes do nkisi e do vodun na língua deles, kikongo/kimbundu e fon. Há um temor natural entre nós, povo africano, de relâmpago e trovão, e uma associação de que ser atingido por um raio é o destino para quem merece ser castigado. Ora, sabemos que Xangô é cultuado como o orixá da justiça, então percebo que existe um elo entre os três, estabelecendo uma ética comportamental africana na diáspora que não se perdeu, uma vez que se ouve das pessoas recitarem essas características esperando justamente que haja uma resposta para nossos atos à altura da potência de um raio. Muitas práticas de respeito aos limites e às relações pretas são regidas por essa ética que permanece entre nós.

2. Fomos alfabetizados na língua do colonizador. Segundo a pensadora Lélia Gonzalez, algumas marcas ancestrais, como o kimbundu, são resistências lidas na modernidade como ignorâncias e problemas de norma culta. Qual seu olhar em relação à língua que falamos?

Nos diversos países africanos colonizados por europeus, encontramos o mesmíssimo fenômeno que nós, povo africano, temos aqui no Brasil também. As línguas dominantes trazidas da Europa são as línguas de prestígio e seu lugar como língua oficial e/ou padrão acaba por abafar e reprimir todas as outras contribuições das diversidades étnicas de cada uma dessas regiões. No caso do Brasil, e sua presença interafricana gigantesca, temos diversos graus de contribuições que se acentuam mais ou menos a depender da região do Brasil ou do grau social e/ou de escolarização.

O Brasil recebeu um contingente expressivo de africanos oriundos da África Central, falantes de línguas do subtronco bantu como, por exemplo,

ENTREVISTA COM O PESQUISADOR NIYI TOKUNBO

o kikongo, o umbundu, o kimbundu, entre muitas outras. Luanda, que foi um dos principais portos de embarque de africanos escravizados para serem trazidos para o Brasil, é a região onde se fala kimbundu, uma das línguas que mais se disseminaram no Brasil inteiro, deixando fortes marcas nos falares brasileiros em vários níveis, como o fonológico e o sintático, além do sempre muito citado "lexical". As contribuições no nível lexical são bem aceitas, de maneira que todas as classes sociais e etnias acabam usando-as como se nunca soubessem que são palavras de línguas africanas, como é o caso de *caçula, canjica, xingar*. Mas, quando passamos para os níveis sintáticos e fonológicos, a normatividade da língua portuguesa acaba imprimindo sua régua punitiva, nomeando nosso "sotaque kimbundu" como erro, diferentemente do que acontece com o sotaque francês ou o inglês, que são bem-vistos, porque não são africanos. Um dos exemplos de nosso sotaque kimbundu que é bem estigmatizado está na pronúncia da letra "g" em palavras como *igual, ignorante, igreja, mendigo*. Nós, povo africano, especialmente os menos escolarizados, pronunciamos "ingual, ingnorante, ingreja, mendingo".

Ora, em nossa língua kimbundu não existe a letra "g" do português, mas temos uma letra aproximada que é "ng". Logo, quando tivemos que aprender a língua portuguesa, trouxemos nossa referência fonológica para esse nosso novo falar diaspórico, rompendo com uma estrutura da língua portuguesa e estabelecendo nosso sotaque, da mesma maneira que os franceses, por exemplo, fazem ao falar português pronunciando letras que não existem em francês de maneira aproximada às letras que existem em francês. Infelizmente, na escola, o corpo docente não tem preparo para abordar essa diversidade linguística com o devido respeito por ser um contributo da composição étnica do país, mas acaba reprimindo nosso sotaque kimbundu. Isso sem falar em outros sotaques que temos, como o yorubá, por exemplo.

"É FRAGRANTE FOJADO DÔTOR VOSSA EXCELÊNCIA"

3. É possível se descolonizar através de um resgate filosófico africano. De que forma os bantu ou os yorubá podem nos instrumentalizar? É somente através das religiões de matriz africana?

Acredito que nós, povo africano, vivemos uma realidade de dois portais existenciais que se interpõem a olho nu, mas que podem ser bem mapeados quando a gente conhece bem o que é África, pois conseguimos perceber as "europeidades" que acabam se destacando fora desse normal africano, que nem precisa necessariamente ser resgatado, pois ele sempre esteve nos acompanhando, os mais de 80% da população desta cidade. Seria mesmo impossível um contingente tão expressivo como esse ter mantido apenas a sua cor.

Então, vemos que somos resistência para além de nossa cor de pele. Fincamos nossos pés aqui na maafa com muitos de nossos pertences que acompanhavam nossa viagem para fora de nosso continente, os levamos dentro de nossa mente através de nossa cultura. Fala-se muito em cultura brasileira, mas esse movimento de cauterização de uma identidade brasileira quase sempre implica nesse processo de apagamento identitário do povo que traz, dos povos que moldam majoritariamente essa identidade. Quem está na Europa e pensa no Brasil, automaticamente acessa toda uma representatividade africana através da figura de Pelé, do samba ou até mesmo da capoeira. Até que ponto precisamos de fato nos descolonizar filosoficamente se vivemos essa filosofia em grande medida, para além dos muros do terreiro que é, seguramente, o habitat que melhor conservou essa filosofia, sim? Mas nós vivemos para além dessas barreiras, desses muros, não é? As grandes iyalorixás, que desde o século XIX até os dias de hoje vendem fato ou acarajé nas praças, carregam por toda parte um *modus vivendi* que se estende a partir do que elas cultuam dentro do quarto do orixá.

ENTREVISTA COM O PESQUISADOR NIYI TOKUNBO

4. Você é um homem cis, correto? Acredita numa masculinidade oboró? Pergunto se o seu ancestral daria contribuições sobre as relações de gênero de modo a diminuir a violência contra a mulher, caso os homens de todas as raças conhecessem tal enunciado?

Sim, sou homem cis e acredito que somos continuadores de nossas tradições e costumes, que trazem, também nas correlações com orixás, voduns e nkisis, traços culturais que não se limitam a eles, mas que se intercambiam de modo a fazer compreender a estrutura de toda uma aldeia, uma comunidade em África. Sendo assim, se a masculinidade do povo preto, diaspórico ou não, tem relação com a extensão cultural relacionada com a sua perspectiva espiritual, sim, acredito em uma masculinidade oboró, tomando a palavra oboró como relativa à masculinidade dos orixás e observando que essa masculinidade dos orixás, como também de alguns nkisis, não reproduz a ideia cultural europeia sobre masculinidade.

Podemos, com isso, apontar Oxalá, ou ainda posso falar com riqueza de detalhes sobre Lemba, nkisi que se confunde ora com a ideia do "feminino europeu", ora com a do "masculino europeu", fazendo uma verdadeira "festa" da contradição dessas concepções. Lemba é cultuado ou cultuada com um jogo de gêneros tão impressionante e fluido dentro da nossa epistemologia ndongo/kongo que, por exemplo, a língua rejeita os marcadores comuns de gênero como os do português "o/a". Isso para nós é quase que inexistente. Apesar disso, o gênero existe. E como nos comportamos diante disso? Lemba come bichos fêmeas e veste saia como os orixás femininos. Tentando nos referir a Lemba aqui na diáspora, alguns dizem que Lemba é nkisi masculino, outros dizem que é feminino. Em Luanda, fala-se de Lemba como a "deusa" da fecundidade, mas, entrando um pouco mais no continente, veremos que Lemba é lido pelo colonizador como masculino e o nkisi permanece nessa ginga, nesse jogo de leituras de gênero continente adentro, até chegar no Brasil performando essa episteme de difícil leitura para "olhos" europeus.

"É FRAGRANTE FOJADO DÔTOR VOSSA EXCELÊNCIA"

Essa faceta não é exclusiva de Lemba, nem de Oxalá, mas vemos faces semelhantes em Logun-Edé, Mvunji, Angorô. E o que falar de Exu, que se (re)desdobra aqui na diáspora em tantas faces "femininas e masculinas" ao ponto de a língua portuguesa impor, por suas próprias regras naturais, o termo "Exua". Sim! Africanamente falando, nossa masculinidade, a nossa, é revestida de uma composição que não nos torna melhores nem piores daquilo que nos compõe, e é importante analisarmos as violências que corpos negros "masculinos" infringem sobre os "femininos" como uma realidade deplorável e como fruto dessa nova realidade a que nós, povo negro, estamos expostos desde o contato com o colonizador, tanto aqui na diáspora quanto no continente. Nossa real estrutura de povo, nossa estrutura *ubuntu*, comunitária e de harmonia com o ecossistema é digna de admiração por todos os povos.

ANEXO B – ENTREVISTA COM IFÁYÓMÍ ADÈLÓNÁ ṢÀNGÓWÀLÉ ISÓLÁ EGÚNGÚNJOBI ISÉNBÁYÉ

Primeiro se apresente. Fale sobre o seu ponto de vista epistêmico, espiritual e político no que se refere aos povos bantu e yorubá.

Bionegrafia:

Meu nome é Patrick de Olivera, tenho 42 anos, sou psicólogo, psicanalista e antropólogo, possuo mestrado em antropologia e atualmente estou realizando um doutorado também em antropologia. Para além dessas formações ocidentais, tenho uma formação indígena aborígene africana yorubá. Meu nome africano é Ifáyómí Adèlóná Ṣàngówàlé Isólá Egúngúnjobi Isénbáyé e sou um Bàbáláwó de Ifá. Tenho estudado Ifá desde 2002 e em 2012 me tornei um Bàbáláwó através dos ritos secretos do Isefá/Itefá/Itelodu. Fundei, em 2013, o Egbe Ifá Agbónirégún a ti Ilé Àṣẹ Ṣàngó Ìyá Omi Oṣún, em Senador Canedo, Goiás.

Em 2017 fui à Nigéria e me iniciei para Ṣàngó com o Oloye Bàbá Oni Ṣàngó Ṣangodele Ibuowo Atanda o Elegún Ṣàngó Alafim Oyo. Sou o Olori Egbe do Egbe Isénbáyé, em Itu, São Paulo, e Mogba Ṣàngó do Ilé Àṣẹ Oba Alafin Aganju Jetioka, em Carazinho, Rio Grande do Sul. Em 2021, em plena pandemia do covid, fundei o Coletivo Faraimará, que reúne sacerdotes e sacerdotisas de Ifá e Orixá da tradição yorubá, seja do Culto Tradicional ou Candomblé, para pensar a partir de outras referências

"É FRAGRANTE FOJADO DÔTOR VOSSA EXCELÊNCIA"

a perspectiva yorubá de mundo desde o conceito de cosmopercepção, apontado pela socióloga iorubana Oyeronke Oyewumi. Minhas pesquisas versam sobre a percepção e os estados alterados da consciência, o transe. Pesquisei o transe/estado de elegún no Candomblé Nagô e atualmente pesquiso percepção de matutos/mateiros e a relação entre humano e não humano no Cerrado Goiano e Mineiro.

1. Há uma Ética de Zazi ou de Xangô, imagino eu. Não sei se posso dizer que são os mesmos, mas até que ponto, incorporada como valor africano, daria bons resultados em nosso processo de conexão com a maneira de ser, pensar e agir fora da marca moderna colonial?

Şàngó é tido como orixá da justiça. O termo justiça, empregado a partir da perspectiva ocidental, difere muito do senso de justiça de Şàngó. Şàngó impõe seu machado de dois gumes (Oşé) como forma de direcionar sua própria condição de existência diante das coisas e das situações. Şàngó é orixá da eletricidade e das dualidades, prima pela ordem e pelo lugar das instituições na sociedade. Şàngó é um estadista que faz acontecer o papel das sociedades/instituições para que a vida seja digna e boa para todes. O primado da ética em Şàngó é feminino, no sentido mesmo de que, apesar de ter sua masculinidade enaltecida, reverencia o poder feminino para que a vida jamais seja violada. A ética em Şàngó é a ética da vida como garantia do próprio bem viver, já que ele é o guardião da vida em sociedade.

O primado ético de Şàngó também se imprime a partir da dimensão da verdade, mas da verdade que revela a vida na sua instância maior, como mantenedora da coletividade. Não se trata de uma verdade individual, mas da verdade que faz a vida valer para a coletividade. Şàngó é árbitro da vida – para não usar o termo juíz –, pois suas dimensões e facetas es-

ENTREVISTA COM IFÁYÓMÍ ADÈLÓNÁ ŞÀNGÓWÀLÉ ISÓLÁ EGÚNGÚNJOBI ISÉNBÁYÉ

tão sempre salvaguardando as possibilidades, os dois lados da moeda, as duas faces das coisas. Na sociedade iorubana pensada a partir de Şàngó, a justiça vale para todos, para quem está certo e para quem está errado. Porque a dimensão da verdade, ou melhor, de certo ou errado, não é valia de um sobre outro, mas de permanência e equilíbrio da comunidade.

2. Fomos alfabetizados na língua do colonizador. Segundo a pensadora Lélia Gonzalez, algumas marcas ancestrais, como o kimbundu, são resistências lidas na modernidade como ignorâncias e problemas de norma culta. Qual seu olhar em relação à língua que falamos?

A língua é colonizadora. Ela, o tempo todo, nos rouba nossas referências originárias. Nossa forma de pensar e de sentir com o corpo. Nosso pensamento não surge a partir da cabeça, mas ele começa nos pés. Por onde andamos, onde pisamos define e estabelece nossas formas de pensar. Orí (a cabeça) e nossos pés estão, desde nossa noção de mundo yorubá (cosmopercepção), atados. O Ocidente nos arrancou isso, nossos pés estão divididos da nossa cabeça, do nosso corpo inteiro.

Nossa linguagem, antes de falada – codificada –, é sentida com o corpo, é inscrita no corpo. É o corpo quem fala primeiro em nós a partir dos nossos pés. Embora a cabeça seja a primeira e quem uniu o corpo. Porém, não pensar a cabeça sozinha é cair fora do primado da razão, do cérebro, tão comum no Ocidente. A língua ocidental falada e pensada em nós imprimiu esse primado da razão, colocando de lado o primado da sensação que é a nossa base de vida. Precisamos aprender a entender o mundo novamente, sentindo-o com todo nosso ser. Ler a vida com a sensação que nos habita e não somente com a razão. É necessário lançar mão de uma outra grafia da vida, um outro léxico que nos faça retornar aos nossos legados africanos de presença no mundo.

"É FRAGRANTE FOJADO DÔTOR VOSSA EXCELÊNCIA"

3. É possível se descolonizar através de um resgate filosófico africano. De que forma os bantu ou os yorubá podem nos instrumentalizar? É somente através das religiões de matriz africana?

Nossos ancestrais nos deixaram um aparato tecnológico altamente avançado. Eu particularmente não penso nesse aparato como religião, pois é muito mais que religião. Trata-se de um ethos civilizatório, de um modo de vida altamente qualificado, atualizado e avançado. O resgate começa retomando nossas tecnologias e suas práticas de vida. Sobretudo, prática que possibilita alicerçarmos uns aos outros, nos solidificarmos uns aos outros. É claro que isso passa pelo entendimento amplo das coisas e de como funcionamos enquanto operamos essas coisas. Ou seja, retomar essa compreensão de um sentido africano, seja ele yorubá ou bantu, ou outro, de que a vida que vivemos necessita de um outro aparato de compreensão. A descolonização é a compreensão mesma desse outro aparato (africano) para que possamos produzir o outro mundo. O mundo alicerçado nas nossas tecnologias antigas herdadas dos nossos antepassados.

4. Você é um homem cis, correto? Acredita numa masculinidade oboró? Pergunto se o seu ancestral daria contribuições sobre as relações de gênero e de modo a diminuir a violência contra a mulher, caso os homens de todas as raças conhecessem tal enunciado?

O termo homem cis foi cunhado para determinar um lugar do homem a partir do seu genital. Porém meu lugar no mundo, na vida, não está determinado a partir do meu órgão genital. Sim, me entendo como homem, mas meu pensamento acerca disso refere-se muito mais a meu papel social do que minha condição sexual e/ou de gênero. Isso quer dizer que minha compreensão passa por possibilitar que a mulher ocupe seu lugar

ENTREVISTA COM IFÁYÓMÍ ADÈLÓNÁ ṢÀNGÓWÀLÉ ISÓLÁ EGÚNGÚNJOBI ISÉNBÁYÉ

ou o lugar que ela quiser, mediante os papéis sociais que ela assume ou quer assumir. Pensar desde a noção yorubá de mundo, não para instigar rivalidade entre homens e mulheres, mas, sim, para solucioná-la, e nós, homens, temos um papel fundamental nisso. Assegurar que a existência das mulheres no mundo seja não apenas uma estadia de manutenção da vida, mas também uma estadia para ela ocupar o mundo da forma que ela quiser. Eis a contribuição que eu tenho procurado dar a partir da minha relação com os meus ancestrais.

Ase ooo.

Agradecido,

Bàbáláwó Ifáyómí Adèlóná Ṣàngówàlé Isólá Egúngúnjobi Isénbáyé.

ANEXO C – TABELAS

TABELA 1

Flagranteados não reincidem na tipificação penal	
Liberdade (sem retorno)	2.789
Retorno	217
TOTAL	**3.006**

TABELA 2

Gênero	
Homens	4.804
Mulheres	349
TOTAL	**5.153**

TABELA 3

Autodeclaração de cor	
Pretos/Pardos	4.428
Brancos	98
Amarelos	1
Sem informação	626
TOTAL	**5.153**

"É FRAGRANTE FOJADO DÔTOR VOSSA EXCELÊNCIA"

TABELA 4

Prisão preventiva decretada por autodeclaração de cor	
Pretos/Pardos	41,4%
Brancos	33,7%

TABELA 5

Prisão relaxada por autodeclaração de cor	
Pretos/Pardos	5,8%
Brancos	7,1%

TABELA 6

Idade	
18 a 29 anos	3.345
30 a 41 anos	1.271
42 a 53 anos	379
54 a 59 anos	77
60 anos ou mais	48
Sem informação	33
TOTAL	**5.153**

TABELA 7

Grau de escolaridade	
Superior completo	59
Superior incompleto	58
Médio completo	448
Médio incompleto	341
Fundamental completo	351
Fundamental incompleto	1.590
Apenas alfabetizados	14
Não alfabetizados/Em alfabetização/Sem escolaridade	120
Sem informação	2.172
TOTAL	**5.153**

TABELAS

TABELA 8

Renda	
Inexistente	374
Até I S.M.	1.091
Entre I e 2 S.M.	330
Entre 2 e 5 S.M.	23
Acima de 5 S.M.	2
Sem informação	3.333
TOTAL	**5.153**

TABELA 9

Representado pela Defensoria Pública ou por advogado	
Defensoria Pública	3.077
Advogado	1.894
Sem informação	182
TOTAL	**5.153**

TABELA 10

Quem efetuou a prisão?	
Policial militar	4.489
Policial civil	485
Policial federal	10
Policial rodoviário federal	27
Guarda municipal	59
Agente de trânsito	10
Segurança particular	14
Agente socioeducador	1
Agente penitenciário	42
Outros	14
Sem informação	2
TOTAL	**5.153**

"É FRAGRANTE FOJADO DÔTOR VOSSA EXCELÊNCIA"

TABELA 11

Decisão	
Concedida liberdade provisória	2.528
Decretada prisão preventiva	2.112
Fiança arbitrada e recolhida pela autoridade policial	177
Prisão relaxada	302
Decretada prisão domiciliar	12
Decretada prisão temporária	2
Outros casos	10
Sem informação	10
TOTAL	**5.153**

TABELA 12

Decisão	
Liberdade plena	346
Prisão ou outra medida cautelar	4.807
TOTAL	**5.153**

TABELA 13

Imputação		
Crimes contra o patrimônio (Isoladamente e em concurso)	Furto (155, CP)	419
	Roubo (157, CP)	1.109
	Roubo em concurso com outros crimes, também em concurso com furto	205
	Furto em concurso com outros crimes, exceto roubo	74
	Outros crimes contra o patrimônio	229
	Crimes contra o patrimônio em concurso com outros crimes, inclusive contra o patrimônio, exceto roubo, furto, Lei de Drogas e Estatuto do Desarmamento	116

(Continua)

TABELAS

(Continuação)

Imputação		
Lei de drogas (Isoladamente e em concurso)	Lei de Drogas (Lei 11.343/2006)	1.530
	Lei de Drogas em concurso com outros crimes da própria Lei de Drogas	303
	Lei de Drogas em concurso com outros crimes, exceto roubo e furto	235
Estatuto do desarmamento (Isoladamente e em concurso)	Estatuto do Desarmamento (Lei 10.826/2003)	93
	Estatuto do Desarmamento em concurso com outros crimes, inclusive do próprio Estatuto do Desarmamento, exceto roubo, furto e Lei de Drogas	52
Código Brasileiro de Trânsito		138
Outros crimes		228
Maria da Pena (Lei 11.340/06)		421
Sem informações		1
TOTAL		**5.153**

TABELA 14

IMPUTAÇÃO	LIBERDADE PROVISÓRIA	PRISÃO PREVENTIVA	RELAXAMENTO DE PRISÃO	FIANÇA	SEM INFORMAÇÃO
Furto (155, CP)	263	112	26	15	0
Roubo (157, CP)	346	709	45	0	7
Roubo em concurso com outros crimes, também em concurso com furto	41	152	12	0	0
Furto em concurso com outros crimes, exceto roubo	42	27	3	1	0
Outros crimes contra o patrimônio (arts. 163 e 180, CP)	125	37	13	52	1

(Continua)

"É FRAGRANTE FOJADO DÔTOR VOSSA EXCELÊNCIA"

(Continuação)

IMPUTAÇÃO	LIBERDADE PROVISÓRIA	PRISÃO PREVENTIVA	RELAXAMENTO DE PRISÃO	FIANÇA	SEM INFORMAÇÃO
Crimes contra o patrimônio em concurso com outros crimes, inclusive contra o patrimônio, exceto roubo, furto, Lei de Drogas e Estatuto do Desarmamento	57	38	16	4	1
Lei de Drogas (Lei 11.343/2006)	861	569	95	0	2
Lei de Drogas em concurso com outros crimes da própria Lei de Drogas	126	145	26	3	0
Lei de Drogas em concurso com outros crimes, exceto roubo e furto	78	139	15	1	2
Estatuto do Desarmamento (Lei 10.826/2003)	53	30	2	7	1
Estatuto do Desarmamento em concurso com outros crimes, inclusive do próprio Estatuto do Desarmamento, exceto roubo, furto e Lei de Drogas	26	23	2	1	0
Código Brasileiro de Trânsito	53	1	1	80	3
Outros crimes	111	84	23	8	1
Mª da Penha	345	46	23	5	2
TOTAL	2.527	2.112	302	177	20

TABELAS

TABELA 15

Houve emprego de arma	
Sim, arma de fogo	595
Sim, arma branca	265
Sim, simulacro/Arma de brinquedo	267
Não houve emprego de arma	4.030
TOTAL	**5.157**

TABELA 16

A arma foi apreendida?	
Sim	915
Não	208
Sem informação	4
TOTAL	**1.127**

TABELA 17

Há registros de ato infracional juntado ao processo?	
Sim	717
Não	4.373
Sem informação	63
TOTAL	**5.153**

TABELA 18

Há registro de ação penal ou auto de prisão em flagrante anterior?	
Sim	2.350
Não	2.740
Sem informação	63
TOTAL	**5.153**

"É FRAGRANTE FOJADO DÔTOR VOSSA EXCELÊNCIA"

TABELA 19

Há registro de condenação criminal anterior?	
Sim	445
Não	4.645
Sem informação	63
TOTAL	**5.153**

TABELA 20

O custodiado sofreu alguma lesão?	
Sim	1.292
Não	1.530
Sem informação	2.331
TOTAL	**5.153**

TABELA 21

COR	QUANTIDADE	AGREDIDOS	NÃO AGREDIDOS	SEM INFORMAÇÃO	AGRESSÃO POR COR (%)
Pretos/Pardos	4.428	1.185	1.350	1.893	26,8%
Brancos	98	19	29	50	19,4%
Cor não informada	626	88	151	387	14,1%
TOTAL	**5.152**	**1.292**	**1.530**	**2.330**	**25,0%**

TABELA 22

Saberia identificar o responsável pela lesão?	
Sim	1.164
Não	127
Sem informação	1
TOTAL	**1.292**

TABELA 23

Responsável pela lesão apontado	
Policial militar	939
Policial civil	53
Populares	86
Vítima	62
Guarda municipal	14
Policial rodoviário federal	2
Segurança particular	29
Outros	25
Não se aplica	3.989
Sem informação	10
TOTAL	**5.209**

TABELA 24

A lesão é visível?	
Sim	637
Não	645
Sem informação	10
TOTAL	**1.292**

TABELA 25

Recebeu atendimento médico em razão da lesão sofrida?	
Sim	425
Não	844
Sem informação	23
TOTAL	**1.292**

"É FRAGRANTE FOJADO DÔTOR VOSSA EXCELÊNCIA"

TABELA 26

Proibição de acesso a determinados lugares	
Sim	579
Não	4.532
Sem informação	42
TOTAL	**5.153**

TABELA 27

Proibição de manter contato com pessoa determinada	
Sim	405
Não	4.706
Sem informação	42
TOTAL	**5.153**

TABELA 28

Proibição de ausentar-se da comarca	
Sim	2.191
Não	2.920
Sem informação	42
TOTAL	**5.153**

TABELA 29

Recolhimento domiciliar	
Sim	934
Não	4.177
Sem informação	42
TOTAL	**5.153**

TABELAS

TABELA 30

Suspensão do exercício da função pública	
Sim	3
Não	5.108
Sem informação	42
TOTAL	**5.153**

TABELA 31

Internação provisória do acusado	
Sim	5
Não	5.106
Sem informação	42
TOTAL	**5.153**

TABELA 32

Fianças	
Sim	197
Não	4.913
Sem informação	43
TOTAL	**5.153**

TABELA 33

Monitoramento eletrônico	
Sim	448
Não	4.663
Sem informação	42
TOTAL	**5.153**

TABELA 34

Apreensão de drogas	
Cocaína	528
Maconha	400
Crack	51
Ecstasy	16
Lança-perfume	2
Cocaína + ecstasy	2
Maconha + ecstasy	8
Maconha + crack	97
Cocaína + crack	101
Maconha + cocaína	673
Maconha + cocaína + ecstasy	8
Maconha + cocaína + crack	177
Outro	17
Nenhuma droga	3.061
Sem informação	12
TOTAL	**5.153**

TABELA 35

Quantidade de maconha apreendida	
Até 10g	26
Até 25g	35
Até 100g	113
Até 200g	64
Acima de 200g	153
Sem informação	9
TOTAL	**400**

TABELAS

TABELA 36

Quantidade de cocaína apreendida	
Até 2g	10
Até 5g	29
Até 7,5g	29
Até 10g	26
Até 1kg	410
Acima de 1kg	16
Sem informação	8
TOTAL	**528**

TABELA 37

Quantidade de crack apreendida	
Até 2g	3
Até 5g	2
Até 7,5g	3
Até 10g	0
Acima de 10g	36
Sem informação	7
TOTAL	**51**

TABELA 38

Liberdade provisória concedida por droga	
Maconha	52,8%
Cocaína	56,8%
Crack	52,9%

"É FRAGRANTE FOJADO DÔTOR VOSSA EXCELÊNCIA"

TABELA 39

Autodeclaração de cor	
Pretas/Pardas	310
Brancas	9
Sem Informação	30
TOTAL	**349**

TABELA 40

Decisão	
Decretada prisão preventiva	78
Concedida liberdade provisória sem cautelares	2
Concedida liberdade provisória com cautelares	217
Prisão relaxada	27
Decretada prisão domiciliar	8
Fiança arbitrada e recolhida pela autoridade policial	16
Sem informação	1
TOTAL	**349**

TABELA 41

Idade	
18 a 29 anos	212
30 a 41 anos	98
42 a 53 anos	29
54 a 59 anos	3
60 anos ou mais	6
Sem informação	1
TOTAL	**349**

TABELAS

TABELA 42

Imputação		
Crimes contra o patrimônio (Isoladamente e em concurso)	Furto (155, CP)	65
	Roubo (157, CP)	48
	Roubo em concurso com outros crimes, também em concurso com furto	7
	Furto em concurso com outros crimes, exceto roubo	17
	Outros crimes contra o patrimônio	12
	Crimes contra o patrimônio em concurso com outros crimes, inclusive contra o patrimônio, exceto roubo, furto, Lei de Drogas e Estatuto do Desarmamento	5

TABELA 43

Imputação		
Lei de drogas (Isoladamente e em concurso)	Lei de Drogas (Lei 11.343/2006)	123
	Lei de Drogas em concurso com outros crimes da própria Lei de Drogas	28
	Lei de Drogas em concurso com outros crimes, exceto roubo e furto	8
Estatuto do desarmamento (Isoladamente e em concurso)	Estatuto do Desarmamento (Lei 10.826/2003)	2
	Estatuto do Desarmamento em concurso com outros crimes, inclusive do próprio Estatuto do Desarmamento, exceto roubo, furto e Lei de Drogas	3
Código Brasileiro de Trânsito		7
Outros crimes		18
Maria da Penha (Lei 11.340/06)		6
Sem informação		0
TOTAL		**349**

"É FRAGRANTE FOJADO DÔTOR VOSSA EXCELÊNCIA"

TABELA 44

Imputação - Resumo	
Crimes contra o patrimônio (Isoladamente e em concurso)	154
Lei de Drogas (Isoladamente e em concurso)	159
Estatuto do desarmamento (Isoladamente e em concurso)	5
Código Brasileiro de Trânsito	7
Outros crimes	18
Maria da Penha (Lei 11.340/06)	6
Sem informação	0
TOTAL	**349**

TABELA 45

IMPUTAÇÃO	LIBERDADE PROVISÓRIA	PRISÃO PREVENTIVA	RELAXAMENTO DE PRISÃO	FIANÇA	SEM INFORMAÇÃO
Furto (155, CP)	45	7	5	6	0
Roubo (157, CP)	22	18	5	0	0
Roubo em concurso com outros crimes, também em concurso com furto	4	3	0	0	0
Furto em concurso com outros crimes, exceto roubo	11	5	1	0	0
Outros crimes contra o patrimônio (arts. 163 e 180, CP)	7	3	0	2	0

(Continua)

TABELAS

(Continuação)

IMPUTAÇÃO	LIBERDADE PROVISÓRIA	PRISÃO PREVENTIVA	RELAXAMENTO DE PRISÃO	FIANÇA	SEM INFORMAÇÃO
Crimes contra o patrimônio em concurso com outros crimes, inclusive contra o patrimônio, exceto roubo, furto, Lei de Drogas e Estatuto do Desarmamento	4	0	1	0	0
Lei de Drogas (Lei 11.343/2006)	91	21	8	0	0
Lei de Drogas em concurso com outros crimes da própria Lei de Drogas	13	11	4	0	0
Lei de Drogas em concurso com outros crimes, exceto roubo e furto	5	2	1	0	0
Estatuto do Desarmamento (Lei 10.826/2003)	1	0	0	1	0
Estatuto do Desarmamento em concurso com outros crimes, inclusive do próprio Estatuto do Desarmamento, exceto roubo, furto e Lei de Drogas	3	0	0	0	0
Código Brasileiro de Trânsito	2	0	0	5	0
Outros crimes	5	8	2	2	1
Mª da Penha	6	0	0	0	0
TOTAL	**219**	**78**	**27**	**16**	**1**

"É FRAGRANTE FOJADO DÔTOR VOSSA EXCELÊNCIA"

TABELA 46

Quantos eram homens e quantas eram mulheres?	
Homens	21.561
Mulheres	1.374
Sem informação	11
TOTAL	**22.946**

TABELA 47

Autodeclaração de cor	
Pretos/Pardos	19.701
Brancos	291
Amarelos	6
Sem informação	2.948
TOTAL	**22.946**

TABELA 48

Liberdade provisória concedida por autodeclaração de cor	
Pretos/Pardos	51,2%
Brancos	54%

TABELA 49

Prisão preventiva decretada por autodeclaração de cor	
Pretos/Pardos	40,5%
Brancos	29,6%

TABELA 50

Prisão relaxada por autodeclaração de cor	
Pretos/Pardos	4,7%
Brancos	6,5%

TABELAS

TABELA 51

Idade	
18 a 29 anos	14.756
30 a 41 anos	5.276
42 a 53 anos	1.360
54 a 59 anos	257
60 anos ou mais	169
Menores de idade (15 a 17 anos)	6
Sem informação	1.122
TOTAL	**22.946**

TABELA 52

Grau de escolaridade	
Superior completo	160
Superior incompleto	151
Médio completo	1.307
Médio incompleto	1.050
Fundamental completo	1.534
Fundamental incompleto	5.428
Apenas alfabetizados	14
Não alfabetizados/Em alfabetização/Sem escolaridade	368
Sem informação	6.864
TOTAL	**16.876**

TABELA 53

Renda	
Não possui qualquer renda	374
Até 2 S.M.	5.061
Entre 2 e 5 S.M.	69
Acima de 5 S.M.	5
Sem informação	11.367
TOTAL	**16.876**

"É FRAGRANTE FOJADO DÔTOR VOSSA EXCELÊNCIA"

TABELA 54

Representado pela Defensoria Pública ou por advogado?	
Defensoria Pública	14.218
Advogado	8.520
Sem informação	208
TOTAL	**22.946**

TABELA 55

Decisão	
Concedida liberdade provisória	11.769
Decretada prisão preventiva	9.181
Prisão relaxada	1.149
Fiança arbitrada e recolhida pela autoridade policial	679
Prisão temporária	49
Prisão domiciliar	47
Outros	26
Sem informação	46
TOTAL	**22.946**

TABELA 56

Decisão	
Liberdade plena	905
Prisão ou outra medida cautelar	15.971
TOTAL	**16.876**

TABELA 57

Imputação		
Crimes contra o patrimônio (Isoladamente e em concurso)	Furto (155, CP)	1.865
	Roubo (157, CP)	4.790
	Roubo em concurso com outros crimes, também em concurso com furto	1.269
	Furto em concurso com outros crimes, exceto roubo	218
	Outros crimes contra o patrimônio	1.027
	Crimes contra o patrimônio em concurso com outros crimes, inclusive contra o patrimônio, exceto roubo, furto, Lei de Drogas e Estatuto do Desarmamento	807
Lei de drogas (Isoladamente e em concurso)	Lei de Drogas (Lei 11.343/2006)	5.323
	Lei de Drogas em concurso com outros crimes da própria Lei de Drogas	1.839
	Lei de Drogas em concurso com outros crimes, exceto roubo e furto	1.545
Estatuto do desarmamento (Isoladamente e em concurso)	Estatuto do Desarmamento (Lei 10.826/2003)	717
	Estatuto do Desarmamento em concurso com outros crimes, inclusive do próprio Estatuto do Desarmamento, exceto roubo, furto e Lei de Drogas	381
Código Brasileiro de Trânsito		349
Outros crimes		2.803
Sem informação		13
TOTAL		**22.946**

"É FRAGRANTE FOJADO DÔTOR VOSSA EXCELÊNCIA"

TABELA 58

Imputação - Resumo	
Crimes contra o patrimônio (isoladamente e em concurso)	9.976
Lei de Drogas (isoladamente e em concurso)	8.707
Estatuto do Desarmamento (isoladamente e em concurso)	1.098
Código Brasileiro de Trânsito	349
Outros crimes	2.803
Sem informação	13
TOTAL	**22.946**

TABELA 59

IMPUTAÇÃO	LIBERDADE PROVISÓRIA	PRISÃO PREVENTIVA	RELAXAMENTO DE PRISÃO	FIANÇA	SEM INFORMAÇÃO
Furto (155, CP)	1.108	312	85	73	3
Roubo (157, CP)	1.985	2.248	121	1	12
Roubo em concurso com outros crimes, também em concurso com furto	456	692	27	0	5
Furto em concurso com outros crimes, exceto roubo	114	60	10	1	0
Outros crimes contra o patrimônio (arts. 163 e 180, CP)	582	159	70	205	4
Crimes contra o patrimônio em concurso com outros crimes, inclusive contra o patrimônio, exceto roubo, furto, Lei de Drogas e Estatuto do Desarmamento	444	172	57	22	1

(Continua)

TABELAS

(Continuação)

IMPUTAÇÃO	LIBERDADE PROVISÓRIA	PRISÃO PREVENTIVA	RELAXAMENTO DE PRISÃO	FIANÇA	SEM INFORMAÇÃO
Lei de Drogas (Lei 11.343/2006)	2.914	1.594	296	1	3
Lei de Drogas em concurso com outros crimes da própria Lei de Drogas	812	680	148	3	2
Lei de Drogas em concurso com outros crimes, exceto roubo e furto	635	672	110	5	5
Estatuto do Desarmamento (Lei 10.826/2003)	331	184	29	46	3
Estatuto do Desarmamento em concurso com outros crimes, inclusive do próprio Estatuto do Desarmamento, exceto roubo, furto e Lei de Drogas	173	137	20	3	3
Código Brasileiro de Trânsito	123	10	5	202	3
TOTAL	**9.677**	**6.920**	**978**	**562**	**44**

É FRAGRANTE FOJADO DÒTOR VOSSA EXCELÊNCIA"

TABELA 60

Apreensão de droga	
Nenhuma droga	6.265
Maconha + cocaína	1.674
Cocaína	1.127
Maconha	901
Maconha + cocaína + crack	260
Cocaína + crack	144
Maconha + crack	136
Crack	83
Outro	20
Ecstasy	17
Lança-perfume	5
Maconha + cocaína + ecstasy	10
Maconha + ecstasy	18
Cocaína + ecstasy	3
Sem intormação	78
TOTAL	**10.741**

TABELA 61

Quantidade de maconha apreendida	
Até 10g	52
Até 25g	90
Até 100g	296
Até 200g	135
Acima de 200g	299
Sem informação	29
TOTAL	**901**

TABELAS

TABELA 62

Quantidade de cocaína apreendida

Até 2g	19
Até 5g	64
Até 7,5g	69
Até 10g	73
Até 1kg	860
Acima de 1kg	28
Sem informação	14
TOTAL	**1.127**

TABELA 63

Quantidade de crack apreendida

Até 2g	3
Até 5g	6
Até 7,5g	5
Até 10g	1
Acima de 10g	51
Sem informação	17
TOTAL	**83**

TABELA 64

Liberdade provisória concedida por droga

Maconha	57,8%
Cocaína	57,4%
Crack	59%

"É FRAGRANTE FOJADO DÔTOR VOSSA EXCELÊNCIA"

TABELA 65

Houve emprego de arma?	
Sim, arma de fogo	3.859
Sim, arma branca	1.229
Sim, simulacro/Arma de brinquedo	623
Não foi empregada qualquer arma	17.223
Sem informação	33
TOTAL	**22.967**

TABELA 66

A arma foi apreendida?	
Sim	3.370
Não	652
Sem informação	37
TOTAL	**4.059**

TABELA 67

Há registo de ato infracional juntado ao processo?	
Não	14.102
Sim	2.659
Sem informação	115
TOTAL	**16.876**

TABELA 68

Há registro de ação penal ou auto de prisão em flagrante anterior?	
Não	8.866
Sim	7.919
Sem informação	91
TOTAL	**16.876**

TABELAS

TABELA 69

Há condenação criminal?	
Não	15.201
Sim	1.585
Sem informação	90
TOTAL	**16.876**

TABELA 70

O custodiado sofreu alguma lesão?	
Não	5.965
Sim	4.039
Sem informação	6.872
TOTAL	**16.876**

TABELA 71

Agressão por autodeclaração de cor				
COR	QUANTIDADE	AGREDIDOS	NÃO AGREDIDOS	SEM INFORMAÇÃO	AGRESSÃO POR COR (%)
---	---	---	---	---	---
Pretos/Pardos	13.678	3.445	4.897	5.336	25,2%
Brancos	244	43	77	124	17,6%

TABELA 72

Responsável pela lesão	
Sem informação	4.943
Nenhum	8.052
Policial militar	3.144
Populares	226
Policial civil	220
Vítima	174
Segurança particular	100
Policial rodoviário federal	2

(Continua)

"É FRAGRANTE FOJADO DÔTOR VOSSA EXCELÊNCIA"

(Continuação)

Responsável pela lesão	
Guarda municipal	40
Outros	61
Agente penitenciário	4
TOTAL	**16.966**

TABELA 73

A lesão é visível?	
Não	1.988
Sim	2.031
Sem informação	20
TOTAL	**4.039**

TABELA 74

Qual a natureza da lesão?	
Sem informação	2.172
Leve	1.725
Gravíssima	3
Grave	124
Hospitalizado	15
TOTAL	**4.039**

TABELA 75

Comparecimento periódico em juízo	
Sim	8.089
Não	8.726
Sem informação	61
TOTAL	**16.876**

TABELA 76

Proibição de acesso a determinados lugares	
Sim	2.287
Não	14.529
Sem informação	60
TOTAL	**16.876**

TABELA 77

Proibição de manter contato com pessoa determinada	
Sim	1.214
Não	15.602
Sem informação	60
TOTAL	**16.876**

TABELA 78

Proibição de se ausentar da comarca	
Sim	6.682
Não	10.134
Sem informação	60
TOTAL	**16.876**

TABELA 79

Reconhecimento domiciliar	
Sim	3.610
Não	13.206
Sem informação	60
TOTAL	**16.876**

"É FRAGRANTE FOJADO DÔTOR VOSSA EXCELÊNCIA"

TABELA 80

Suspensão do exercício da função pública	
Sim	3
Não	16.813
Sem informação	60
TOTAL	**16.876**

TABELA 81

Internação provisória do acusado	
Sim	17
Não	16.799
Sem informação	60
TOTAL	**16.876**

TABELA 82

Fiança	
Sim	954
Não	15.861
Sem informação	61
TOTAL	**16.876**

TABELA 83

Monitoramento eletrônico	
Sim	645
Não	16.170
Sem informação	61
TOTAL	**16.876**

TABELAS

TABELA 84

Autodeclaração de cor (mulheres)	
Pretas/Pardas	1.172
Brancas	37
Sem informação	165
TOTAL	**1.374**

TABELA 85

Decisão (mulheres)	
Concedida liberdade provisória	871
Decretada prisão preventiva	334
Prisão relaxada	83
Fiança arbitrada e recolhida pela autoridade policial	49
Outros	37
TOTAL	**1.374**

TABELA 86

Idade (mulheres)	
18 a 29 anos	761
30 a 41 anos	402
42 a 53 anos	125
54 a 59 anos	16
60 anos ou mais	9
Sem informação	61
TOTAL	**1.374**

"É FRAGRANTE FOJADO DÔTOR VOSSA EXCELÊNCIA"

TABELA 87

Imputação (mulheres)		
Crimes contra o patrimônio (isoladamente e em concurso)	Furto (155, CP)	289
	Roubo (157, CP)	174
	Roubo em concurso com outros crimes, também em concurso com furto	36
	Furto em concurso com outros crimes, exceto roubo	47
	Outros crimes contra o patrimônio (arts. 163 e 180, CP)	66
	Crimes contra o patrimônio em concurso com outros crimes, inclusive contra o patrimônio, exceto roubo, furto, Lei de Drogas e Estatuto do Desarmamento	25
Lei de Drogas (isoladamente e em concurso)	Lei de Drogas (Lei 11.343/2006)	344
	Lei de Drogas em concurso com outros crimes da própria Lei de Drogas	137
	Lei de Drogas em concurso com outros crimes, exceto roubo e furto	76
Estatuto do Desarmamento (isoladamente e em concurso)	Estatuto do Desarmamento (Lei 10.826/2003)	14
	Estatuto do Desarmamento em concurso com outros crimes, inclusive do próprio Estatuto do Desarmamento, exceto roubo, furto e Lei de Drogas	6
Código Brasileiro de Trânsito		11
Outros crimes		149
TOTAL		**1.374**

TABELA 88

Imputação (mulheres) – Resumo	
Crimes contra o patrimônio (isoladamente e em concurso)	637
Lei de Drogas (isoladamente e em concurso)	557
Estatuto do Desarmamento (isoladamente e em concurso)	20
Código Brasileiro de Trânsito	11
Outros crimes	149
TOTAL	**1.374**

TABELAS

TABELA 89

IMPUTAÇÃO	LIBERDADE PROVISÓRIA	PRISÃO PREVENTIVA	RELAXAMENTO DE PRISÃO	FIANÇA	SEM INFORMAÇÃO
Furto (155, CP)	213	41	10	19	0
Roubo (157, CP)	85	73	7	0	0
Roubo em concurso com outros crimes, também em concurso com furto	15	18	1	0	0
Furto em concurso com outros crimes, exceto roubo	35	11	1	0	0
Outros crimes contra o patrimônio (arts. 163 e 180, CP)	43	11	8	8	0
Crimes contra o patrimônio em concurso com outros crimes, inclusive contra o patrimônio, exceto roubo, furto, Lei de Drogas e Estatuto do Desarmamento	19	0	6	0	0
Lei de Drogas (Lei 11.343/2006)	247	64	24	0	0
Lei de Drogas em concurso com outros crimes da própria Lei de Drogas	79	43	13	0	0
Lei de Drogas em concurso com outros crimes, exceto roubo e furto	40	27	6	0	1
Estatuto do Desarmamento (Lei 10.826/2003)	9	2	1	1	0

(Continua)

317

"É FRAGRANTE FOJADO DÔTOR VOSSA EXCELÊNCIA"

(Continuação)

IMPUTAÇÃO	LIBERDADE PROVISÓRIA	PRISÃO PREVENTIVA	RELAXAMENTO DE PRISÃO	FIANÇA	SEM INFORMAÇÃO
Estatuto do Desarmamento em concurso com outros crimes, inclusive do próprio Estatuto do Desarmamento, exceto roubo, furto e Lei de Drogas	5	1	0	0	0
Código Brasileiro de Trânsito	4	0	0	7	0
Outros crimes	77	43	6	14	2
TOTAL	**871**	**334**	**83**	**49**	**3**

TABELA 90

Pauta do dia 21/03/2019

Processo	Requerente	Assunto	Relator
TJ-ADM 2019/10887	Exmo. Sr. Corregedor das Comarcas do Interior, Des. Emílio Salomão Pinto Resedá	Sugere alterar o Anexo I da LOJ, para que o Distrito Judiciário de Itacava, atrelado à Comarca de Coração de Maria, possua 01 Cartório de Registro Civil com Funções Notariais.	**Sorteio**
TJ-ADM 2019/12578	Exma. Sra. Desa. Nágila Maria Sales Brito	Sugestão de duas possíveis nomenclaturas para as Varas de Violência Doméstica e Familiar contra a Mulher, junto ao projeto da nova LOJ.	**Sorteio**
TJ-ADM 2019/13913	Exmo. Sr. 1º Vice--Presidente, Des. Augusto de Lima Bispo	Proposta de Emenda Regimental para atualizar a redação do art. 373, *caput*, do RITJ/BA, objetivando adequar a realidade atual para abarcar todas as Comarcas de entrância final.	**Sorteio**

(Continua)

TABELAS

(Continuação)

Pauta do dia 21/03/2019

Processo	Requerente	Assunto	Relator
TJ-ADM 2019/13988	Exmo. Sr. Presidente, Des. Gesivaldo Britto	Apresenta proposta de Resolução visando a Instituir Comissão Organizadora para as Comemorações relativas ao aniversário do primeiro Tribunal das Américas e dá outras providências.	**Sorteio**
TJ-ADM 2019/14152	Exmo. Sr. 1º Vice--Presidente, Des. Augusto de Lima Bispo	Proposta de Emenda Regimental visando corrigir erros materiais localizados nos arts. 283; 383, § 3º; 389, § 1º; 391, § 9º, do RITJBA).	**Sorteio**
TJ-ADM 2019/14192	Exmo. Sr. 1º Vice--Presidente, Des. Augusto de Lima Bispo	Proposta de Emenda Regimental para alterar a redação do Art. 4º, do RITJ/BA, compatibilizando-a com o art. 38, da LOJ, que prevê 70 desembargadores.	**Sorteio**
TJ-ADM 2019/9372	Exmo. Sr. 1º Vice--Presidente, Des. Augusto de Lima Bispo	Proposta de Emenda Regimental (insere novo § 4º no art. 160 do RITJ/BA, referente à distribuição de recurso, habeas corpus, mandado de segurança ou incidentes processuais oriundos da execuções penais, renumerando os antigos §§ 4º a 9º que passam a ser 5º a 10º) e adequa a redação do § 4º, do art. 86-D, do RITJ/BA.	**Desa. Cynthia Resende**

TABELA 91

ATORES NÃO JURÍDICOS	
Mães de família	24
Monitorados(as) com tornozeleira eletrônica	4
Internas do conjunto penal	4
Flagranteados	5
ATORES JURÍDICOS	
Juiz	2
Promotor	2
Defensor público	2
Servidora da OAB e técnicos	4
Não servidor	3
TOTAL	**50**

PERGUNTAS DIRECIONADAS AOS FLAGRANTEADOS	PERGUNTA DIRECIONADA AOS ATORES JURÍDICOS
• Qual foi o crime cometido pelo interno? • Como foi a abordagem dos policiais no momento da prisão, houve algum tipo de agressão? • Possui advogado? • Se já cumpriu alguma medida socioeducativa?	Eu sou Carla Akotirene, estudante do Doutorado do Programa Estudos Interdisciplinares sobre Mulheres Gênero e Feminismo, da Universidade Federal da Bahia (UFBA). Estou discutindo audiência de custódia, o *lócus* aqui é a central de flagrantes. Eu quero entender o funcionamento do racismo, dos sexismos institucionais, das estruturas de classes dentro da prisionização, e os discursos do encarceramento em massa. Gostaria que o(a) senhor(a) colocasse o seu ponto de vista dizendo: quem é o(a) senhor(a), sua formação, idade, quanto tempo de formação, se o(a) senhor(a) se considera branco(a), preto(a), pardo(a), amarelo(a) ou indígena.

ANEXO D –
DEFERIMENTO DO TRIBUNAL DE JUSTIÇA
PARA PESQUISA DE CAMPO

SUCNIQ *TARI*
TRIBUNAL DE JUSTIÇA DO ESTADO DA BAHIA
COMISSÃO PERMANENTE DE JURISPRUDÊNCIA,
REVISTA, DOCUMENTAÇÃO E BIBLIOTECA

Comunicação Interna – TJ-COI 2019/02499

Trata-se de Requerimento Administrativo formulado por **Carla Adriana da Silva Santos**, doutoranda do Programa de Pós-Graduação em Estudos Interdisciplinares sobre Mulheres, Gênero e Feminismo da Universidade Federal da Bahia, com o objetivo de assegurar o seu direito de comparecimento às Audiências de Custódia realizadas pelo Núcleo de Prisão em Flagrantes do TJBA, bem como o acesso a dados relativos aos processos da população atendida pelo referido núcleo, etnografia e entrevistas *in loco*.

Formulada a demanda pela via eletrônica (e-mail), com Ofício expedido pela Docente Orientadora, Dra. Márcia dos Santos Macêdo, o expediente foi encaminhado à Comissão de Jurisprudência pela Assessoria Especial da Presidência para a deliberação correspondente.

É O BREVE RELATÓRIO.

"É FRAGRANTE FOJADO DÔTOR VOSSA EXCELÊNCIA"

Nos termos do artigo 113, XVI do Regimento Interno do TJBA, compete à Comissão de Jurisprudência a normatização da atividade de pesquisa científica, demandada pela sociedade acadêmica ao acervo processual/documental do Tribunal de Justiça, competência esta que encontra-se atualmente regulamentada nos termos da Portaria no 01/2018 desta Comissão.

O artigo 03 da referida Portaria define as diretrizes a serem observadas para a formulação do requerimento em apreço, consoante se transcreve:

- Art. 3º O requerimento de acesso ao acervo processual físico deverá ser formulado pelo interessado devidamente identificado, que demonstrará a ciência do professor orientador e indicará o nº dos processos a serem consultados, bem como o objeto da pesquisa científica desenvolvida, endereçando a sua petição à Comissão de Jurisprudência do TJBA, situada na 5ª Av. do CAB, nº 560. 3º andar, Sala 305J, Ed. Anexo, Salvador-BA, CEP 41745-971, ou através do meio eletrônico (e-mail jurisprudencia@tjba.jus.br). 1 - O requerimento será apreciado pela Comissão de Jurisprudência no prazo de 20 dias, com comunicação da resposta ao requerente pelo meio eletrônico.

Caso seja deferido o requerimento, o acesso ao acervo processual físico ocorrerá no próprio órgão ou unidade em que se encontra o feito, mediante a cientificação dos servidores responsáveis, acordando-se com o requerente e o setor correspondente a data, o horário e a duração da consulta, apresentando-lhe o servidor que acompanhará a visita.

No caso sob exame, observa-se que a pesquisadora cumpriu os requisitos elencados pela Portaria, expondo o objeto da pesquisa e a ciência do professor orientador, consoante se extrai do documento de fl. 04.

DEFERIMENTO DO TRIBUNAL DE JUSTIÇA PARA PESQUISA DE CAMPO

Em consulta ao Núcleo de Prisão em Flagrantes do TJBA, setor responsável pelo atendimento à pesquisadora, a Comissão de Jurisprudência foi informada acerca da inexistência de objeções quanto à realização da pesquisa em apreço, resguardados os processos que tramitam sob sigilo ou eventual objeção pontual, manifestada pelo Juiz condutor da audiência de custódia, no sentido de obstar a presença da requerente no recinto.

Ante o exposto, e feitas essas considerações, **defiro** o requerimento de comparecimento às Audiências de Custódia realizadas pelo Núcleo de Prisão em Flagrantes do TJBA pela pesquisadora **Carla Adriana da Silva Santos,** bem como o acesso a dados relativos aos processos da população atendida pelo referido núcleo, etnografia e entrevistas *in loco,* com a finalidade estritamente acadêmica, pelo prazo de 6 meses, enquanto perdurar a pesquisa, sendo necessário novo requerimento caso não haja a conclusão dos trabalhos no tempo assinalado, observadas as restrições acima impostas.

Comunique-se à Docente Orientadora através do *e-mail* informado no documento de fl. 04. Expeça-se notificação ao Núcleo de Prisão em Flagrantes do TJBA, comunicando ao Juiz Coordenador sobre o teor desta decisão e solicitando a designação de um servidor responsável pelo acompanhamento das visitas, que deverá acordar com a requerente as datas, os horários e a duração das visitas.

Publique-se.

Cumpra-se.

Salvador, 19 de março de 2019.

Des. Moacyr Montenegro Souto
Presidente da Comissão de Jurisprudência

ANEXO E –
PUBLICAÇÃO NO DIÁRIO OFICIAL

TJBA – DIÁRIO DA JUSTIÇA ELETRÔNICO – Nº 2.341 –
Disponibilização: quarta-feira, 20 de março de 2019, Cad. 1 / Página 475

COMISSÃO DE REFORMA JUDICIÁRIA, ADMINISTRATIVA E REGIMENTO INTERNO

PODER JUDICIÁRIO
TRIBUNAL DE JUSTIÇA DO ESTADO DA BAHIA
Comissão de Reforma Judiciária, Administrativa e Regimento Interno

PAUTA DE JULGAMENTO

Processos que deverão ser julgados em Sessão Ordinária que será realizada
em 21/03/2019, às 15:00h, no Tribunal de Justiça do Estado da Bahia -
Sala 305-M, Prédio Anexo.

Nº	Processo	Requerente	Assunto	Relator
PAUTA DO DIA 21/03/2019				
I	TJ-ADM 2019/10887	Exmo. Sr. Corregedor das Comarcas do Interior, Des. Emílio Salomão Pinto Resedá.	Sugere alterar o Anexo I da LOJ, para que o Distrito Judiciário de Itacava, atrelado à Comarca de Coração de Maria, possua 01 Cartório de Registro Civil com Funções Notariais.	Sorteio

Continua

"É FRAGRANTE FOJADO DÔTOR VOSSA EXCELÊNCIA"

PAUTA DO DIA 21/03/2019

Nº	Processo	Requerente	Assunto	Relator
2	**TJ-ADM** 2019/12578	Exma. Sra. Desa. Nágila Maria Sales Brito	Sugestão de duas possíveis nomenclaturas para as Varas de Violência Doméstica e Familiar contra a Mulher, junto ao projeto da nova LOJ.	**Sorteio**
3	**TJ-ADM** 2019/13913	Exmo. Sr. 1º Vice-Presidente, Des. Augusto de Lima Bispo	Proposta de Emenda Regimental para atualizar a redação do art. 373, *caput*, do RITJ/BA, objetivando adequar a realidade atual para abarcar todas as Comarcas de entrância final.	**Sorteio**
4	**TJ-ADM** 2019/14152	Exmo. Sr. 1º Vice-Presidente, Des. Augusto de Lima Bispo	Proposta de Emenda Regimental visando corrigir erros materiais localizados nos arts. 283; 383, § 3º; 389, § 1º; 391, § 9º, do RITJ/BA.	**Sorteio**
5	**TJ-ADM** 2019/13988	Exmo. Sr. Presidente, Des. Gesivaldo Britto	Apresenta proposta de Resolução visando Instituir Comissão Organizadora para as Comemorações relativas ao aniversário do primeiro Tribunal das Américas e dá outras providências.	**Sorteio**
6	**TJ-ADM** 2019/14192	Exmo. Sr. 1º Vice-Presidente, Des. Augusto de Lima Bispo	Proposta de Emenda Regimental para alterar a redação do art. 4º, do RITJ/BA, compatibilizando-a com o art. 38, da LOJ, que prevê 70 Desembargadores.	**Sorteio**
7	**TJ-ADM** 2019/9372	Exmo. Sr. 1º Vice-Presidente, Des. Augusto de Lima Bispo	Proposta de Emenda Regimental (insere novo § 4º no art. 160 do RITJ/BA, referente à distribuição de recurso, habeas corpus, mandado de segurança ou incidentes processuais oriundos da execuções penais, renumerando os antigos §§ 4º a 9º que passam a ser 5º a 10º) e adequa a redação do § 4º, do art. 86-D, do RITJ/BA.	**Desa. Cynthia Resende**

Salvador, 19 de março de 2019.
Bel. Carlos Henrique Souza Andrade
Analista Judiciário

PUBLICAÇÃO NO DIÁRIO OFICIAL

COMISSÃO DE JURISPRUDÊNCIA, REVISTA, DOCUMENTAÇÃO E BIBLIOTECA

Comunicação Interna – TJ-COI-2019/02499

Interessada: Carla Adriana da Silva Santos

Trata-se de Requerimento Administrativo formulado por Carla Adriana da Silva Santos, doutoranda do Programa de Pós-Graduação em Estudos Interdisciplinares sobre Mulheres, Gênero e Feminismo da Universidade Federal da Bahia, com o objetivo de assegurar o seu direito de comparecimento às Audiências de Custódia realizadas pelo Núcleo de Prisão em Flagrantes do TJBA, bem como o acesso a dados relativos aos processos da população atendida pelo referido núcleo, etnografia e entrevistas in loco.

Formulada a demanda pela via eletrônica (e-mail), com Ofício expedido pela Docente Orientadora, Dra. Márcia dos Santos Macêdo, o expediente foi encaminhado à Comissão de Jurisprudência pela Assessoria Especial da Presidência para a deliberação correspondente.

É o breve Relatório.

Nos termos do artigo 113, XVI do Regimento Interno do TJBA, compete à Comissão de Jurisprudência a normatização da atividade de pesquisa científica, demandada pela sociedade acadêmica ao acervo processual/documental do Tribunal de Justiça, competência esta que encontra-se atualmente regulamentada nos termos da Portaria nº 01/2018 desta Comissão. O artigo 03 da referida Portaria define as diretrizes a serem observadas para a formulação do requerimento em apreço, consoante se transcreve:

"É FRAGRANTE FOJADO DÔTOR VOSSA EXCELÊNCIA"

TJBA – DIÁRIO DA JUSTIÇA ELETRÔNICO – Nº 2.341 - Disponibilização: quarta-feira, 20 de março de 2019, Cad. 1/Página 476

Art. 3º O requerimento de acesso ao acervo processual físico deverá ser formulado pelo interessado devidamente identificado, que demonstrará a ciência do professor orientador e indicará o nº dos processos a serem consultados, bem como o objeto da pesquisa científica desenvolvida, endereçando a sua petição à Comissão de Jurisprudência do TJBA, situada na 5ª Av. do CAB, nº 560. 3º andar, Sala 305J, Ed. Anexo, Salvador-BA, CEP 41745-971, ou através do meio eletrônico (e-mail jurisprudencia@tjba.jus.br).

I - O requerimento será apreciado pela Comissão de Jurisprudência no prazo de 20 dias, com comunicação da resposta ao requerente pelo meio eletrônico.

II - Caso seja deferido o requerimento, o acesso ao acervo processual físico ocorrerá no próprio órgão ou unidade em que se encontra o feito, mediante a cientificação dos servidores responsáveis, acordando-se com o requerente e o setor correspondente a data, o horário e a duração da consulta, apresentando-lhe o servidor que acompanhará a visita.

No caso sob exame, observa-se que a pesquisadora cumpriu os requisitos elencados pela Portaria, expondo o objeto da pesquisa e a ciência do professor orientador, consoante se extrai do documento de fl. 04.

Em consulta ao Núcleo de Prisão em Flagrantes do TJBA, setor responsável pelo atendimento à pesquisadora, a Comissão de Jurisprudência foi informada acerca da inexistência de objeções quanto à realização da pesquisa em apreço, resguardados os processos que tramitam sob sigilo ou eventual objeção pontual, manifestada pelo Juiz condutor da audiência de custódia, no sentido de obstar a presença da requerente no recinto.

PUBLICAÇÃO NO DIÁRIO OFICIAL

Ante o exposto, e feitas essas considerações, defiro o requerimento de comparecimento às Audiências de Custódia realizadas pelo Núcleo de Prisão em Flagrantes do TJBA pela pesquisadora Carla Adriana da Silva Santos, bem como o acesso a dados relativos aos processos da população atendida pelo referido núcleo, etnografia e entrevistas in loco, com a finalidade estritamente acadêmica, pelo prazo de 6 meses, enquanto perdurar a pesquisa, sendo necessário novo requerimento caso não haja a conclusão dos trabalhos no tempo assinalado, observadas as restrições acima impostas.

Cientifique-se a requerente por via eletrônica, acostando cópia desta decisão. Comunique-se à Docente Orientadora através do e-mail informado no documento de fl. 4. Expeça-se notificação ao Núcleo de Prisão em Flagrantes do TJBA, comunicando ao Juiz Coordenador sobre o teor desta decisão e solicitando a designação de um servidor responsável pelo acompanhamento das visitas, que deverá acordar com a requerente as datas, os horários e a duração das visitas.

Publique-se. Cumpra-se.

Salvador, 19 de março de 2019.

Des. Moacyr MONTENEGRO Souto
Presidente da Comissão de Jurisprudência

MINISTÉRIO PÚBLICO
CORREGEDORIA GERAL

ATO Nº 06/2019-CGMP/BA

O CORREGEDOR-GERAL DO MINISTÉRIO PÚBLICO DO ESTADO DA BAHIA, no uso das atribuições que lhe são conferidas pelos artigos 29, XI e XX, e 30 da Lei Complementar nº 11/96, bem como art. 5º da Resolução nº 138/15 – CSMP/BA (RICGMP/BA), designa a Promotora de Justiça Corregedora Joana Pedreira Philigret Baptista, para exercer as funções de Secretária Geral da Corregedoria Geral do Ministério Público da Bahia, mantendo-se as demais disposições em especial o Ato 03/2019 – CGMP/BA.

Salvador, 19 de março de 2019

ZUVAL GONÇALVES FERREIRA
Corregedor-Geral do Ministério Público

COMUNICAÇÃO Nº 05/2019 – CGMP/BA

O CORREGEDOR-GERAL DO MINISTÉRIO PÚBLICO DO ESTADO DA BAHIA, no uso de suas atribuições legais, torna público aos Excelentíssimos Membros do Ministério Público do Estado da Bahia que, em virtude do Decreto Judiciário nº 80, de 19 de fevereiro de 2019, disponibilizado no DJE de 21 de fevereiro de 2019, as Correições Ordinárias na 1ª Promotoria de Justiça de Família de Salvador, designadas para ocorrerem no período de 25 a 29 de março de 2019, ficam adiadas para o mês de abril de 2019.

Salvador, 19 de março de 2019.

ZUVAL GONÇALVES FERREIRA
Corregedor-Geral do Ministério Público

ANEXO F – ROTEIRO SEMIESTRUTURADO DAS ENTREVISTAS NA METODOLOGIA AFRODESCENDENTE DE PESQUISA

ATORES NÃO JURÍDICOS	
Mães de família	24
Monitorados(as) com tornozeleira eletrônica	4
Internas do conjunto penal	4
Flagranteados	5
ATORES JURÍDICOS	
Juiz	2
Promotor	2
Defensor público	2
Servidora da OAB e técnicos	4
Não servidor	3
TOTAL	50

"É FRAGRANTE FOJADO DÔTOR VOSSA EXCELÊNCIA"

PERGUNTAS DIRECIONADAS AOS FLAGRANTEADOS	PERGUNTA DIRECIONADA AOS ATORES JURÍDICOS
• Qual foi o crime cometido pelo interno? • Como foi a abordagem dos policiais no momento da prisão, houve algum tipo de agressão? • Possui advogado? • Já cumpriu alguma medida socioeducativa?	Eu sou Carla Akotirene, estudante do Doutorado do Programa Estudos Interdisciplinares sobre Mulheres Gênero e Feminismo, da Universidade Federal da Bahia (UFBA). Estou discutindo audiência de custódia, o *lócus* aqui é a central de flagrantes. Eu quero entender o funcionamento do racismo, dos sexismos institucionais, das estruturas de classes dentro da prisionização, e os discursos do encarceramento em massa. Gostaria que o(a) senhor(a) colocasse o seu ponto de vista dizendo: Quem é o/a senhor(a), sua formação, idade, quanto tempo de formação, se o(a) senhor(a) se considera branco(a), preto(a), pardo(a), amarelo(a) ou indígena.

Este livro foi composto na tipografia Adobe Garamond Pro,
em corpo 12/16, e impresso em papel off-white no
Sistema Cameron da Divisão Gráfica da Disitribuidora Record.